卓越法律人才培养系列教材

广西大学优质本科教材倍增计划项目资助

商法学案例分析教程

阳东辉　编著

WUHAN UNIVERSITY PRESS
武汉大学出版社

图书在版编目(CIP)数据

商法学案例分析教程 / 阳东辉编著. -- 武汉 ：武汉大学出版社，2025. 3(2025.9 重印). -- 卓越法律人才培养系列教材. -- ISBN 978-7-307-24855-7

Ⅰ. D923.995

中国国家版本馆 CIP 数据核字第 2025F8N688 号

责任编辑:李彤彤　　　　责任校对:鄢春梅　　　　版式设计:马　佳

出版发行:**武汉大学出版社**　　(430072　武昌　珞珈山)

(电子邮箱:cbs22@ whu.edu.cn 网址:www.wdp.com.cn)

印刷:武汉邮科印务有限公司

开本:787×1092　1/16　印张:11.5　字数:267 千字　插页:2

版次:2025 年 3 月第 1 版　　2025 年 9 月第 2 次印刷

ISBN 978-7-307-24855-7　　定价:48.00 元

作者简介

　　阳东辉，男，湖南衡东人，经济法博士，广西大学法学院教授，博士生导师，中国法学会经济法学研究会理事，广西民法学研究会常务理事，湖南省经济法学研究会常务理事，美国华盛顿大学访问学者，主要从事民商法学和经济法学研究。1993年毕业于西南政法学院，获法学学士学位，2002年获湖南师范大学法理学硕士学位，2009年获西南政法大学经济法学博士学位。在《法商研究》《法学》《政法论坛》《现代法学》《法学家》《法学评论》《政治与法律》等刊物发表论文60余篇，其中10余篇论文被《新华文摘》《高等学校文科学术文摘》《中国社会科学文摘》《人大复印资料》《经济法学·劳动法学》《民商法学》《诉讼法学、司法制度》《创新政策与管理》全文转载或观点摘编。已出版个人学术专著4部：（1）《网络公司法研究》（吉林大学出版社2009年版）；（2）《科技创新市场的国家干预法律机制：基于克服市场失灵的视角》（法律出版社2014年版）；（3）《网络广告法律规制研究》（知识产权出版社2022年版）；（4）《金融衍生工具原理、构造与法律制度》（知识产权出版社2023年版）。主持国家社科基金项目1项，主持教育部人文社科规划项目等省部级课题6项。论文《搜索引擎操纵搜索结果行为的反垄断法规制》荣获广西第17次社会科学优秀成果三等奖。提出的"公企业法理论"和"科技创新市场国家干预法律机制"在全国法学界具有较大影响。

前　言

　　《商法学案例分析教程》是依据马克思主义理论研究和建设工程（以下简称马工程）重点教材《商法学》（第二版）的体系框架和主要知识点，收集并精心筛选近年来有关典型案例编写而成。它与马工程教材《商法学》（第二版）一书配套使用。《商法学案例分析教程》中的典型案例覆盖教材全部十一章的内容：第一章商法的一般原理、第二章商事主体、第三章商事行为、第四章公司法、第五章非公司企业法、第六章商业银行与支付法、第七章保险法、第八章证券法、第九章期货交易法、第十章商事信托与投资基金法、第十一章破产法。

　　本书的特点如下：

　　第一，案例涵盖范围广。本教程收集和精选的案例涵盖了马工程教材《商法学》（第二版）全部十一章内容，甚至连一些纯理论性的章节也精选了案例进行配套，做到章无遗漏。

　　第二，紧扣教材。案例的选择和编排紧紧围绕马工程教材《商法学》（第二版）的体系结构展开，在法理分析方面尽量使用教材原文的概念和内容进行阐释，在分析具体案例时，只有在教材中找不到相关内容的情况下才补充新理论、新法规和新知识。

　　第三，以新颖性、典型性和实用性为案例遴选标准。尽量挑选近年发生的具有代表性和普遍性的案例，大部分案例来源于中国裁判文书网，力求素材真实和场景再现，以便提高学生思辨能力和解决实际问题的能力。

　　由于理论部分案例资料素材的不足，加之本人经验和学识的局限，书中错误在所难免，恳请各位读者批评指正。

目　　录

第一章 商法的一般原理

一、商人阶层与企业家精神

📖 案情简介 1-1

在中国历史上，商人的形象似乎不那么正面，在为官之人眼中，商人只看重利益，他们都是冷酷无情的，是不可靠的；更重要的是，"商人重利轻别离，前月浮梁买茶去""一室之不治，何以天下家国为"，一个人如果连自己的家庭都治理不好，更何谈做其他伟大的事业。

在老百姓心目中，商人的形象就更差了，他们大多是投机取巧、自私自利、见利忘义之辈，所以被冠上"唯利是图"之名也就不足为奇了。商人入史难、留名难，几乎没有存在感，那是天经地义的事情，对此，甚至连商人自己也认了命。①

中国近代以来，商业已经不局限于贩卖和零售的旧经营状态，而是渗透到各个行业。由于整个社会正在以商品的生产和交换为基本模式，商人的社会地位得到了前所未有的提高。然而，中国的许多商人并没有脱离传统文化，这一群体的行为无论是主动的还是被动的，都保持着传统的模式。更重要的是，这群人并没有把自己标榜为企业家。

这与西方社会形成鲜明对比。近代以来，在西方社会的许多变革中，商人都是主角。罗马帝国灭亡后，欧洲没有一个中央集权的权威，而是形成了大量的城市，而城市的主体是商人。即使在中央集权制度形成之后，商人仍然是政治主体。因此，马克思认为当时的西方国家只是资本的代理人。

近代以来西方经济最大的变化之一就是许多商人转变为企业家。一般来说，企业家被视为能够创办和经营自己企业的人。企业家对整个企业负责，为企业的长远利益做计划。但不是每个做生意或经常做生意的人都能成为企业家。区分商人和企业家的是经济学家一直在谈论的：企业家精神。法国早期经济学家让-巴蒂斯特·萨伊（Jean-baptiste Say）认为，企业家是冒险家，是将土地、劳动力和资本结合在一起进行活动的第四个生产要素，企业家承担着可能破产的巨大风险。英国经济学家阿尔弗雷德·马歇尔（Alfred Marshall）也认为，企业家是用自己的创新、洞察力和领导力，发现并消除市场不平衡，指出生产方向，组织生产要素的人。美国经济学家约瑟夫·熊彼特认为，企业家是那些在经济结构内部不断进行"革命性突变"，对旧的生产方式进行"破坏性创新"，实现经济要素创新组

---

① 木木：《商人的精神追求要肯定》，载《证券时报》2017 年 8 月 28 日。

合的人。[①]

在世界 500 强榜单中，2020 年中国上榜企业数量首次领跑全球，达到 133 家，第一次超过美国。2021 年，中国上榜企业达到 143 家。2022 年，共有 145 家中国企业上榜，继续位居世界第一。改革开放 40 多年来，中国企业取得了长足发展。中国一流企业的数量和规模不断增加，已成为全球经济的支柱。[②]

法律问题

1. 谈谈商人与企业家的关系。
2. 试析企业家精神对商法的指导意义。

法理分析

1. 商人与企业家的关系

商人的门槛很低，大到公司、企业，小到个人、小商贩，都可以称为商人。企业家的门槛更高，企业家的先决条件是必须拥有或掌管一家企业。追求财富是商人的天性，追求利润是企业家的天性。但是，商人和企业家的区别在于，前者是以个人财富成就为导向的成功，而后者财富只是他们的一个目标，他们有一个更大的超越自身的企业目标和价值。当一个商人为一个长期的理想，甚至是社会责任而奋斗时，他就是一个企业家。商人和企业家最大的区别在于他们的价值观和思想境界不一样。企业家的梦想不仅仅是拥有一个成功的企业，更要通过企业的发展来造福社会。企业家从商界人士中脱颖而出，需要长期的努力和投入，甚至贡献自己全部的青春和智慧。商人坚持利润观念，有钱就赚；企业家秉持是非观念，做合法和有价值的事。商人忙着实现价值，企业家忙着创造价值。商人相信金钱，容易满足于物质层面的追求和发展，而企业家则有追求未来、发展事业、相信科技、崇尚科学、服务社会的远大理想和抱负。

企业家精神是指企业家带领企业克服当前的困难，走向更加辉煌的未来的精神特质。创业是一种特殊的能力和特质，它涵盖了创新、冒险、毅力、持续学习和工匠精神等诸多方面。熊彼特用一句话总结道："企业家精神是推动社会经济发展的重要引擎之一。"企业家精神是打造世界一流企业的基础，是实施创新驱动发展战略的动力。早在 2014 年，习近平总书记就鲜明指出："市场活力来自于人，特别是来自于企业家，来自于企业家精神。"因此，我们必须大力弘扬企业家精神，把企业家精神所蕴含的强大力量转化为经济社会发展的动力，引领企业在建设社会主义现代化强国的进程中发挥更大作用，实现更大发展。企业家精神是创造财富的重要动力，也是企业创新的重要源泉，是促进就业的重要动力。

---

① 郑永年：《中国的当下与未来：读懂我们的现实处境与 30 年大趋势》，中信出版社 2019 年版，第 30 页。

② 韩叙、朱琳：《中国企业连续 3 年领跑世界 500 强榜单》，载《现代企业》2022 年第 11 期。

2. 企业家精神对商法具有重要的指导意义

首先，弘扬企业家精神与商法的价值目标高度契合。商法的价值目标是通过规范商主体和商业行为，促进自由贸易，实现财富的快速高效增长，扩大财富的"总蛋糕"。弘扬企业家精神，就是要激发企业家的使命感、责任感和自信心，把企业做大做强，为全社会财富增长和高质量发展作出贡献。其次，弘扬企业家精神是激发市场活力、促进企业创新发展、实现财富增长的有效途径。最后，弘扬企业家精神有利于商业道德的培养，规范商人的行为，防止唯利是图，甚至欺诈、违法犯罪等行为。

二、日本商法典与我国的商法立法模式选择

📖 **案情简介 1-2**

我国民商立法究竟应当采用何种模式，自民国初年争论至今，尚未达成共识。在"民商合一"和"民商分立"之外，近年来又有学者提出超过这两种传统模式的"第三条路"，即一方面制定民法典，另一方面将调整商事关系的法律规范分别编纂为单行商事法律。同时，将单行商事法律分为两个层次，即通则性的商事法律和一般性的商事法律。前者制定为《商事通则》（或《商法通则》）。《商法通则》应包括商人资格、商行为、经理、经理权和其他雇员、商号与营业、代理商。① 在传统意义上，日本采取了典型的"民商分立"模式，但历经多次修订后，尤其是经过 2005 年的修订，现行之日本商法典已非昔日之日本商法典。其编目仅余三编，即第一编"总则"、第二编"商行为"及第三编"海商"。从形式上来看，其虽仍名为"典"，但从内容来看，如抛却第三编关于海商的规定，其与我国学者主张的《商法通则》颇有相似之处。②

💬 **法律问题**

1. 中国制定统一的商法典面临的难点和问题有哪些？
2. 谈谈我国商法立法的模式选择。

✏️ **法理分析**

1. 中国制定统一的商法典面临如下难点

（1）从法典制定的经验来看，大陆法系国家的商法都有不成功之处，这是我们在 21 世纪的今天很难复制的。在高度发达和极其复杂的现代经济条件下，把一切商事统一为一部法典，即使不是不可能，也是一种非常落后的方式。③

（2）目前中国很难完全借鉴美国的经验来制定统一的商法典。因为现代社会"无业

---

① 王保树：《商事通则：超越民商合一与民商分立》，载《法学研究》2005 年第 1 期。
② 刘成杰：《日本最新商法典译注详解》（第二版），中译出版社 2021 年版，初版序。
③ 施天涛：《商法学》（第六版），法律出版社 2023 年版，第 34 页。

不商""无人不商"。因此，许多早期的商法原则和制度，如商人制度、商行为制度等，失去了其历史特殊性，逐渐与民事制度相融合。这种同化的结果是商法通则被民法吸收和取代，商法一般性规则缺失，难以成典。

（3）在中国法学界，制定统一商法典的呼声极其微弱。《全国人大常委会2021年度立法工作计划》在题为"深入学习贯彻习近平法治思想，做好新时代立法工作"的第一部分提出，现阶段应"研究启动环境法典、教育法典、行政基本法典等条件成熟的行政立法领域的法典编纂工作"，并未提及商法典的编纂工作。① 由此可见，国内商法学界对商法典制定的呼声不仅十分薄弱，而且一直没有得到官方的认可。

（4）制定统一的商法典存在技术困难。例如，大量行政法规、规章和行政命令的存在，法律之间不一致，从而导致行政法规与部门规章、部门行政命令之间相互矛盾和冲突，"下位法律"违反"上位法律"，甚至与基本法相矛盾。

（5）中国法学界对私法的研究，特别是民商法研究，一直处于半成熟状态。商法是私法，这是一个不变的真理。然而，中国商法表现出过于浓厚的公法色彩。中国商法的公法色彩主要体现在两个方面：一是过分强调政府干预色彩。比如，我国《证券法》历经多次修改，虽然加进了一些市场机制的条款，但与证券会增加的权力相比，《证券法》的行政色彩更为强烈了。② 二是强制性规定太多。在我国的各种商事法律中，诸如"必须""应当"等强制性规范比比皆是。又如《票据法》第十条规定，票据的签发、取得和转让应当具有真实的交易关系和债权债务关系，票据的取得必须给付对价。这一规定明显违背了票据关系的无因果性原理。又如《信托法》没有明确承认信托财产的产权转移，使得信托法蜕化为"委托法"，信托的功能大打折扣。

（6）中国市场经济还处于起步阶段，对市场经济法制的认识还处于不成熟时期。比如，我国对于加入国际条约缺乏应有的积极性。从目前来看，除了已经加入了WTO组织外，中国很少加入其他有关商事方面的国际条约。与发达国家的商事法律相比较，中国商法依然很落后。这主要表现在两个方面：一是中国商法依然不健全，相当多的领域还存在着立法上的空白。如商事账簿、商事代理、经理权等制度缺乏专门规定，而《民法典》显然无力涵盖和有效统摄上述商事制度。二是现有制度的落后性。商人逐利的本能不停地激励其产生新的交易模式，使得商法永远处在制度供给短缺或者不足的状态，现有商法规则落后且与时代脱节是难免的。③

2. 我国商法立法的模式选择

关于商事立法的模式，理论界一直有两种观点：多数人支持一元论，支持民商合一；但也有人赞成民商分立。中国可以没有商法典，但商法典是一种选择。从哲学的角度看，它是一种由欧洲演绎主义发展而来的建构主义思维。从一个逻辑原点出发，演绎出更多低

① 胡锦华、夏锦文：《我国教育法典立法模式的理论研判》，载《南京师大学报》（社会科学版）2023年第4期。
② 陈甦：《商法机制中政府与市场的功能定位》，载《中国法学》2014年第5期。
③ 于莹：《民法基本原则与商法漏洞填补》，载《中国法学》2019年第4期。

一级、更低一级的概念，从而形成一个法律体系。就像笛卡儿的微积分一样。建构主义要求明晰事物的发展规律，人在树木中是看不到森林的，所以法典化受到了攻击。然而，法典化具有经济上的规模经济效益和认识论上的信息简化等优势。法典化类似于地图，在最短的时间内给人最多的信息，给人一个宏观的把握。制定商法典的优点是归纳现有的无争议的法律规范，便于法律学者和法官学习。但这可能也是法典的一个弱点，因为它可能会束缚法律学者和法官的思想。也就是说，如果制定法典而不受其规则的限制，那么法典的缺点就不会出现。那么为什么有些学者不赞成制定法典呢？如果制定法典是反映时代最佳的一种规范方式，那么法律也必须与时俱进。但在法典制定之后，法学家或法官是否能够真正按照法典精神来解释法典，或者他们是否受到法典文本的约束，还必须接受实践的检验。因此，制定法典是有益的，但不制定法典并不一定意味着是错误的。因为现在经济发展这么快，一个法典颁布之后，可能就过时了，怎么赋予法典一种新的生命力呢？这对法学家和法官来说是一项非常重要的任务。非法典化也有优势，允许多样性，允许创新，允许差异。对于非法典化和法典化的利弊，目前尚无定论。

（1）民商分立不可取。民商分立模式就是民法典、商法典分开立法，要制定一部统一的商法典。理由如下：

第一，商法典模式是特定历史条件下的产物。

在大陆法系民商分立的体制下，存在着两种商事立法哲学思想：一是商人法主义，二是商行为法主义。[①]

所谓商人法主义，又称主观主义或形式主义，是指商法典以商人的身份作为界定商人的依据。在立法体例上，首先对商人进行定义，然后由商人的概念推导出商行为的概念。这种方法的始祖是《德国商法典》。该法第三百三十四条第一款规定："商行为是商人从事其商事经营的全部行为。"这种主观主义的方法明显带有"商人法"的痕迹，具有强烈的身份色彩。事实上，《德国商法典》第一编的标题就是"商人的身份"。换句话说，《德国商法典》的制定者以商人的概念为出发点，因为他们持有一种相当古老的观点，即社会中不同的职业构成了不同的身份群体，每个群体都有自己的专门法律。

所谓商行为法主义，又称客观主义或实质主义，是指商法典以商行为作为界定商人的依据。在立法体例上，首先对商行为进行界定，然后由此推导出商人的概念。这种方法的首创者为《法国商法典》，认为"商事法律行为是任何主体以营利为目的的行为"。这种客观主义的方法试图突破"商人法"的身份限制，以商行为为依据来界定商人，具有一定的进步意义，显然是对中世纪"商人法"的突破。然而，商行为既然涉及面如此之广，又如何能被立法完全覆盖呢？因此，折衷主义试图对主观主义进行补充，以弥补其缺陷。所谓折衷主义，就是商法典原则上以客观主义作为界定商人概念的依据，同时辅以主观主义。《日本商法典》采用了这种方法。

第二，将各种商事法律人为地编纂在一起，是一种理性的愚陋。

就法律与现实生活的关系而言，法律被抽象化的次数越多，纸面上的法律与生活中的法律之间的距离就越远，法律的适用也就越容易出现偏差。例如，保险法、证券法、信托

---

① 施天涛：《商事立法体例与民法典的制定》，载《法制与社会发展》1998 年第 3 期。

法和票据法都有自己的规则和制度，这些规则和制度的形成本身就是一种抽象。如果这些不同的规则和体系通过法典化的方式编纂成法典，它们需要经过另一次抽象。由于有如此多层次的抽象，商法不再是适用于现实生活的法律，而是法学家们偏爱的一种拙劣的哲学玩物。此外，法典化的形式不具备适应社会变化的灵活性。事实上，没有一个国家的商法典能够涵盖全部商法内容。为了适应社会经济的需要，立法者不得不在法典之外另行制定新的单行法律，或者依赖于民法的基本原则。

第三，商法无总则，何以成典。

从法典化的经验来看，每部法典都有自己的总则。商法虽然有自己独立的调整对象，但各种商事法律都自成体系，各自有独立的调整对象，因此很难抽象出适用于各种商事关系的一般性规定。这是因为，由于"民法商法化"和"商法民法化"的相互作用，再加上大陆法系民法典的无限扩张，使得商事关系的一般性抽象被民法所吸收。如民法关于主体人格的规定、关于权利能力和行为能力的规定、关于法律行为的规定等，也适用于商事关系。可以说，在大陆法系的框架下，民法典的总则也是其商法典的总则。因为长期的磨合，现在已经获得了共同性或同一性。这种同化的结果是商法的一般性规则被民法所取代，商法在很大程度上成了民法的特别法。

（2）完全式民商合一更不可取。尽管在实践上，1911 年通过的《瑞士债务法》开创了民商合一之先河，意大利在 1942 年又把民法典和商法典并入了统一的民法典之中。① 即把商事主体、商事行为、商事代理、商事权利归纳到民法典相应的各篇章中。

在现代社会，采用完全式民商合一模式的弊端是显而易见的。如果将所有的民事、商事法律合并成一部民法典，那么必然的结论是，所有的法律只需要两部法典：一部私法典和一部公法典。奇怪的是，从来没有听说过有人主张制定统一的公法典，也没有听说过任何国家试图或努力制定一部公法典。

（3）相对式民商合一是一种较为可取的方式。相对式民商合一模式，就是将民事商事的一些共同原则和内容纳入民法典之中统一编订，而将一些特殊的商事制度另行制定单行法规。这种模式能够确保各种商事法律制度的独立存在，民法只是起着补充的作用。即是说，在商法没有具体规定的情况下，才可能适用民法的规定。而民法的这种补充作用主要表现在民法上一般原则和规则同时也适用于商法。这样既保持了商法的独立性，又避免了具体商法缺乏总则而造成的法律适用空白。

在现代社会，商品经济的范围非常广泛，变化频繁，法律必须迅速而敏捷地反映这种发展和变化。只有采取相对式民商合一的模式才能迅速地反映这种经济变化。相对式民商合一的模式并不意味着商法在实体意义上的消失，而只是缺乏一部正式的商法典。也不应存在民法可以取代商法的误解。民法绝不是凌驾于商法之上的法律，商法也不是民法的附庸，而是在法律适用上二者具有一定的牵连性。

✍ 思考题

案例一 我国是否存在商事案件，有没有商法，什么是商事案件和商法，都没有明确

---

① 施天涛：《商事立法体例与民法典的制定》，载《法制与社会发展》1998 年第 3 期。

的立法规定。随着《民法典》的颁布，民商合一的立法体例致使我国商事诉讼、商法概念始终无法独立提出，但随着改革开放的不断深入，法律理念对私法的认同，商事诉讼理念、商法理念逐渐形成。在司法实践中，人民法院也在不断使用商事这一用语。

2009年4月，"人民法院应对金融危机商事审判工作座谈会"在福建召开，这是最高人民法院在会议中首次正式使用"商事审判"称谓。① 2007年、2010年、2013年，最高人民法院先后三次召开全国商事审判工作座谈会，会议提出"深化商事审判理念，尊重商事审判工作的客观规律"的要求，并且提出按照"三化"（即正规化、专业化、职业化）的要求加强商事审判队伍建设。2015年最高人民法院发布了《关于当前商事审判工作中的若干具体问题》。

接着，人民法院陆续设置了清算与破产庭、金融法院、互联网法院、知识产权法院、环境资源庭等。2018年6月，最高人民法院设立国际商事法庭，商事法庭出现在审判机构名称中。但国际商事法庭受理案件中仍未明确商事审判和商事纠纷概念，也没有说明什么是商事案件，只是在有关司法解释中规定了国际商事法庭受理案件的范围。②

无论我国商法是否单独立法，在司法实践中，运用商法理念办理商事诉讼与非诉案件，已非常普遍。交易便捷安全、外观主义原则、契约自由等商法理念日益深入人心并广为接纳。

法律问题：

1. 商法的基本原则有哪些？
2. 谈谈商法的独立性。

案例二③　中国特色社会主义法律体系，是以宪法为统帅，以法律为主干，以行政法规、地方性法规为重要组成部分，由宪法相关法、民法商法、行政法、经济法、社会法、刑法、诉讼与非诉讼程序法等多个法律部门组成的有机统一整体。

（一）中国特色社会主义法律体系的层次

宪法是中国特色社会主义法律体系的统帅。宪法是国家的根本法，在中国特色社会主义法律体系中居于统领地位。这是国家长治久安、民族团结、经济发展和社会进步的根本保证。在中国，各民族人民、各国家机关和武装力量、各政党和社会团体、各企业事业单位都必须把宪法作为自己活动的根本准则，都有维护宪法尊严、保障宪法实施的义务。

法律是中国特色社会主义法律体系的主干。中国宪法规定，全国人民代表大会及其常务委员会行使国家立法权。全国人大及其常委会制定的法律是中国特色社会主义法律体系的主干。它们涉及中国发展的根本性、全局性、稳定性和长期性问题，是国家法制的基

---

① 范健：《中国商法四十年（1978—2018）回顾与思考——中国特色市场经济主体与行为制度的形成与发展历程》，载《学术论坛》2018年第3期。

② 见2018年6月《最高人民法院关于设立国际商事法庭若干问题的规定》第二条。

③ 案例来源于《中国特色社会主义法律体系》白皮书，载中华人民共和国中央人民政府官网：https：//www.gov.cn/jrzg/2011-10/27/content_1979498.htm，最后访问日期：2024年10月27日。

础。任何行政法规和地方性法规不得与法律相抵触。

行政法规是中国特色社会主义法律体系的重要组成部分。国务院根据宪法和法律，制定行政法规。这是国务院履行宪法和法律赋予的职责的重要形式。行政法规可以就执行法律的规定和履行国务院行政管理职权的事项作出规定，同时对应当由全国人大及其常委会制定法律的事项，国务院可以根据全国人大及其常委会的授权决定先制定行政法规。行政法规在中国特色社会主义法律体系中具有重要地位，是将法律规定的相关制度具体化，是对法律的细化和补充。

地方性法规是中国特色社会主义法律体系的又一重要组成部分。根据宪法和法律，省、自治区、直辖市和较大的市的人大及其常委会可以制定地方性法规。这是人民依法参与国家事务管理、促进地方经济社会发展的重要途径和形式。省、自治区、直辖市的人大及其常委会根据本行政区域的具体情况和实际需要，在不同宪法、法律、行政法规相抵触的前提下，可以制定地方性法规。较大的市的人大及其常委会根据本市的具体情况和实际需要，在不同宪法、法律、行政法规和本省、自治区的地方性法规相抵触的前提下，可以制定地方性法规，报省、自治区的人大常委会批准后施行。民族自治地方的人民代表大会有权依照当地民族的政治、经济和文化特点，制定自治条例和单行条例；自治条例和单行条例可以对法律和行政法规的规定作出变通规定，但不得违背法律和行政法规的基本原则，不得对宪法和民族区域自治法的规定以及其他法律、行政法规专门就民族自治地方所作的规定作出变通规定；自治区的自治条例和单行条例报全国人大常委会批准后生效，自治州、自治县的自治条例和单行条例报省、自治区、直辖市的人大常委会批准后生效。经济特区所在地的省、市的人大及其常委会根据全国人大及其常委会的授权决定，可以根据经济特区的具体情况和实际需要，遵循宪法的规定以及法律、行政法规的基本原则，制定法规，在经济特区范围内实施。地方性法规可以就执行法律、行政法规的规定和属于地方性事务的事项作出规定，同时除只能由全国人大及其常委会制定法律的事项外，对其他事项国家尚未制定法律或者行政法规的，可以先制定地方性法规。地方性法规在中国特色社会主义法律体系中同样具有重要地位，是对法律、行政法规的细化和补充，是国家立法的延伸和完善，为国家立法积累了有益经验。

（二）中国特色社会主义法律体系的部门

宪法相关法。宪法相关法是与宪法相配套、直接保障宪法实施和国家政权运作等方面的法律规范。主要包括：国家机构的产生、组织、职权和基本工作制度等方面的法律；有关民族区域自治制度、特别行政区制度、基层群众自治制度等方面的法律；有关维护国家主权、领土完整、国家安全、国家标志象征等方面的法律；有关保障公民基本政治权利等方面的法律。

民法和商法。民法是调整平等主体的自然人、法人和非法人组织之间的人身关系和财产关系的法律规范，遵循民事主体地位平等、意思自治、公平、诚实信用等基本原则。商法调整商事主体之间的商事关系，遵循民法的基本原则，同时秉承保障商事交易自由、等价有偿、便捷安全等原则。

行政法。行政法是关于行政权的授予、行政权的行使以及对行政权的监督的法律规范，调整的是行政机关与行政管理相对人之间因行政管理活动发生的关系。行政法遵循职权法定、程序法定、公正公开、有效监督等原则，既保障行政机关依法行使职权，又注重保障公民、法人和其他组织的权利。

经济法。经济法是调整国家从社会整体利益出发，对经济活动实行干预、管理或者调控所产生的社会经济关系的法律规范。经济法为国家对市场经济进行适度干预和宏观调控提供法律手段和制度框架，防止市场经济的自发性和盲目性所导致的弊端。

社会法。社会法是调整劳动关系、社会保障、社会福利和特殊群体权益保障等方面的法律规范。社会法遵循公平和谐和国家适度干预原则，通过国家和社会积极履行责任，对劳动者、失业者、丧失劳动能力的人以及其他需要扶助的特殊人群的权益提供必要的保障，维护社会公平，促进社会和谐。

刑法。刑法是规定犯罪与刑罚的法律规范。它通过规范国家的刑罚权，惩罚犯罪，保护人民，维护社会秩序和公共安全，保障国家安全。

诉讼与非诉讼程序法。诉讼与非诉讼程序法是规范解决社会纠纷的诉讼活动与非诉讼活动的法律规范。诉讼程序法律制度是规范国家司法活动、解决社会纠纷的法律规范，非诉讼程序法律制度是规范仲裁机构或者人民调解组织、解决社会纠纷的法律规范。

法律问题：
1. 谈谈民法与商法的关系。
2. 谈谈民法与经济法的关系。

第二章 商事主体

一、流动商贩的治理

📖 **案情简介 2-1**

流动商贩，或肩挑叫卖，或街头摊贩。在古代，流动商贩被视为商业繁荣、国家昌盛和人民安居乐业的象征。在当代，大量流动商贩的存在被认为是影响社会秩序和城市风貌的重大问题。城市管理部门与流动商贩之间的"猫捉老鼠"游戏几乎每天都在上演，流动商贩在与城市管理部门的冲突中，问题一次又一次暴露出来。流动商贩是否合法化应该作为问题来讨论，如何实现流动商贩的合法化，不仅是关系到流动商贩生存的局部问题，更是关系到民生、考验城市治理水平的全局问题。

1987 年，原国家工商行政管理局发布的《城乡个体工商户管理暂行条例实施细则》规定，个体工商户登记中的所谓"营业场所"是指厂区、店铺、门市部的所在市（区）、县、乡镇（村）和街道门牌等地址，以及经批准的摊位地址或本辖区流动经营的范围。这意味着固定的营业场所不是个体工商户登记的必备项目，流动经营的商贩也可以以个体工商户的身份从事经营活动，从而赋予流动商贩以个体工商户的主体身份从事经营的权利。当然，对于没有办理个体工商户营业执照的流动商贩，其存在的合法性仍然无法保证。

2011 年《个体工商户条例》取消了将"本辖区流动经营的范围"视为经营场所的规定，经营场所必须固定化，从而限制了流动商贩以流动经营的状态申请个体工商户的资格。同时第二十九条规定："无固定经营场所摊贩的管理办法，由省、自治区、直辖市人民政府根据当地实际情况规定。"从而肯定了流动商贩的合法性地位。[①] 必须指出，2022年 11 月 1 日施行的《促进个体工商户发展条例》第三十九条明确规定同时废止《个体工商户条例》，但是，新颁布的《促进个体工商户发展条例》并未就"流动商贩能否成为个体工商户"这一问题作出明文规定，因此，目前城市流动商贩的合法性尚处于灰色地带。

💬 **法律问题**

　　1. 谈谈商事主体的概念和特征。

---

① 张辉：《流动商贩的管理：保障经营权利与提升城市治理》，载《中国纤检》2021 年第 2 期。

2. 流动商贩是否应具有商事主体资格？请阐述自己的理由。

📝 法理分析

1. 商事主体的概念和特征

商事主体，又称商人，是指依照商法的规定具有商事权利能力和商事行为能力，能够以自己的名义独立从事商事行为，在商事法律关系中享有权利和承担义务的个人和组织。商事主体具有以下法律特征：

（1）商事主体由商法法定。各国均以商法典或单行法的方式对商事主体的取得与丧失、权利与义务、主体的名称和类别、行为的范围及效果等作出详细而严格的规定。因此，商事主体的第一个特征就表现为其法定性。[①]

（2）商事主体依法具有商事能力。商事主体的商事能力包括商事权利能力和商事行为能力。商事能力的范围具有特定性和限定性，取决于商法规范的限定和商事主体设立的目的，不同的商事主体具有不同的商事能力。

（3）商事主体的身份或资格经商事登记而取得。在现代商事交易中，商人能力及雇员代理权的有无、代理权的范围等事项常常会左右交易的效力，商人将此类事项通知一个个交易相对方显然不切实际，而交易相对方每次交易均要独自调查此类事项也必定困难重重，所以，若将交易上的重要事项通过一定的程序进行公示，显然会提高交易的便捷性、灵活性和安全性，这是商事登记制度存在的意义，也是商事登记制度的关键。[②] 我国主流观点认为，商人应经商事登记才能取得商事主体资格，但是，农村承包经营户等例外。日本较早的判例认为，所谓"商人"，是指法律上成为商行为所产生的权利义务之主体者，即实际经营者，并不拘泥于是否以营业者的名义在登记机关备案。通说也认为，在判定某营业属于何人时，应根据实际的支配状态进行判断，即应考虑经营中的最终决定权属于何人。[③]

（4）商事主体以从事营利性活动为其常业。即以获利为目的，根据一定的计划持续地从事同种商行为，具体而言，有三个要点：第一，要求是反复进行同种行为（同种并不限于一种，可以兼为数种）。由于要求反复进行同种行为，自然要求在期间上的持续性意图及一定的计划性，但时间的持续性并无长短的限制，如博览会期间的临时营业。第二，要求具有营利的目的。此营利性要求不限于某次行为，是就整体上而言，即营业中不排除无偿行为，而且并未限定以营利为唯一目的，营业中不妨碍存在有公益性、宗教性及政治性目的。另外，营利性不要求一定营利，有营利之意图即可。第三，经营营业的意思应为外界所知悉。为外界知悉并不是要求向一般公众进行特别的表示行为，如并不要求进行商事登记申请或开设店铺等，其租借店铺、雇佣雇员等开业准备的行为，为租借及雇佣

[①] 范健主编：《商法学》（第二版），高等教育出版社 2023 年版，第 46 页。

[②] ［日］莲井良宪、森淳二郎：《商法总则·商行为法》（第 4 版），法律文化社 2006 年版，第 111 页。

[③] ［日］田边光政：《商法总则·商行为法》（第 3 版），新世社 2006 年版，第 39 页。

之相对人以外的人认知即可。①

2. 流动商贩应具有商事主体资格

当前因为对流动商贩的法律地位未明确，引发了很多的社会问题，面临诸多的执法尴尬局面。现实情况是小商贩徘徊在民事主体和商事主体的夹缝里，处于法律调控的空白地带，使得其合法的权益得不到很好的维护。

从理论上讲，流动商贩以营利为目的，根据一定计划持续性地从事摆摊和贩卖行为，向外界展示其经营营业之意思，完全符合国际上通常的商人认定标准，法律应赋予其商事主体资格。从实践来看，赋予流动商贩商事主体资格，有利于增加城市的烟火气息，有利于商业繁荣、社会稳定和增加就业。

关于流动商贩的治理，普遍认为疏胜于堵。一个国家的经济政策越是宽容，民间经济越是发达。流动商贩属于典型的民间经济。流动商贩这个职业因门槛低、操作水平简单而成为这些未受过多少教育，也无特殊技能的人群的首选。因此，对流动商贩开禁应该是一种明智和必然的选择。

至于流动商贩是否要豁免登记，可以借鉴日本的做法。原则上，日本商法中实施商行为并以此为业者即为商人，就应当平等适用商法。但现实中还存在一些走街串巷的行商和沿路买卖的露天商人，若对其同样适用商法上的所有规定，显然不适当。因此，日本商法特别规定某些规定不适用于小商人。2005 年《日本商法施行规则》第三条第二款规定，资本金额（财产价值）不超过 50 万日元的非公司商人为小商人。比如，未成年人登记、监护人登记、商号登记等商业登记，商业账簿及使用人等相关规定，不适用于小商人。②因此，我国应通过商事立法的方式明确豁免流动商贩的商号登记、商事账簿设置等方面的义务。

需要明确的一点是，流动商贩商事登记的豁免并不当然意味着不监管或免监管。对于摆摊后的垃圾问题、食品安全问题就必须实行严格监管，有关部门要定期巡逻和现场执法，切实保障消费者的身体健康和生命财产安全。

二、朱某良诉四川省工商行政管理局工商行政登记案

📖 **案情简介 2-2**③

原审原告朱某良诉四川省工商行政管理局（以下简称省工商局）工商行政登记一案，因省工商局、张某敏不服四川省成都市中级人民法院（2017）川 01 行初 582 号行政判决，向四川省高级人民法院提起上诉。

一审法院经审理查明，四川佛光置业有限责任公司（以下简称佛光公司）于 2006 年 11 月 2 日在省工商局注册登记成立。股东何某林出资 620 万元，持有公司 50% 股份，股

---

① ［日］大隅健一郎：《商法总则》，有斐阁 1978 年版，第 91~92 页。
② 刘成杰：《日本商法典译注详解》，中译出版社 2021 年版，第 18 页。
③ 案例来源于四川省高级人民法院（2018）川行终 324 号。

东朱某良出资 620 万，持有公司 50% 股份，法定代表人为何某林。

2014 年 6 月 5 日，佛光公司向省工商局申请股东变更。2014 年 6 月 9 日，省工商局作出（川工商）登记内变字〔2014〕第 005416 号《准予变更登记通知书》（以下简称 005416 号通知）。其主要内容为：佛光公司的股东变更登记申请，申请材料齐全，符合法定形式，省工商局决定准予变更登记。将何某林、朱某良分别持有的佛光公司各 33.5% 股权变更至张某敏名下。另查明，佛光公司向省工商局申请股东变更登记提交的《股权转让协议书》《股东会决议》等申请材料中，股东"朱某良"的签名经四川求实司法鉴定所鉴定均非朱某良本人所签。

一审法院认为，根据《中华人民共和国公司登记管理条例》（以下简称《公司登记管理条例》）第四条第一款关于"工商行政管理机关是公司登记机关"的规定，省工商局具有作出公司变更登记的法定职权。《公司登记管理条例》第二十七条第一款规定，"公司申请变更登记，应当向公司登记机关提交下列文件：（一）公司法定代表人签署的变更登记申请书；（二）依照《公司法》作出的变更决议或者决定；（三）国家工商行政管理总局规定要求提交的其他文件"。本案中，佛光公司向省工商局申请股东变更登记，提交了公司变更登记申请书、授权委托书、股东会决议、股权转让协议、章程、新股东身份证复印件等申请材料，省工商局审查后认为佛光公司提交的申请材料齐全，符合法定形式，故于 2014 年 6 月 9 日作出 005416 号通知，准予变更登记。省工商局作出的该行政行为虽然在形式上符合法律的相关规定，尽到了法定的审查义务，但因佛光公司提交的变更登记申请材料中"朱某良"的签名均不是朱某良本人所签，且本案也无证据证明该变更登记申请系朱某良的真实意思表示，故省工商局根据上述申请材料于 2014 年 6 月 9 日作出的变更登记行为缺乏客观、真实的基础，不具有合法性，依法应予撤销。朱某良的诉讼请求成立，该院予以支持。根据《中华人民共和国行政诉讼法》第七十条第（一）项的规定，判决撤销省工商局于 2014 年 6 月 9 日作出的变更登记行为；案件受理费 50 元，由省工商局负担。

上诉人省工商局上诉称，变更登记行为符合现行法律法规的要求，但是一审判决违法撤销，系一审行政判决认定事实不清，适用法律错误，故请求本院依法撤销一审行政判决。

上诉人张某敏上诉称，本案涉及的股权转让及变更登记事由系双方当事人的真实意思表示，一审法院未查清相关事实并且适用法律不当，侵犯了张某敏的重大经济利益，故请求本院撤销一审判决。

被上诉人朱某良答辩称，省工商局作出的被诉工商登记行为缺乏客观真实基础，不具有合法性，一审判决撤销正确。一审判决认定事实清楚，适用法律正确。朱某良请求本院判决驳回上诉，维持一审判决。

四川省高级人民法院（二审法院）认为，公司法定代表人、股东等以申请材料不是其本人签字或者盖章为由，请求确认登记行为违法或者撤销登记行为的，人民法院可以根据具体情况判决撤销登记行为，确认登记行为违法或者判决登记机关履行更正职责，但能够证明其此前已明知该情况却未提出异议，并在此基础上从事过相关管理和经营活动的除外。本案中，佛光公司向省工商局申请股东变更登记，提交了公司变更登记申请书、授权委托书、股东会决议、股权转让协议、章程、新股东身份证复印件等申请材料，省工商局审查后认为佛光公司提交的申请材料齐全，符合法定形式，准予变更登记。省工商局作出的该行政行为符合法律的相关规定，尽到了法定审查义务。随后经鉴定，佛光公司提交的变更登记申请材料中"朱某良"的签名均不是朱某良本人所签，因为本案无证据证明朱某良明知申请变更登记情况却未提出异议，并在此基础上从事相关管理和经营活动，故一审法院以省工商局根据上述申请材料于 2014 年 6 月 9 日作出的变更登记行为缺乏客观真实基础，判决撤销，并无不当。

综上，一审行政判决认定事实清楚，适用法律正确，程序合法。省工商局、张某敏的上诉理由不能成立，本院不予支持，依照《中华人民共和国行政诉讼法》第八十九条第一款第（一）项的规定，判决驳回上诉，维持原判。

法律问题

1. 谈谈商事登记的概念和特征。
2. 本案中工商登记机关应当承担形式审查义务，还是实质审查义务？为什么？
3. 上诉人提交的登记材料虚假该如何纠正？本案的二审判决是否合法？请说明理由。

法理分析

1. 商事登记的概念和特征

商事登记，是指为取得、变更或终止商事主体资格，依照法律规定的程序，向主管机关提出申请，并由主管机关依法对申请事项审查、登记的一种法律行为和法律程序。商事登记是由两方实施但牵涉多方利益的法律行为。首先，它是申请人的申请登记行为和主管机关的审核登记注册行为相结合的一种综合性行为；其次，商事登记会产生对外的公示力和公信力，因而会涉及和影响第三人的利益。根据我国法律规定，商事登记的必要事项主要有：商号、商事主体的住所、经营场所、法定代表人、经济性质、经营范围、经营方式、注册资金、从业人数、经营期限、分支机构等。[1]

商事登记具有三个特征：第一，创设性。商事登记是一种创设、变更或终止商事主体资格的法律行为。第二，要式性。商事登记必须采取法定的格式，依照法定的程序，向法定主管机关申请。第三，公法性。商事登记更多地体现了国家意志，是国家公权力介入商事活动的一种方式。[2]

2. 工商登记机关对申请登记的材料承担形式审查义务

根据《中华人民共和国市场主体登记管理条例》等相关行政法规的规定，工商行政管理机关在办理公司登记时只需要进行形式审查即可注册备案。即，工商行政管理机关对申请人的材料是否齐全、申请人有无权限等内容进行形式上的合法性审查。一般认为，登

---

[1] 范健主编：《商法学》（第二版），高等教育出版社 2022 年版，第 71 页。
[2] 范健主编：《商法学》（第二版），高等教育出版社 2022 年版，第 71 页。

记官非法官，因此不适宜对申请事项的真实性进行实质审查；而实际上，对登记事项进行真假调查在事实上也不可能施行。① 对申请材料齐全、符合法定形式的，登记机关予以确认并当场登记。不能当场登记的，应当在 3 个工作日内予以登记；情形复杂的，经登记机关负责人批准，可以再延长 3 个工作日。

3. 利害关系人可以向登记机关提出撤销市场主体登记的申请

《中华人民共和国市场主体登记管理条例》第四十条规定："提交虚假材料或者采取其他欺诈手段隐瞒重要事实取得市场主体登记的，受虚假市场主体登记影响的自然人、法人和其他组织可以向登记机关提出撤销市场主体登记的申请。登记机关受理申请后，应当及时开展调查。经调查认定存在虚假市场主体登记情形的，登记机关应当撤销市场主体登记。相关市场主体和人员无法联系或者拒不配合的，登记机关可以将相关市场主体的登记时间、登记事项等通过国家企业信用信息公示系统向社会公示，公示期为 45 日。相关市场主体及其利害关系人在公示期内没有提出异议的，登记机关可以撤销市场主体登记。"

在确有证据证明被诉工商登记行为所依据的材料是虚假或错误时，应将登记申请予以撤销。首先，确有实质错误的行政行为理应得到及时纠正。其次，《中华人民共和国行政诉讼法》第六十九条规定："行政行为证据确凿，适用法律、法规正确，符合法定程序的，或者原告申请被告履行法定职责或者给付义务理由不成立的，人民法院判决驳回原告的诉讼请求。"依法进行形式审查的行政行为，如果所依据的材料是虚假或错误的，显然不属于上述"证据确凿"的情形，而应属于主要证据不足的行政行为。最后，如果对履行形式审查义务，但确有实质错误的行政行为，不判决确认违法，不利于行政机关不断提高行政执法水平。据此，一、二审认为佛光公司提交的变更登记申请材料中"朱某良"的签名均不是朱某良本人所签，而本案无证据证明涉案变更登记申请系朱某良的真实意思表示，故依据上述申请材料于 2014 年 6 月 9 日作出的变更登记行为缺乏客观、真实的基础，不具有合法性。一审据此判决撤销四川省工商局作出的变更登记行为，系对四川省工商局于 2014 年 6 月 9 日作出的变更登记行为效力的认定，对张某敏与何某林之间的基础法律关系并不产生实质影响。故此，一审判决撤销被诉变更登记行为，二审判决驳回上诉，维持原判，并无不当。②

思考题

案例一③　再审申请人新天地防水防腐保温工程有限公司（以下简称新天地公司）与被申请人河南省新天地防腐防水工程股份有限公司（以下简称河南新天地公司）擅自使用他人企业名称纠纷一案，不服河南省高级人民法院（2019）豫知民终 202 号民事判决，向最高人民法院申请再审。

经审理查明：河南新天地公司的成立时间早于新天地公司十余年。在新天地公司成立

---

① ［日］弥永真生：《商法总则·商行为法》（第 2 版），有斐阁 2006 年版，第 24~25 页。
② 最高人民法院（2019）最高法行申 1990 号。
③ 案例来源于最高人民法院（2020）最高法民申 3966 号。

之前，河南新天地公司已在全国各地开展多项业务，亦在其相关经营领域获得多项荣誉。在后成立的新天地公司与河南新天地公司在先使用的"新天地"字号完全相同，且两公司经营范围高度重合。再审申请人新天地公司认为，本公司的名称已由工商部门核准，双方如有争议，应当由工商部门进行处理。被申请人河南新天地公司辩称，河南新天地公司在新天地公司成立时已经具有一定影响，双方当事人在同一行业和地区经营，新天地公司擅自使用"新天地"字号具有明显的主观恶意，构成不正当竞争，且已经产生损害后果，请求法院驳回再审申请。最高人民法院经审理后认为，原审法院认定新天地公司的行为构成不正当竞争的结论，具备事实与法律依据，予以支持，故驳回新天地公司的再审申请。

法律问题：

1. 企业名称权纠纷应交由行政机关处理的主张是否正确？为什么？
2. 本案再审申请人新天地公司是否构成擅自使用他人企业名称？请说明理由。

案例二 某审计组对甲公司进行检查时，通过审阅"银行存款日记账"等会计资料发现，该公司先后向其上级公司乙公司，以各种费用的名义，支付款项48万元。经了解得知，甲公司因生产发展需要，与其上级公司乙公司签订了一份仓储保管合同，根据合同约定，甲公司向乙公司租用仓库堆放物资并要求其提供劳务，甲公司每月支付租金2万元。审计人员知道后，分析该厂的实际情况，认为其中有问题：甲公司近来没有大的业务，为何要租用800平方米的仓库？该公司每月只有8万元左右的利润，为何拿出25%支付租赁费？审计人员对甲公司展开查证工作。通过核对、审阅材料账簿记录和材料验收入库单，得出的结论是记录清楚，账证、账账相符。但被询问的保管员却不知道本公司在外租用仓库一事，因为本公司的仓库还没有充分利用。审计人员追踪调查，找到乙公司，通过调阅会计凭证，进行账证核对，了解到乙公司在每月收到上述所谓费用后，又把该款付给了某房屋开发销售公司。而从房屋开发销售公司的账上了解到该公司销售给甲公司老总一套住房。

法律问题：

1. 谈谈商事审计的目标。
2. 本案甲乙公司的会计行为是否违法？如何处理？

第三章　商　事　行　为

一、科技公司与贸易公司行纪合同纠纷案

案情简介 3-1

某科技股份有限公司决定进口国外最新生产的计算机 10 台，由于该公司没有进出口权，便将此事委托给某贸易公司。双方签订了一份行纪合同。合同约定：由某贸易公司为某科技股份有限公司购买 10 台东芝牌计算机，每台计算机的价格不得高于人民币 2.5 万元。科技股份有限公司支付给贸易公司 3 万元的报酬，在提取计算机时交付价款。

贸易公司经过与外商谈判，确定每台计算机的价格为人民币 2.8 万元，贸易公司在没有征得科技公司的同意下便与外商签订了买卖 10 台计算机的合同。

科技公司得知贸易公司在合同中确定的价格为每台 2.8 万元，表示不接受该价格，要求贸易公司解除买卖合同。贸易公司认为如果解除合同，将承担一大笔的违约金，便表示自己愿意承担其中的差额。科技公司表示同意。

合同的履行期届满时，由于外商一方不履行交付计算机的义务，使得贸易公司不能向科技公司按照行纪合同约定的期限交付计算机，造成科技公司无法按照原来的计划投入使用，损失达 4 万元。科技公司要求贸易公司赔偿损失，贸易公司认为不能交付货物是由于外商的原因造成的，自己没有过错，不应承担赔偿责任，科技公司应当找外商要求赔偿，并要求科技公司支付因签订合同及谈判花费的所有费用 5000 元。科技公司找到外商，而外商则以科技公司不是合同当事人为由，拒绝了科技公司的赔偿要求。科技公司将贸易公司告到了法庭，要求贸易公司赔偿损失。

法律问题

1. 谈谈商事代理的概念、特征与类型。

2. 本案贸易公司谈判花费的 5000 元费用和科技公司的 4 万元损失分别应由谁承担？为什么？

法理分析

1. 商事代理的概念、特征与类型

商事代理，又称商业代理，是指商事代理人代理商事主体实施商业活动的商事行

为。商事代理的特点表现为：（1）商事代理关系中的代理人应当是商人。（2）商事代理具有营业性。（3）商事代理，既可以以被代理人名义进行代理，也可以以自己名义进行代理。[①]

商事代理可以分为：（1）直接代理。即狭义的代理，是指代理人以被代理人的名义实施的代理，或者说，是公开了被代理人身份和代理关系的代理。（2）间接代理。它是指代理人以自己的名义实施的代理行为。[②]

间接代理与直接代理的区别在于三点：

（1）间接代理是以代理人自己的名义进行的代理。我国《民法典》合同编规定的行纪合同是一种间接代理，典型的间接代理是外贸代理。实际生活中诸如证券、期货经纪商代理客户买卖证券、期货等均属于行纪业务。

（2）间接代理包含两层法律关系。第一层是委托人与代理人之间委托的关系。第二层是代理人与交易第三人之间的关系。

（3）间接代理的后果的处理方式与直接代理有所不同。在间接代理中，存在三种情形，并分别产生不同的效果：

第一，由被代理人直接承受代理后果。《民法典》第九百二十五规定，代理人（也称受托人）以自己的名义，在委托人的授权范围内与第三人订立的合同，第三人在订立合同时知道代理人与委托人之间的代理关系的，该合同直接约束委托人和第三人，但有确切证据证明该合同只约束代理人和第三人的除外。

第二，由代理人承受代理后果，但委托人可以行使介入权，第三人可以行使选择权。根据《民法典》第九百二十六条的规定，代理人以自己的名义与第三人订立合同时，第三人不知道代理人与被代理人之间的代理关系的，代理人因第三人的原因对委托人不履行义务，代理人应当向委托人披露第三人，委托人因此可以行使代理人对第三人的权利，但第三人与代理人订立合同时如果知道该委托人就不会订立合同的除外。代理人因委托人的原因对第三人不履行义务，代理人应当向第三人披露委托人，第三人因此可以选择代理人或者委托人作为相对人主张其权利，但第三人不得变更选定的相对人。以上情形相当于隐名代理。

第三，直接由代理人承担交易后果。如《民法典》第九百五十八条规定，行纪人（也称代理人）与第三人订立合同的，行纪人对该合同直接享有权利、承担义务。第三人不履行义务致使委托人受到损害的，行纪人应当承担损害赔偿责任，但行纪人与委托人另有约定的除外。

间接代理在后果归属的处理方式上的复杂性，有时使委托人直接承担交易后果；有时使代理人承担交易后果；有时进行折中处理。然而，即使是在由代理人承担交易后果的情况下，在代理人对第三人承担了责任后，代理人则可以依照他与委托人之间的委托代理关系，将该交易的后果转移给被代理人，并从被代理人处获取报酬或者佣金。所以，间接代

[①] 施天涛：《商人概念的继受与商主体的二元结构》，载《政法论坛》2018年第3期。

[②] 施天涛：《商人概念的继受与商主体的二元结构》，载《政法论坛》2018年第3期。

理也是一种代理,在终极意义上,代理人所实施交易的后果归属于被代理人。①

2. 责任承担

(1) 贸易公司谈判花费的5000元费用应由贸易公司自己承担。行纪合同是指行纪人接受委托人的委托,以自己的名义,为委托人从事贸易活动,委托人支付报酬的合同。行纪人只能是经过批准经营行纪业务的法人。根据《民法典》第九百五十二条规定,行纪人处理委托事务支出的费用,由行纪人负担,但是当事人另有约定的除外。科技公司与贸易公司没有特别约定,费用应由行纪人贸易公司承担。

(2) 科技公司的4万元损失应当由贸易公司承担赔偿责任。《民法典》第九百五十五条规定,行纪人低于委托人指定的价格卖出或者高于委托人指定的价格买入的,应当经委托人同意;未经委托人同意,行纪人补偿其差额的,该买卖对委托人发生效力。《民法典》第九百五十八条规定,行纪人与第三人订立合同的,行纪人对该合同直接享有权利、承担义务。第三人不履行义务致使委托人受到损害的,行纪人应当承担赔偿责任,但是行纪人与委托人另有约定的除外。

由于贸易公司同意支付了差额,该买卖合同对科技公司发生了效力,科技公司与贸易公司在合同中没有对由于第三人不履行合同造成的损失如何承担的问题进行约定,根据上述有关规定,作为行纪人的贸易公司应当承担赔偿责任。

二、李某某诉亿家乐公司特许经营合同纠纷案

📖 **案情简介 3-2**②

上诉人亿家乐公司因与被上诉人李某某特许经营加盟合同纠纷一案,不服山东省济南市中级人民法院于2011年9月26日作出的(2011)济民三初字第115号民事判决,向山东省高级人民法院提起上诉。

经审理查明:亿家乐公司于2004年3月9日注册成立,主要从事房屋中介服务和投资咨询。2010年10月30日,亿家乐公司与李某某签订加盟合同一份。该合同的主要内容为,亿家乐公司同意李某某使用其品牌名称作为经营字号,并按照法律规定登记为亿家乐公司的高新鑫苑国际加盟公司。李某某作为高新鑫苑国际加盟公司的负责人,全面负责加盟公司的工作,并按照合同约定的事项开展业务。加盟公司必须以自己的名义进行经营,分公司的具体经营活动及经营中出现经济纠纷由李某某全部负责。李某某于2010年10月19日交纳加盟费14,000元、保证金5000元。该合同未对加盟公司经营范围和营业执照的办理等事项作出约定。亿家乐公司济南工业南路分公司于2011年4月21日注册成立,营业场所为济南市高新区工业南路鑫苑国际城市花园2号楼131商铺,距李某某加盟店的经营地址大约200米。

另查明,亿家乐公司在签订合同前未书面告知李某某其现有和预计被许可人的数量、

---

① 施天涛:《商法学》(第六版),法律出版社2023年版,第94~96页。
② 案例来源于山东省高级人民法院(2011)鲁民三终字第233号。

分布地域、授权范围、有无独立授权区域。李某某在开庭前未就营业执照的办理事项请求亿家乐公司协助。

在一审中李某某诉称：亿家乐公司的行为严重损害了自己的合法权益，干扰了自己加盟分公司的正常经营活动，请求依法判令亿家乐公司撤销其开办的位于济南市高新区工业南路鑫苑国际城市花园的直营分公司，并协助李某某办理加盟分公司的营业执照。亿家乐公司辩称：李某某加盟公司为其分公司，他们之间的纠纷属于公司内部纠纷，不属于法律受案范围。

法律问题

1. 本案应否认定为特许经营加盟合同关系？为什么？

2. 亿家乐公司是否违反了合同义务？原审法院判令其停止经营济南市高新区工业南路分公司是否适当？

法理分析

1. 本案加盟合同属于商业特许经营合同

《商业特许经营管理条例》第三条规定："本条例所称商业特许经营（以下简称特许经营），是指拥有注册商标、企业标志、专利、专有技术等经营资源的企业（以下称特许人），以合同形式将其拥有的经营资源许可其他经营者（以下称被特许人）使用，被特许人按照合同约定在统一的经营模式下开展经营，并向特许人支付特许经营费用的经营活动。"特许经营法律关系分为内部法律关系和外部法律关系。内部法律关系是特许人和被特许人之间基于特许经营权许可使用形成的合同关系。特许人和被特许人在产权上没有从属性，各自对外独立享有权利并承担义务。在特许内部权利义务分配上，遵循合同自由原则。外部法律关系是特许人、被特许人基于共同利益与第三人，如消费者、竞争者、债权人或债务人、社会公众等之间形成的法律关系。[①] 本案中，双方当事人通过加盟合同约定，李某某加盟亿家乐公司，使用亿家乐品牌名称作为加盟公司经营字号，并向亿家乐公司交纳加盟费用。该合同内容符合上述商业特许经营活动的特征，属于商业特许经营合同。亿家乐公司关于李某某加盟公司为其分公司的主张与事实不符，不能成立。本案不属于公司内部纠纷，原审法院认定本案为特许经营加盟合同关系合法适当。

2. 亿家乐公司违反了合同义务

根据商业特许经营活动的性质，特许人系有偿提供经营资源，其行为应满足被特许人投资经营的合理期盼。本案中，双方当事人约定李某某加盟亿家乐公司经营高新鑫苑国际加盟公司，该加盟公司经营地址明确，由此可以确定，李某某加盟亿家乐公司是以高新鑫

---

① 范健主编：《商法学》（第二版），高等教育出版社 2022 年版，第 98 页。

苑国际没有亿家乐房产经纪咨询业务经营者为前提的。因此，虽然加盟合同对亿家乐公司的经营活动未作限制性约定，但在履行合同过程中，按照有利于实现合同目的的方式，亿家乐公司开展经营活动应当符合李某某加盟亿家乐公司的合理预期，也即亿家乐公司此后的经营行为不应威胁或影响到李某某投资加盟公司的正常经营活动。本案中，亿家乐公司在李某某加盟公司同一小区经营直营分公司，两店相距仅 200 米左右，属在李某某加盟公司的特定经营区域内开展经营活动，亿家乐公司的上述行为已影响了李某某加盟公司的正常经营，违反了履行合同中应当遵循的诚实信用原则。亿家乐公司应采取相应的补救措施。原审法院根据李某某诉请的真意，判令亿家乐公司停止经营其直营分公司并无不当，应予维持。

思考题

案例一[①]　外贸个体户甲某通过香港某公司承接了金额为 50 万美元左右的服装订单。甲某通过与杭州乙进出口公司（以下简称乙公司）签订出口代理协议的方式，委托乙公司代理甲某将货物出口至国外。而在国内的服装生产环节，甲某通过自己以及雇佣的人员将 50 万美元的订单交由大约 8—10 家生产工厂进行生产。

在众多的生产厂家中，A 工厂共计为甲某生产了价值人民币 34 万元左右的服装，B 工厂为甲某生产了价值约为 53 万元的货物。货物通过乙公司代理出口后，甲某共计从国外客户处收到款项人民币 200 万元。甲某通过乙公司将上述款项分给了各个生产厂家，但国外客户没有将全款汇入，导致各个生产厂家均没有收到足额货款。随后，A 工厂、B 工厂以开具给乙公司的增值税发票、乙公司支付款项的凭证、税务部门出具的增值税已经申报退税等证据在法院对乙公司提起诉讼，诉讼请求为要求乙公司支付剩余货款，诉讼的事实和理由为乙公司与 A 工厂、B 工厂之间存在买卖合同关系，乙公司是买卖合同关系的买家，应当支付相应的货款。

法律问题：

1. A 工厂、B 工厂与乙公司之间是否存在买卖合同关系？乙公司应否承担支付货款的责任？为什么？

2. 在委托方（甲某）未向第三人（A 工厂、B 工厂）告知受托人（乙公司）的情况下，第三人可否直接要求受托人承担买卖合同责任？

案例二[②]　某市宏丰信用社与该市青松律师事务所签订了一份委托代理合同，约定由青松律师事务所指派律师代理宏丰信用社通过诉讼途径向借款人甲公司追回借款，包括一、二审诉讼及申请执行事项，代理费计 10 万元，并约定双方不得无故终止合同，若任何一方违约，均应向对方支付代理费 10 万元的 30% 的违约金。合同签订后，青松律师事务所便指派律师代理宏丰信用社参加了案件的诉讼活动。后人民法院作出判决判令甲公司

---

①　案例来源于唐国华主编：《律师经典案例》，浙江大学出版社 2007 年版，第 45~53 页。

②　案例来源于刘玉民、于海侠主编：《合同类案裁判规则与法律适用》，人民法院出版社 2011 年版，第 326~328 页。

偿还宏丰信用社借款本息、承担诉讼费用，并以其抵押物优先受偿。该判决书生效后，青松律师事务所即代理宏丰信用社向人民法院申请执行。在人民法院拍卖抵押物过程中，宏丰信用社向青松律师事务所发出书面通知，要求解除委托代理合同，仅按收费标准支付诉讼阶段的代理费6万元。

法律问题：

1. 本案的委托人宏丰信用社解除委托代理合同是否合理合法？为什么？
2. 商事代理中是否应对任意解除权施加必要限制？请谈谈自己的看法。

第四章 公 司 法

一、公司法人人格否认案

案情简介 4-1①

上诉人（原审被告）：四川瑞路建设工程有限公司（以下简称瑞路公司）

上诉人（原审被告）：成都川交工程机械有限责任公司（以下简称川交机械公司）

被上诉人（原审原告）：徐工集团工程机械股份有限公司（以下简称徐工机械公司）

原审被告：成都川交工贸有限责任公司（以下简称川交工贸公司）

原审被告：王某礼

原审被告：吴某

原审被告：张某蓉

原审被告：凌某

原审被告：过某利

原审被告：汤某明

原审被告：郭某

原审被告：何某庆

原审被告：卢某

上诉人瑞路公司、川交机械公司因与被上诉人徐工机械公司、原审被告川交工贸公司、王某礼、吴某、张某蓉、凌某、过某利、汤某明、郭某、何某庆、卢某买卖合同纠纷一案，不服江苏省徐州市中级人民法院（2009）徐民二初字第0065号民事判决，向江苏省高级人民法院提起上诉。

经审理查明：2005—2007年，徐工科技公司（后于2009年9月4日变更为徐工机械公司）与川交工贸公司、瑞路公司签订多份工业品买卖合同，约定徐工科技公司向川交工贸公司、瑞路公司销售装载机、压路机等工程机械产品，并约定了价款、结算方式、违约责任等条款。合同签订后，徐工科技公司按约履行了交付义务，但川交工贸公司、瑞路公司却未支付货款，后通过往来账确认含寄售车尚欠货款11,126,405.71元。2005年8月15日，川交工贸公司、瑞路公司、川交机械公司共同作出说明，要求三公司所负的债务统一由川交工贸公司承担。

---

① 案例来源于江苏省高级人民法院（2011）苏商终字第0107号。

根据工商登记资料记载，川交机械公司成立于 1999 年 4 月 15 日，注册资本 50 万元，股东为王某礼、李某、倪某（2008 年 3 月 31 日变更为倪某、王某礼），法定代表人于 2007 年 10 月 31 日由王某礼变更为倪某。瑞路公司成立于 2004 年 9 月 14 日，注册资本 1000 万元，股东为王某礼、李某、倪某（2007 年 8 月 14 日变更为王某礼、倪某），法定代表人王某礼。川交工贸公司成立于 2005 年 4 月 27 日，注册资本 100 万元，股东为吴某、张某蓉、凌某、过某利、汤某明、何某庆、郭某（2008 年 10 月 20 日股东变更为吴某、张某蓉），法定代表人为吴某。

三家公司的经营范围重合，经理均是王某礼，财务负责人均是凌某，出纳会计均是卢某，工商手续的经办人均为张某、卢某，与徐工科技公司签订合同的经办人均为杜某辉。川交工贸公司的股东在瑞路公司及川交机械公司交叉任职或兼职。王某礼与张某蓉系夫妻关系。2006 年，川交工贸公司售出的车辆曾由瑞路公司向客户出具收据。在对外开展销售业务时，凌某、卢某、汤某明、过某利的银行卡中曾发生大额款项存入和支出情况（凌某涉及 1300 余万元、卢某涉及 8800 余万元），其中卢某的银行卡内款项转入瑞路公司 63.2 万元。原审法院要求瑞路公司针对该 63.2 万元提供银行进账单、会计凭证等证据，瑞路公司未提供。原审法院要求川交工贸公司对卢某、凌某等人卡内大额款项存入和支出情况提供财务明细账、会计凭证等证据，川交工贸公司仅提供 73 笔，涉及金额仅 717 万元，其余未提供。原审法院曾征询川交工贸公司、瑞路公司、川交机械公司是否同意进行财务审计，三公司委托代理人回答需征求当事人意见，但事后未向法院回复结果。卢某在接受公安机关调查时陈述，其个人银行卡中资金的来源有销售徐工科技公司的机械款，有瑞路公司机械租赁款，还有少部分的瑞路公司工程款，还有川交的工程机械配件款；只要有总经理王某礼的签字，就按照王某礼的签字向外支付。

通过互联网查询川交工贸公司的相关信息时，瑞路公司的企业资料信息会一并出现，并且在招聘员工等信息资料上两公司对外预留的电话号码、传真号码等均为同一个。在川交机械公司 2008 年的部分《川交机械时讯报》上，刊登了川交工贸公司的人事任免情况，披露的地址是川交工贸公司的工商登记住所地。川交工贸公司与瑞路公司共用同一份《销售部业务手册》，该手册财务部出纳个人结算卡号登记的是卢某的四个银行卡号。

徐工重庆公司《营销商务政策》所载 2008 年度经销优惠结算政策包括：（1）上台阶政策，以经销商实际回款为核算基础，销售回款达到 1000 万元，优惠比例 1.5%，销售回款 1001 万元—2000 万元，优惠比例 2%，销售回款 2001 万元—3000 万元，优惠比例 2.5%……（2）货款结算政策：采用即时销售和寄售车销售方式的，按合同约定及时回款的采取现款结算的给予 1% 优惠……若当季度回款率未达到 100%，则扣减当季度 10% 的台阶优惠，余下 90% 台阶优惠在回款率达到 100% 时再予结算，年底仍不能清零的，取消各项优惠享受资格且各项收息、违约金仍执行，徐工重庆公司保留后期进一步追偿的权利。一审庭审中，川交工贸公司陈述 2006 年的返利款 841,200 元在该公司名下尚未分配，获得返利的前提是货款全部结清，而 2007—2008 年的货款未结清。瑞路公司陈述将销售业绩都计算在川交工贸公司名下是为了获得较高的返利，但是对于返利如何分配没有约定。

被上诉人（原审原告）徐工机械公司一审诉称：由于上述三公司业务、债务、资产混同，瑞路公司、川交机械公司应对川交工贸公司的债务承担连带清偿责任。此外，上述三公司销售回款资金大部分进入王某礼、过某利等股东及会计卢某的个人账户，故王某礼、过某利、卢某等个人的资产与公司资产亦混同，且滥用公司法人独立地位和有限责任，均应对公司债务承担连带清偿责任，公司会计卢某应当在其侵占公司资产范围内对债权人承担清偿责任。

原审被告川交工贸公司辩称：川交工贸公司员工用个人账户收取客户款项的情形确实存在，但有的款项是为客户代收代付按揭贷款和手续费，其他代收货款全部进入公司账户，员工用个人账户收款都是职务行为，不存在个人侵占公司财产导致公司利益受损的情形。

上诉人（原审被告）瑞路公司一审辩称：瑞路公司与川交工贸公司均是独立法人，不存在业务、资产混同的情形，瑞路公司没有义务为川交工贸公司的债务承担连带清偿责任。川交机械公司、瑞路公司、川交工贸公司于 2005 年 8 月 15 日共同出具《说明》的目的是将三公司销售业绩计算在川交工贸公司名下，而非债权债务转让。三公司部分股东及工作人员确实存在兼职情形，但并非资产混同、财务混同。综上，请求驳回徐工机械公司对瑞路公司的诉讼请求。

上诉人（原审被告）川交机械公司一审辩称：1. 川交机械公司与徐工科技公司仅在 2005 年有业务关系，且双方合同已经履行完毕。徐工机械公司所诉债权与川交机械公司无关。2. 川交机械公司与川交工贸公司均是独立法人，不存在业务、资产混同的情形。综上，请求驳回徐工机械公司对川交机械公司的诉讼请求。

王某礼、吴某、张某蓉、凌某、过某利、汤某明、郭某、何某庆、卢某一审共同辩称：上述自然人包括公司的股东及员工，与徐工机械公司之间没有任何法律关系。上述自然人并非涉案交易的相对人，根据合同相对性原则，徐工机械公司无权要求上述自然人承担合同义务。上述自然人的个人财产与川交工贸公司的财产不存在混同，亦未侵害公司的利益，因此没有义务为川交工贸公司的债务承担清偿责任。综上，请求驳回徐工机械公司对上述自然人的诉讼请求。

本案一审判决支持原告徐工机械公司要求三被告公司承担连带责任的诉讼请求，但驳回了原告要求九位自然人承担连带责任的诉讼请求。二审法院经审理后，驳回上诉，维持原判。

法律问题

1. 瑞路公司、川交机械公司与川交工贸公司之间是否存在资产混同情形？是否应当对川交工贸公司的债务承担连带清偿责任？为什么？

2. 九位自然人是否存在侵害公司利益情形？是否应对川交工贸公司的债务承担连带清偿责任？请说明理由。

法理分析

1. 本案涉及公司人格否认的问题

公司人格的否认，又称为"揭开公司面纱"，是指在具体的法律关系中，基于特定事由，否认公司的独立法人人格，使股东对公司债务承担无限责任。揭开公司面纱的适用，仅仅是修复公司法人独立人格和股东有限责任之墙上的破损之洞，并不是要将这座坚固的大厦摧毁。[①] 我国《公司法》（2024 年）第二十三条规定："公司股东滥用公司法人独立地位和股东有限责任，逃避债务，严重损害公司债权人利益的，应当对公司债务承担连带责任。股东利用其控制的两个以上公司实施前款规定行为的，各公司应当对任一公司的债务承担连带责任。只有一个股东的公司，股东不能证明公司财产独立于股东自己的财产的，应当对公司债务承担连带责任。"2019 年最高人民法院通过的《九民会议纪要》强调了适用公司人格否认的构成要件：一是只有股东实施了滥用公司法人独立地位及股东有限责任的行为，且该行为严重损害了公司债权人利益的情况下，才能适用。二是只有实施了滥用法人独立地位和股东有限责任行为的股东才对公司债务承担连带清偿责任，而其他股东不应承担此责任。三是公司人格否认不是全面、彻底、永久地否定公司的法人资格，而只是在具体案件中依据特定的法律事实、法律关系，突破股东对公司债务不承担责任的一般规则，例外地判令其承担连带责任。人民法院在个案中否认公司人格的判决，其既判力仅仅约束该诉讼的各方当事人，不当然适用于涉及该公司的其他诉讼，不影响公司独立法人资格的存续。如果其他债权人提起公司人格否认诉讼，已生效判决认定的事实可以作为证据使用。四是公司股东的滥用行为，实践中常见的有人格混同、过度支配与控制、资本显著不足等。[②]

川交工贸公司与瑞路公司、川交机械公司人格混同，瑞路公司、川交机械公司应对川交工贸公司的债务承担连带清偿责任。

（1）川交工贸公司、川交机械公司、瑞路公司人员混同。

①川交机械公司与瑞路公司的股东相同，均为王某礼等人。川交工贸公司虽股东与之不同，但拥有 90% 股份的控股股东张某蓉系王某礼之妻。此外，川交工贸公司的其他股东均为川交机械公司的高级管理人员。

②川交机械公司从 1994 年 4 月成立至 2007 年 10 月期间，法定代表人为王某礼。瑞路公司从 2004 年 9 月成立至今，法定代表人亦为王某礼。川交工贸公司的法定代表人吴某是川交机械公司的综合部行政经理。

③三公司的财务负责人均为凌某，出纳会计均为卢某，工商手续经办人均为张某。

④根据公司章程，三公司行使主持生产经营管理工作等职权的均为经理，且三公司聘任的经理均为王某礼。

⑤根据 2008 年 9 月 1 日《川交机械时讯报》简讯内容，免去过某利的川交工贸公司副总经理职务的决定系由川交机械公司作出，且原因是川交机械公司业务板块建设等工作需要。同时，过某利仍有另一身份，即川交机械公司的销售部销售经理。

综上，三公司的股东、法定代表人或相同或具有密切关联，三公司主持生产经营管理的经理均为王某礼，在人事任免上存在统一调配使用的情形，其他高级管理人员存在交叉任职，且重要部门任职人员相同，构成人员混同。

---

① 朱慈蕴：《公司法人人格否认：从法条跃入实践》，载《清华法学》2007 年第 2 期。
② 范健主编：《商法学》（第二版），高等教育出版社 2022 年版，第 124~125 页。

（2）川交工贸公司、川交机械公司、瑞路公司业务混同。

①川交工贸公司、川交机械公司、瑞路公司的经营范围基本重合。

在涉案交易发生期间，三公司在工商行政管理部门登记的经营范围均涉及工程机械且基本重合，其中，川交工贸公司的经营范围被川交机械公司的经营范围完全覆盖。此外，在实际经营中，三公司均经营工程机械相关业务，且在仅有瑞路公司的经营范围曾包括公路及市政工程施工等情况下，川交机械公司实际经营着市政工程施工等业务，并将之确定为三大业务板块之一。

②川交工贸公司、瑞路公司、川交机械公司在对外进行宣传时信息混同、未作区分。

第一，根据重庆市公证处（2008）渝证字第26233号《公证书》，川交工贸公司、瑞路公司在网上共同招聘员工且所留联系方式等招聘信息一致；在网上对企业进行宣传时未进行区分，如以川交工贸公司、瑞路公司名义所作出的招聘信息中包括了大量川交机械公司的介绍，在以川交工贸公司名义作出的招聘信息中列明的是瑞路公司的介绍以及川交机械公司的成立时间、企业精神等。

第二，川交机械公司登记的地址为四川省成都市武侯区簇桥镇龙井村6组，川交工贸公司登记的住所地为四川省成都市金牛区蓉都大道天回路817号中储天回二库内。但是，《川交机械时讯报》所载的地址并非川交机械公司的地址，而是川交工贸公司的地址。

第三，《川交机械时讯报》将川交工贸公司的人事任免情况作为简讯进行刊登。

③川交工贸公司、川交机械公司、瑞路公司在工程机械销售等业务中不分彼此。

第一，根据三公司于2005年8月15日共同出具的《说明》以及川交工贸公司、瑞路公司于2006年12月7日共同出具的《申请》，在三公司均与徐工科技公司存在业务往来的前提下，三公司不仅要求将相关业务统计于川交工贸公司名下，还表示今后的业务尽量以川交工贸公司的名义操作。因此，川交工贸公司是三公司相关交易的名义相对人，记载于川交工贸公司名下的交易还包括了川交机械公司与瑞路公司的业务。可见，在涉案交易模式中，三公司将自身视为一体，刻意要求不进行明确区分。

第二，川交工贸公司与瑞路公司共用统一格式的《销售部业务手册》，且封面载有上述两公司的名称，手册中载明两公司的结算开票资料，其中结算账户为两公司共同的财务人员卢某的个人银行账户，而手册中的《徐工样机发货申请单》表明该手册用于徐工工程机械的销售。该事实表明，川交工贸公司、瑞路公司在销售徐工工程机械时对以谁的名义进行销售是不加区分或者视为等同的。

第三，川交机械公司以徐工科技公司四川地区（攀枝花除外）唯一经销商的身份对外宣传并开展相关业务，在制作的《川交机械2007年徐工科技产品二级经销协议》中明确要扩大川交机械公司所销售产品的市场占有率，要求二级经销商在制作广告牌时应突出"川交机械"的品牌，但在该协议上作为合同签约人盖章的是川交工贸公司。以上事实表明，以唯一经销商身份经营相关业务时，川交机械公司与川交工贸公司未区分彼此。

第四，在川交工贸公司向其客户开具的收据中，有的盖有川交工贸公司的财务专用章，有的盖有瑞路公司的财务专用章，而一个公司签订的合同由另一个公司履行是业务混同在实践中的重要表现情形之一。

（3）川交工贸公司、川交机械公司、瑞路公司财务混同。

①川交工贸公司、川交机械公司、瑞路公司使用共同的账户。根据川交工贸公司与瑞路公司共用的《销售部业务手册》，三公司共同的财务管理人员卢某、凌某个人银行账户的往来情况以及卢某、凌某在公安部门向其调查时所作的陈述，三公司均使用卢某、凌某的个人银行账户，往来资金额巨大，其中凌某的个人账户资金往来达 1300 余万元，卢某的个人账户资金往来高达 8800 余万元。

②川交工贸公司、川交机械公司、瑞路公司未提供证据证明对共同使用的银行账户中相关资金的支配进行了区分。根据卢某向公安部门进行的陈述，川交工贸公司、川交机械公司、瑞路公司高达 8800 余万元的款项在进入其个人银行账户后，具体用款的依据仅是三公司经理王某礼的签字，资金走向中包括瑞路公司，亦包括对外支付工程保证金、施工材料款等。在原审法院明确要求瑞路公司、川交工贸公司、川交机械公司进一步举证的情况下，三公司并未提供充分证据证明三公司共同的财务人员对三公司共同使用的账户中的资金进行了必要的区分并有相应的记载。

③根据 2005 年 8 月 15 日的《说明》及 2006 年 12 月 7 日的《申请》，三公司与徐工科技公司之间的债权债务、业绩、账务均计算至川交工贸公司名下。

④三公司与徐工科技公司之间业务往来的返利均统计在川交工贸公司账户内尚未分配，且对返利的分配未作约定，即对相关业务的收益未加区分。

综上，川交工贸公司、川交机械公司、瑞路公司在经营中无视各自的独立人格，随意混淆业务、财务、资金，相互之间界限模糊，无法严格区分，使得交易相对人难以区分准确的交易对象。在均与徐工科技公司有业务往来的情况下，三公司还刻意安排将业务统计于川交工贸公司的名下，客观上削弱了川交工贸公司的偿债能力，有滥用公司独立人格以逃废债务之嫌。三公司虽在工商登记部门登记为彼此独立的企业法人，但实际上人员混同、业务混同、财务混同，已构成人格混同，损害了债权人的利益，违背了法人制度设立的宗旨，其危害性与《中华人民共和国公司法》第二十三条规定的股东滥用公司法人独立地位和股东有限责任的情形相当。为保护债权人的合法利益，规范公司行为，参照《中华人民共和国公司法》第二十三条的规定，川交机械公司、瑞路公司应当对川交工贸公司的债务承担连带清偿责任。

2. 九位自然人不应对川交工贸公司的债务承担连带清偿责任

徐工机械公司未提供证据证明王某礼、张某蓉将应当归属于公司的资产占为己有，亦未提供证据证明其个人资产与公司资产混同，故徐工机械公司要求王某礼、张某蓉对川交工贸公司的债务承担连带责任，没有法律依据。

徐工机械公司无证据证明三公司资产混同系由吴某、凌某、过某利、汤某明、郭某、何某庆所为，且法律无明文规定知晓关联公司资产混同就要对公司债务承担连带责任，所以，上述六位自然人不用对川交工贸公司的债务承担连带清偿责任。关于卢某的行为，因其系三公司共同的财务人员，款项从其个人银行卡收支，系职务行为，且公安机关亦未对此作出侵占公司资产的认定，所以，卢某也不用对川交工贸公司的债务承担连带清偿责任。

二、股东瑕疵出资纠纷

📖 **案情简介 4-2**①

八源公司是于 2014 年 9 月 26 日登记成立的有限责任公司，原公司《章程》规定，公司注册资本 50 万元，股东张某标、颜某纬、黄某林，分别认缴出资额 31 万元、10 万元、9 万元，均应于 2014 年 9 月 22 日前缴足。八源公司在国家企业信用信息公示系统公示的八源公司 2014 年度及 2015 年度报告均记载，公司注册资本 50 万元，各股东认缴的出资均已于 2014 年 9 月 22 日全部实缴。但八源公司银行账户流水显示：该公司基本账户 1994 年 10 月收到 50 万元后，短短几日内就几乎被现金支取完毕，八源公司及各股东均未能解释现金支取原因及用途。

2015 年 9 月 15 日，八源公司制定新章程规定，公司注册资本变更为 100 万元，张某标、颜某纬、黄某林分别认缴 62 万元、20 万元、18 万元，出资期限均至 2025 年 12 月 31 日届满。八源公司在国家企业信用信息公示系统公示的八源公司 2016 年度报告记载，张某标、颜某纬、黄某林分别认缴的上述出资，均已于 2015 年 5 月 18 日实缴。

2017 年 12 月 20 日，张某标将其股权分别转让与颜某纬、黄某林、任某强，同日，办理股权变更登记，四人在向工商行政管理机关填报的《自然人股东股权变更信息记录表》（非公示信息）中均确认，八源公司实收资本 0 元。

自 2018 年 1 月以来，以八源公司为被执行人的终结本次执行案件有多件，八源公司于 2020 年 6 月 24 日被吊销营业执照。八源公司欠付兴艺公司货款未偿还，兴艺公司起诉，请求判决八源公司偿还欠款及逾期利息；八源公司股东张某标、颜某纬、黄某林在未出资本息范围内承担补充赔偿责任，颜某纬、黄某林、任某强对张某标的责任承担连带清偿责任等。

本案一、二审判决判令八源公司向兴艺公司偿还欠款及利息，但驳回了兴艺公司的其他诉讼请求。再审法院审理认为公示年报信息是企业的法定义务，各股东对于八源公司在国家企业信用信息公示系统对外公示的实缴出资信息应当知晓而未依法提出异议，应当认定为其明知且认可年报信息。债权人对于公示信息形成的合理信赖依法应当予以保护，虽然八源公司股东新章程中约定的出资期限未届满，但兴艺公司主张应按八源公司在国家企业信用信息公示系统公示的实缴出资时间作为出资期限，依据充分。因此，张某标、颜某纬、黄某林各自应在未出资本息范围内对八源公司欠兴艺公司的债务承担补充赔偿责任，各股东未缴出资的利息起算点，应按八源公司对外公示的股东实缴出资时间确定。颜某纬、黄某林、任某强明知张某标未出资而受让其债权，应在各自受让股权占张某标出让股权的比例范围内对张某标的补充赔偿责任承担连带责任。

💬 **法律问题**

1. 股东认缴出资未届期，但公司公示其已经实缴出资，应如何认定应缴出资日？

---

① 案例来源于广东省高级人民法院（2020）粤民申 3743 号。

2. 八源公司银行账户流水显示的现金支取行为是否构成股东瑕疵出资？

3. 张某标等股东是否应对八源公司的债务承担补充赔偿责任？

法理分析

1. 如何认定应缴出资日

就股东出资义务而言，众所周知是以股东设立公司或者加盟公司时的承诺为准，即认缴的出资额或者认购的股份。但是，本案中股东们通过工商登记系统将认缴的出资登记为已缴，即登记为出资已实缴，并通过公示系统对外彰显，产生了公示效力，与公司进行交易的第三方对该公示产生了合理信赖，应当予以保护。股东对公司债权人的责任应按公示的时间认定。本案法院的裁判准确地体现了这一点，特别值得赞赏。商事登记公示效力值得保护的主要原因在于促进效率。具体而言，根据现代信息经济学的理论，信息不对称是导致市场缺陷的根本原因，政府的任务是减轻信息不对称以及促进信息生产，因此登记信息成为市场主体迅速搜集具有公信力的交易信息的有力途径，从而减少或避免因交易信息不对称而导致的风险。①

本案中，股东未届出资期限、未实缴出资，却放纵公司在企业信用信息公示系统公示已经实缴出资，判决股东以其同意公示的实缴出资日期，作为其应缴出资日期，在未出资本息范围内对公司不能清偿的债务承担补充赔偿责任，利息自公示的实缴出资日期起算。以此平衡交易相对人的信赖利益，强化企业信用约束，维护企业信用信息公示制度的公信力，保护并促进交易。

本案的法院裁判具有一定开创性和规则意义，有利于司法审判与行政监管、社会监督形成合力，强化企业信用约束，营造公平、合理、可预期的营商环境，也将节省社会资源，极大提升社会管理效能。

2. 构成股东瑕疵出资

"瑕疵出资"是指公司的股东在公司设立时将一些在价值、效用等方面存在瑕疵，无法将正常使用的财产出资给公司。在当今社会复杂的经济活动中，股东瑕疵出资的形式也变得更加复杂化和隐蔽化，让人难以察觉，其中在货币出资方面主要表现为未出资、实际出资数额未达认缴的出资额及出资后又以各种理由抽逃出资。

新《公司法》（2024）第五十三条规定："公司成立后，股东不得抽逃出资。违反前款规定的，股东应当返还抽逃的出资；给公司造成损失的，负有责任的董事、监事、高级管理人员应当与该股东承担连带赔偿责任。"《公司法》司法解释（三）第十二条明确列举了股东抽逃出资的具体情形："（一）制作虚假财务会计报表虚增利润进行分配；（二）通过虚构债权债务关系将其出资转出；（三）利用关联交易将出资转出；（四）其他未经法定程序将出资抽回的行为。"新《公司法》第二百五十三条还规定了抽逃出资应承担行政责任。

---

① 黄晓林：《我国商事登记制度改革中私法与公法秩序的博弈》，载《理论月刊》2022 年第 6 期。

本案八源公司 50 万元注册资金在到账后短短几天内被现金支取完毕，八源公司及各股东均未能解释现金支取原因及用途，应属于未经法定程序抽逃出资的瑕疵出资行为，股东应承担返还抽逃出资的责任。

3. 张某标等股东应对八源公司的债务承担补充赔偿责任

本案股东张某标、颜某纬、黄某林未按公司章程约定的期限缴纳出资，各自应在未出资本息范围内对八源公司欠兴艺公司的债务承担补充赔偿责任，各股东未缴出资的利息起算点，应按八源公司对外公示的股东实缴出资时间确定。

新《公司法》明确瑕疵股权转让时转让方、受让方的出资责任。新《公司法》第八十八条规定："股东转让已认缴出资但未届出资期限的股权的，由受让人承担缴纳该出资的义务；受让人未按期足额缴纳出资的，转让人对受让人未按期缴纳的出资承担补充责任。未按照公司章程规定的出资日期缴纳出资或者作为出资的非货币财产的实际价额显著低于所认缴的出资额的股东转让股权的，转让人与受让人在出资不足的范围内承担连带责任；受让人不知道且不应当知道存在上述情形的，由转让人承担责任。"该条规定明确了对出资期限未届满、尚未出资的股权转让，缴纳出资的责任由受让人承担，转让人承担补充责任。本案颜某纬、黄某林、任某强明知张某标未出资而受让其债权，应在各自受让股权占张某标出让股权的比例范围内对张某标的补充赔偿责任承担连带责任。

三、修改公司章程提前出资期限案

📖 **案情简介 4-3**[①]

上诉人鸿大（上海）投资管理有限公司（以下简称鸿大公司）因与被上诉人姚某城及原审第三人章某、蓝某球、何某松等公司决议纠纷一案，不服上海市虹口区人民法院（2019）沪 0109 民初 11538 号民事判决，向上海市第二中级人民法院提起上诉。

经审理查明：2017 年 7 月 17 日，鸿大公司形成新的公司章程，载明：第四条，鸿大公司注册资本 1000 万元；第五条，第三人章某出资 700 万元，姚某城出资 150 万元，第三人蓝某球、何某松各出资 75 万元，出资时间均为 2037 年 7 月 1 日；第九条，股东会会议应当于会议召开十五日以前通知全体股东；第十一条，股东会会议由股东按照出资比例行使表决权，股东会会议作出修改公司章程、增加或者减少注册资本的决议，以及公司合并、分立、解散或者变更公司形式的决议，必须经代表全体股东三分之二以上表决权的股东通过。姚某城及三个第三人在上述章程后签名。此后，在公司登记机关备案材料显示，姚某城和三名第三人成为鸿大公司股东，姚某城持股 15%、第三人何某松持股 7.5%、第三人章某持股 70%、第三人蓝某球持股 7.5%。

2018 年 10 月 30 日，鸿大公司向姚某城发送快递，快递单上载明：内件品名为鸿大公司 2018 年临时股东会通知，寄送的地址为上海市南汇区康桥镇秀沿路×××弄×××

---

① 案例来源于上海市第二中级人民法院（2019）沪 02 民终 8024 号。

支弄×××号。上述快递于次日被签收，快递记载签收人为他人收。鸿大公司 2018 年第一次临时股东会通知载明：召开会议时间为 2018 年 11 月 18 日下午 2 时，会议地点为上海市世纪大道 8 号国金中心二期 10 楼，会议审议事项为：更换并选举新的监事；修改公司章程；限制部分未履行出资义务股东的股东权利；授权公司就敦促未履行出资义务的股东缴付出资事项采取必要措施。

2018 年 11 月 18 日，鸿大公司形成 2018 年第一次临时股东会决议，载明：应到会股东四人，实际到会股东为三个第三人，占总股数 85%，姚某城收到股东会通知后未出席股东会，也未委托其他人出席股东会，会议由执行董事主持，到会股东一致同意形成决议如下：①选举何某松为公司监事，免除姚某城的公司监事职务；②通过章程修正案；③姚某城未按照约定缴付出资款 700 万元，且在鸿大公司多次催缴的情况下仍拒不履行出资义务，股东会决定限制姚某城的一切股东权利（包括但不限于收益分配权、表决权、知情权等），直至姚某城履行全部出资义务之日止；④采取一切必要措施要求姚某城履行出资义务（包括但不限于向姚某城发送催款函、委托律师代表鸿大公司向姚某城提起诉讼或仲裁等）。三个第三人合计持有鸿大公司 85%股权，代表的表决权超过三分之二，以上决议内容符合《公司法》及公司章程的规定，合法有效。上述临时股东会决议第二项所涉章程修正案，载明如下内容：将鸿大公司章程第五条姚某城及三个第三人作为鸿大公司股东的出资时间 2037 年 7 月 1 日修改为出资时间 2018 年 12 月 1 日；并增加以下内容：若公司股东之间或股东与公司之间就出资时间另有约定，无论这等出资约定的具体时间在本章程或章程修正案签署之前还是签署之后，则股东的出资时间以该出资约定为准，但出资约定的最晚期限不得超过 2018 年 12 月 1 日；股东逾期未缴纳出资额的，应当按照同期人民银行公布的一年期贷款利息向公司支付逾期利息；股东溢价投资入股的金额超过其认缴的注册资本部分，应当计入公司的资本公积金。上述章程修正案落款处由第三人章某作为鸿大公司法定代表人签名，落款时间为 2018 年 11 月 18 日。

被上诉人（原审原告）在一审中起诉称，鸿大公司其他股东利用资本多数决规则修改章程关于出资期限的规定，是对资本多数决的滥用。出资期限的提前或修改，需经全体股东一致同意。故请求确认鸿大公司于 2018 年 11 月 18 日作出的 2018 年第一次临时股东会决议无效。一审法院支持了原告姚某城的诉讼请求。

上诉人（原审被告）鸿大公司不服一审判决，上诉称：一审判决确认鸿大公司 2018 年 11 月 18 日作出的 2018 年第一次临时股东会决议（以下简称临时股东会决议）第二项无效，属于适用法律错误。《公司法》规定修改公司章程、增加或减少注册资本等事项的决议须经代表全体股东三分之二以上表决权的股东通过。股东出资期限如需经过全体股东一致同意方能修改，实际上赋予任何股东一票否决权，该观点并无法律和章程依据。修改出资期限与公司增资、减资、合并、分立、解散等均属于公司及股东重大利益事项，其中增资、减资及解散公司对股东利益更为密切，高于出资期限的重要性，如果解散公司也需经过全体股东一致同意，则公司可能永远无法解散。其次，本案不应适用《公司法》第二十条第一款、第二十二条第一款，临时股东会决议并未违反任何法律、行政法规，鸿大公司股东也未滥用股东权利、侵害公司或其他股东权利。综上，本案临时股东会决议修改公司章程记载的出资期限应当适用资本多数决规则，具有正当性，并未损害姚某城的利益，且股东会召集、表决程序均合法，该股东会决议合法有效。故此，请求二审法院支持其上诉请求。

二审法院最终驳回上诉，维持原判。

法律问题

1. 鸿大公司修改公司章程、提前出资期限的股东会决议是否有效？为什么？
2. 鸿大公司在召集临时股东会时，是否履行了通知姚某某的义务？请说明理由。

法理分析

1. 鸿大公司修改公司章程、提前出资期限的股东会决议无效

本案临时股东会决议第二项系通过修改公司章程将股东出资时间从 2037 年 7 月 1 日修改为 2018 年 12 月 1 日，其实质系将公司股东的出资期限提前。而修改股东出资期限，涉及公司各股东的出资期限利益，并非一般的修改公司章程事项，不能适用资本多数决规则。理由如下：

首先，我国实行公司资本认缴制，除法律另有规定外，《公司法》（2024）第四十九条第一款规定："股东应当按期足额缴纳公司章程规定的各自所认缴的出资额。"即法律赋予公司股东出资期限利益，允许公司各股东按照章程规定的出资期限缴纳出资。股东的出资期限利益，是公司资本认缴制的核心要义，系公司各股东的法定权利，如允许公司股东会以多数决的方式决议修改出资期限，则占资本多数的股东可随时随意修改出资期限，从而剥夺其他中小股东的合法权益。

其次，修改股东出资期限直接影响各股东的根本权利，其性质不同于公司增资、减资、解散等事项。后者决议事项一般与公司直接相关，但并不直接影响公司股东之固有权利。如增资过程中，不同意增资的股东，其已认缴或已实缴部分的权益并未改变，仅可能因增资而被稀释股份比例。而修改股东出资期限直接关系到公司各股东的切身利益，如允许适用资本多数决，不同意提前出资的股东将可能因未提前出资而被剥夺或限制股东权益，直接影响股东根本利益。因此，修改股东出资期限不能简单等同于公司增资、减资、解散等事项，亦不能简单地适用资本多数决规则。

再次，股东出资期限系公司设立或股东加入公司成为股东时，公司各股东之间形成的一致合意，股东按期出资虽系各股东对公司的义务，但本质上属于各股东之间的一致约定，而非公司经营管理事项。法律允许公司自治，但需以不侵犯他人合法权益为前提。公司经营过程中，如有法律规定的情形需要各股东提前出资或加速到期，系源于法律规定，而不能以资本多数决的方式，以多数股东意志变更各股东之间形成的一致意思表示。故此，本案修改股东出资期限不应适用资本多数决规则。[①]

最后，本案也存在出资加速到期的情形。股东享有出资期限利益是其法定权利，但为

---

① 庄龙平、李超、刘江：《修改股东出资期限不适用资本多数决规则》，载《人民司法》第 17 期。

平衡股东与公司、公司债权人之间的利益，故在个别特殊情形下股东出资期限利益可予以突破。主要有以下两类：其一，法律明确规定。公司经营过程中出现法律规定的破产、强制清算等情形，各股东应提前出资或出资加速到期。此种情况下，只要出现上述法定情形，而无须以资本多数决的方式变更各股东之间形成的一致意思表示。其二，公司存在紧急筹措资金的特殊合理情况。例如，司法实践中具有优先性质的公司债权在一定条件下可以要求公司股东提前出资或加速到期，公司拖欠员工工资而形成的劳动债权，在公司无资产可供执行的情况下，可以要求公司股东提前出资或加速到期以承担相应的法律责任。[①]又例如，公司确实存在紧急对外投资的经营行为，而公司自有资金不足以支付，可以通过股东资本多数决的方式要求股东出资加速到期。本案不属于上述出资期限加速到期的任何一种情形。

必须指出，本案发生在 2024 年新《公司法》生效之前，新《公司法》第四十七条规定，全体股东认缴的出资额由股东按照公司章程的规定自公司成立之日起五年内缴足。即五年缴足认缴出资额的新规有效堵住了股东利用出资制度盲目填写注册资金，虚增公司信用，损害公司债权人利益的漏洞。

2. 应认定未履行通知姚某某的义务

《民事诉讼法》第八十七条规定："送达诉讼文书必须有送达回证，由受送达人在送达回证上记明收到日期，签名或者盖章。受送达人在送达回证上的签收日期为送达日期。"本案快递记载签收人为他人收，是违法行为，可要求笔迹鉴定，违反法定程序，影响案件公正裁决，可还重审，或者向上级申诉，签收人签字伪造无效，如果有证据证明法院工作人员伪造签字，应当承担法律责任。因本案股东会决议已被法院判令无效，故送达回证是否本人签收，不影响本案实质审理结果。

四、股东知情权纠纷案

📖 案情简介 4-4[②]

上诉人（原审原告）：赵某红

被上诉人（原审被告）：西安市五星商贸有限公司（以下简称五星公司）

上诉人赵某红因与被上诉人五星公司股东知情权纠纷一案，不服西安市新城区人民法院（2016）陕 0102 民初 1863 号民事判决，向陕西省西安市中级人民法院提起上诉。

经审理查明：2010 年，西安五星商贸中心改制为五星公司，注册资本 205 万元，法定代表人为韩某良，赵某红为五星公司的自然人股东之一，认缴货币出资 20 万元，实缴货币出资 20 万元，时任五星公司董事。2014 年，五星公司原董事长病故后，五星公司于 2014 年 7 月 7 日召开了董事会会议，选举姚某担任公司董事长。2014 年 7 月 17 日，赵某

---

① 《姚某城与鸿大（上海）投资管理有限公司、章某等公司决议纠纷案》，载《中华人民共和国最高人民法院公报》2021 年 3 月 10 日。

② 案例来源于陕西省西安市中级人民法院（2016）陕 01 民终 9362 号。

红在《西安日报》发布通告一份，通告内容为："西安市五星商贸有限公司定于 2014 年 8 月 1 日上午 9 点在公司召开股东大会，望各位股东按时参加"。2014 年 7 月 31 日，姚某向西安市公安局新城分局解放门派出所报案称五星公司门被撬。西安市公安局新城分局解放门派出所的处警情况为五星公司因为董事长韩某良病逝，现公司赵某红与姚某各称自己是合法董事长，赵某红于 2014 年 7 月 31 日凌晨私自打开财务室要取公司公章。西安市公安局新城分局解放门派出所的处警结果为民事纠纷调解。2014 年 9 月 22 日，五星公司召开董事会会议并作出西五商字（2014）第 01 号决定：因赵某红私刻公章召集股东会，撬开财务科室防盗门等行为，严重违反企业的相关规章制度，免去赵某红副总经理职务。同日，五星公司行政会议研究并作出西五商字（2014）第 02 号决定：兹有原企业副经理赵某红，私刻企业公章，冒用单位名义在《西安日报》登报召开股东大会，并撬开企业财务室准备窃取公章，给予其保留劳动关系停止工作处分，停发工资，发放生活费。后赵某红提起劳动争议仲裁并离开单位，双方发生劳动争议诉讼。2016 年 4 月 5 日，西安市中级人民法院作出（2016）陕 01 民终 2006 号判决书，判决：1. 撤销西安市新城区人民法院（2014）新民初字第 01737 号民事判决。2. 驳回赵某红的仲裁请求。2016 年 1 月 6 日，五星公司将 2015 年度的财务报告在公司公告栏内进行了公示。后赵某红前往五星公司要求查阅复制公司章程、股东会会议记录、董事会会议记录、监事会会议决议、财务会计报告等，五星公司未答复。2016 年 1 月 22 日，赵某红将五星公司张贴在公告栏的财务会计报告撕走。另查，赵某红在 2010 年 9 月—2014 年 9 月任五星公司副总经理，其间主管公司财务工作，同时任五星公司董事。一审法院审理期间，五星公司当庭提交了陕贝会审字（2015）第 001APV 号《西安市五星商贸有限公司清产核资专项审计报告》一份，该报告记载了五星公司截至 2014 年 9 月 30 日的资产负债情况和资产负债表，赵某红表示，其系公司董事，对公司进行的专项审计不知情，该审计报告不是五星公司出具的，内容不完整，其对该审计报告内容存疑、不认可。另五星公司表示公司每年都将会计师事务所所作的会计报告在公司公告栏张贴，赵某红表示五星公司仅张贴了 2015 年度的财务会计报告。经释明后，五星公司未向一审法院提供公司历年的财务会计报告。

赵某红向一审法院起诉请求：1. 责令五星公司提供自 2011 年至 2015 年度的财务会计报告及公司会计账簿（含总账、明细账、日记账、银行对账单、银行余额调节表等其他辅助性账簿）和会计凭证（含记账凭证、相关原始凭证及作为原始凭证附件入账备查的有关资料）供赵某红查阅；2. 诉讼费用由五星公司承担。

五星公司辩称：1. 根据《公司法》的规定，股东行使知情权时，必须履行书面申请义务。赵某红未向五星公司提交行使股东知情权的书面申请，也未告知查询目的，因此其未履行法定前置程序，应当裁定驳回赵某红的起诉。2. 赵某红的查询请求具有不正当目的，明显损害公司利益，五星公司有权拒绝其查阅。

法律问题

1. 五星公司是否应当提供其财务会计报告、会计账簿及会计凭证供赵某红查阅？请说明理由。

2. 赵某红行使股东知情权的目的是否正当？为什么？

✍ 法理分析

1. 五星公司应当提供其财务会计报告、会计账簿及会计凭证供赵某红查阅，以保障股东知情权的实现

股东知情权，是指法律赋予股东的通过查阅、复制公司章程、股东会与董事会决议、公司会计报告、公司会计账簿等文件材料，了解公司运营状况和公司高级管理人员业务活动的权利。股东查阅权有两项功能：一是确保股东更好行使股东权利。《公司法》赋予股东对一些重大事项进行决议的权利。股东必须在知悉公司经营情况尤其是财务状况的前提下，才能作出有利于自身利益的决议。如股东可以查阅获取其他股东的信息，与其他股东沟通，进而才能在其行使表决权、提案权时，在信息比较充分的情况下作最佳判断，间接促进公司治理的完善。二是查阅权可以增强股东监督公司的能力，降低代理成本。对于有限责任公司，股东行使查阅权可以降低控股股东与中小股东之间的代理成本，实现对控股股东滥用权利的制约。① 因此，股东知情权是股东实现股权的前提和基础。②

《公司法》第五十七条规定："股东有权查阅、复制公司章程、股东名册、股东会会议记录、董事会会议决议、监事会会议决议和财务会计报告。股东可以要求查阅公司会计账簿、会计凭证。股东要求查阅公司会计账簿、会计凭证的，应当向公司提出书面请求，说明目的。公司有合理根据认为股东查阅会计账簿、会计凭证有不正当目的，可能损害公司合法利益的，可以拒绝提供查阅，并应当自股东提出书面请求之日起十五日内书面答复股东并说明理由。公司拒绝提供查阅的，股东可以向人民法院提起诉讼。"《中华人民共和国会计法》第十四条第一款规定："会计凭证包括原始凭证和记账凭证。"《中华人民共和国会计法》第十五条第一款规定："会计账簿登记，必须以经过审核的会计凭证为依据，并符合有关法律、行政法规和国家统一的会计制度的规定。会计账簿包括总账、明细账、日记账和其他辅助性账簿。"本案中，赵某红主张其将查阅公司财务会计报告、会计账簿、会计凭证的书面申请交付了五星公司办公室主任耿某，并提交了录音资料作为证据。五星公司称其对录音中被录音人身份无法核实，但其认可耿某系其办公室主任，却不能通知耿某到庭，致使法院无法核实录音资料中被录音人身份，因此五星公司应当承担相应的不利法律后果，法院依法认定赵某红向五星公司办公室主任耿某提交了查阅公司财务会计报告、会计账簿、会计凭证的书面申请。

2. 赵某红行使股东知情权的目的正当

赵某红称其行使股东知情权的目的是确认公司收入、费用支出、收益分配是否合规，财务会计报告是否真实，也为了维护股东权益。赵某红所述查阅公司会计账簿、会计凭证等资料的理由正当，五星公司依法应当予以提供。不能因为股东兼董事的赵某红曾有私刻公章等违规行为，就剥夺其股东知情权，这是两种不同性质的事情。五星公司辩称赵某红行使股东知情权存在不正当目的，但其提交的证据不足以证明其该项主张，故法院不予采信符合法律规定。

---

① 林一英：《利益平衡视角下的股东查阅权落实路径》，载《财经法学》2024 年第 1 期。
② 范健主编：《商法学》（第二版），高等教育出版社 2023 年版，第 137 页。

五、股东资格确认纠纷案

案情简介 4-5①

西安市大华餐饮有限责任公司（以下简称大华公司）成立于1990年4月5日。2004年5月，大华公司由国有企业改制为有限责任公司，宋某军系大华公司员工，出资2万元成为大华公司的自然人股东。大华公司章程第三章"注册资本和股份"下第十四条规定："公司股权不向公司以外的任何团体和个人出售、转让。公司改制一年后，经董事会批准后可在公司内部赠予、转让和继承。持股人死亡或退休经董事会批准后方可继承、转让或由企业收购，持股人若辞职、调离或被辞退、解除劳动合同的，人走股留，所持股份由企业收购……"第十三章"股东认为需要规定的其他事项"下第六十六条规定："本章程由全体股东共同认可，自公司设立之日起生效。"该公司章程经大华公司全体股东签名通过。2006年6月3日，宋某军向公司提出解除劳动合同，并申请退出其所持有的公司的2万元股份。2006年8月28日，经大华公司法定代表人赵某锁同意，宋某军领到退出股金款2万元整。2007年1月8日，大华公司召开2006年度股东大会，大会应到股东107人，实到股东104人，代表股权占公司股份总数的93%，会议审议通过了宋某军、王某青、杭某国三位股东退股的申请并决议"其股金暂由公司收购保管，不得参与红利分配"。后宋某军以大华公司的回购行为违反法律规定，未履行法定程序且《公司法》规定股东不得抽逃出资等，请求依法确认其具有大华公司的股东资格。

法律问题

1. 大华公司的公司章程中关于"人走股留"的规定，是否违反了《公司法》的禁止性规定？该章程是否有效？

2. 大华公司回购宋某军股权是否构成抽逃出资？

法理分析

1. 大华公司章程不违反《公司法》相关规定

对于公司章程是否可以限制股权转让，以及股东违反公司章程规定与他人订立的股权转让合同的效力如何，多数法院认为只要公司章程限制股权转让的规定不违反法律法规强制性的规定，就应当认定其效力，违反公司章程规定的股权转让合同无效。②

首先，大华公司章程第十四条规定："公司股权不向公司以外的任何团体和个人出售、转让。公司改制一年后，经董事会批准后可以公司内部赠予、转让和继承。持股人死亡或退休经董事会批准后方可继承、转让或由企业收购，持股人若辞职、调离或被辞退、解除劳动合同的，人走股留，所持股份由企业收购。"依照《公司法》"股东应当在公司章程上签名、盖章"的规定，有限公司章程系公司设立时全体股东一致同意并对公司及

---

① 案例来源于最高人民法院发布第18批指导性案例，载《人民法院报》2018年6月28日。

② 钱玉林：《公司章程对股权转让限制的效力》，载《法学》2012年第10期。

全体股东产生约束力的规则性文件，宋某军在公司章程上签名的行为，应视为其对前述规定的认可和同意，该章程对大华公司及宋某军均产生约束力。其次，基于有限责任公司封闭性和人合性的特点，由公司章程对公司股东转让股权作出某些限制性规定，系公司自治的体现。在本案中，大华公司进行企业改制时，宋某军之所以成为大华公司的股东，其原因在于宋某军与大华公司具有劳动合同关系，如果宋某军与大华公司没有建立劳动关系，宋某军则没有成为大华公司股东的可能性。同理，大华公司章程将是否与公司具有劳动合同关系作为取得股东身份的依据继而作出"人走股留"的规定，符合有限责任公司封闭性和人合性的特点，亦系公司自治原则的体现，不违反《公司法》的禁止性规定。最后，大华公司章程第十四条关于股权转让的规定，属于对股东转让股权的限制性规定而非禁止性规定，宋某军依法转让股权的权利没有被公司章程所禁止，大华公司章程不存在侵害宋某军股权转让权利的情形。综上，本案一、二审法院均认定大华公司章程不违反《公司法》的禁止性规定，应为有效的结论正确，宋某军的这一再审申请理由不能成立。

2. 不构成抽逃出资

原《公司法》第七十四条所规定的异议股东回购请求权具有法定的行使条件，即只有在"公司连续五年不向股东分配利润，而公司该五年连续盈利，并且符合本法规定的分配利润条件的；公司合并、分立、转让主要财产的；公司章程规定的营业期限届满或者章程规定的其他解散事由出现，股东会会议通过决议修改章程使公司存续的"三种情形下，异议股东有权要求公司回购其股权，对应的是公司是否应当履行回购异议股东股权的法定义务。而本案属于大华公司是否有权基于公司章程的约定及与宋某军的合意而回购宋某军股权，对应的是大华公司是否具有回购宋某军股权的权利，二者性质不同，《公司法》第七十四条不能适用于本案。在本案中，宋某军于2006年6月3日向大华公司提出解除劳动合同申请并于同日手书《退股申请》，提出"本人要求全额退股，年终盈利与亏损与我无关"，该《退股申请》应视为其真实意思表示。大华公司于2006年8月28日退还其全额股金款2万元，并于2007年1月8日召开股东大会审议通过了宋某军等三位股东的退股申请，大华公司基于宋某军的退股申请，依照公司章程的规定回购宋某军的股权，程序并无不当。另外，《公司法》所规定的抽逃出资专指公司股东抽逃其对于公司出资的行为，公司不能构成抽逃出资的主体，宋某军的这一再审申请理由不能成立。

最高人民法院公布该案为指导案例第96号，明确了有限责任公司合意型股权回购（合意一致，如公司初始章程约定）并不违反股权回购强制性规定，也不构成抽逃出资的裁判态度。但通过检索近年类案裁判趋势，"人走股留"纠纷裁判规则的司法口径已被不断扩宽，如参照适用范围并不局限于国有企业改制领域，且在部分案件中认为"即便是对章程修订案投反对票的股东，仍需遵守公司章程'人走股留'规定"，"人走股留"似乎已经成为员工股东理应遵守的本分，公司章程、股东协议中的"人走股留"条款仿佛具有不证自明的效力。[①]

"宋某军案"作为指导案例，展示了国企改制背景下"人走股留"的章程强制股权转

---

① 吴飞飞：《论"人走股留"纠纷裁判规则的适用困境与改进》，载《现代法学》2023年第1期。

让具有效力，明确了合意股权回购不必限制于《公司法》规定的四种法定股权回购情形之内，公司章程对于股权回购进行约定属于公司自治范畴。在《公司法》尚未明确相关问题时，该案对于我国的司法发展和立法完善具启示意义。

六、公司解散纠纷案

案情简介 4-6[①]

上诉人（原审被告）：三亚南方装潢建材有限公司（以下简称南方公司）

上诉人（原审第三人）：庞某胜

被上诉人（原审原告）：三亚市宏图房地产开发公司（以下简称宏图公司）

上诉人南方公司、庞某胜因与被上诉人宏图公司解散纠纷一案，不服海南省三亚市中级人民法院（2023）琼 02 民初 142 号民事判决（以下简称一审判决），向海南省高级人民法院提起上诉。

经审理查明：南方公司于 2005 年 1 月 31 日注册成立，住所为三亚市金鸡岭路市政水泥制品厂，注册资本为 80 万元且均已实缴，其法定代表人为股东之一即庞某胜，另一股东为宏图公司，两股东的出资占比均为 50%。南方公司的公司章程于 2004 年 10 月 28 日订立，其中第八条第（三）项规定，股东会会议由股东按照出资比例行使表决权；股东会会议分为定期会议和临时会议，并应当于会议召开十五日以前通知全体股东。定期会议应每半年召开一次，临时会议由代表四分之一以上表决权的股东或者监事提议方可召开。宏图公司分别于 2023 年 4 月 3 日、4 月 19 日对庞某胜作出《召开临时股东会会议通知》《召开临时股东会会议第二次通知》，庞某胜分别于 2023 年 4 月 6 日、4 月 22 日签收上述两份通知文件。南方公司曾于 2015 年 7 月、2016 年 7 月被列入经营异常名单，且其在国家企业信用信息公示系统中的 2016—2017 年度、2019—2022 年度报告均显示企业经营状态为"歇业"。宏图公司的全资股东为市政公司（曾用名：三亚市市政工程建设总公司），该公司与南方公司、庞某胜存在多起诉讼。

宏图公司作为南方公司的股东，自 2017 年以来对南方公司的实际运营情况（办公场地、经营信息、财务信息等）都不了解，宏图公司 2023 年根据公司章程向同为股东的庞某胜发函要求召开股东会议，要求了解南方公司目前经营状况及财务信息，但庞某胜既不参加，也不委托他人参加，对宏图公司的发函不予理睬，导致宏图公司无法行使股东权利。由此，宏图公司向一审法院提出诉讼请求：1. 判令解散南方公司；2. 判令南方公司承担本案诉讼费。

南方公司辩称，宏图公司起诉要求解散公司是受到市政公司操纵，真实目的是扰乱上诉人（原审被告）的正常经营，阻碍上诉人依法维护自己的权益。宏图公司只是南方公司的挂名股东，因为当时应管理部门的要求，宏图公司只是帮助庞某胜完成挂名，庞某胜事实上是南方公司的唯一股东，全部出资和管理、经营均由庞某胜一人完成。而宏图公司不投资、不参加经营和管理，更不承担经营风险，没有分红权和表决权，

---

① 案例来源于海南省高级人民法院（2023）琼民终 549 号。

不是真正的股东，故而不具备本案的诉讼主体资格。假设即便宏图公司是南方公司的真股东，其在一审中举证的两次要求召开股东会的通知中载明了召开股东会的议题内容是股东的知情权事项而不是公司章程确定的股东会职权范围，两次召开股东会的申请即便没有得到庞某胜的回应也没有达到股东会决策失灵的地步，不符合《最高人民法院关于适用〈中华人民共和国公司法〉若干问题的规定（二）》第一条规定法院应当受理解散公司诉讼的前提。

💬 法律问题

1. 宏图公司是否具备提起公司解散之诉的主体资格？
2. 南方公司是否应当解散？为什么？

📝 法理分析

1. 宏图公司具备提起公司解散之诉的主体资格

该案件系公司发生经营僵局的典型案件，有力证明了公司解散清算制度具有破解公司僵局的制度功能。当公司内部运行及自我调整的一般机制已经失灵时，常规情形下"就事论事"的纠纷解决机制也已经难当其任。基于此，我们认为，公司利害关系人之间的矛盾冲突已经上升为系统性、结构性的僵化结构，此时法院判决公司解散可以帮助其有效退出市场，[①] 但是，司法解散作为一种司法途径强制解散人合公司的手段，应该只有在公司陷入经营僵局，穷尽其他救济方式无从解决之时才能予以利用。英美法在发展过程中逐步将强制解散定位于对股东的最后救济，这和我国的"穷尽其他救济方式"立法机理其实是一致的，都是为了避免国家强制力对封闭公司自治的侵害。公司司法解散制度是为了解决公司的人合障碍、保护中小股东的利益，探索其他救济渠道时就应当避免通过法律手段扼杀公司的发展，实际适用强制解散时应当相当审慎。[②]

宏图公司具备提起公司解散之诉主体资格。《中华人民共和国公司法》第二百三十一条规定："持有公司全部股东表决权百分之十以上的股东，可以请求人民法院解散公司。"根据查明的事实，南方公司《企业机读档案登记资料》显示，宏图公司是南方公司的股东，并已实缴出资，且持股比例为50%。因此宏图公司具备提起公司解散之诉的主体资格，有权请求解散南方公司。

2. 南方公司符合法定的公司解散条件

对于法定的公司解散条件，《中华人民共和国公司法》第二百三十一条规定："公司经营管理发生严重困难，继续存续会使股东利益受到重大损失，通过其他途径不能解决的，持有公司全部股东表决权百分之十以上的股东，可以请求人民法院解散公司。"《最

---

① 上海市高级人民法院商事庭课题组：《公司解散清算的功能反思与制度重构——从清算僵局的成因及制度性克服切入》，载《法律适用》2023 年第 1 期。

② 孙惠敏：《我国公司司法解散制度发展路径探析》，载《经济研究导刊》2024 年第 6 期。

高人民法院关于适用〈中华人民共和国公司法〉若干问题的规定（二）》第一条第一款规定："单独或者合计持有公司全部股东表决权百分之十以上的股东，以下列事由之一提起解散公司诉讼，并符合公司法第一百八十二条规定的，人民法院应予受理：（一）公司持续两年以上无法召开股东会或者股东大会，公司经营管理发生严重困难的；（二）股东表决时无法达到法定或者公司章程规定的比例，持续两年以上不能做出有效的股东会或者股东大会决议，公司经营管理发生严重困难的；（三）公司董事长期冲突，且无法通过股东会或者股东大会解决，公司经营管理发生严重困难的；（四）经营管理发生其他严重困难，公司继续存续会使股东利益受到重大损失的情形。"本案中，判断南方公司是否符合法定的解散条件，应当从其经营管理是否发生严重困难、公司继续存续是否会使股东利益受到重大损失、是否能通过其他途径解决僵局三个方面进行分析：

第一，关于南方公司的经营管理是否发生严重困难的问题。根据一审查明的事实，首先，南方公司于 2019 年 1 月 16 日就任命新任监事事项和申请补发营业执照副本事项最后一次召开股东会。宏图公司虽于 2023 年 4 月 3 日和 2023 年 4 月 19 日两次向南方公司的法定代表人庞某胜发出召开临时股东会会议通知，但均未如期召开公司股东会。故，自 2019 年 1 月 16 日以来，南方公司未再召开股东会。其次，国家企业信用信息公示系统显示，南方公司的 2016—2017 年度、2019—2022 年度报告均显示企业经营状态为"歇业"。近年来，南方公司没有开展具体的经营业务，已无经营内容事项。上述事实足以认定南方公司的经营管理发生严重困难。

第二，关于南方公司继续存续是否会使股东利益受到重大损失的问题。由于南方公司持续处于停业状态，没有开展业务经营，且持续两年以上未召开股东会或者股东大会，持续两年以上不能做出有效的股东会或者股东大会决议。无法实现预期的经营目的。因此，南方公司若继续存续将使股东利益受到重大损失。

第三，关于是否通过其他途径不能解决的问题。本案诉讼过程中，南方公司、庞某胜不承认宏图公司的股东地位，南方公司和宏图公司亦均未提供合理的股权收购方案。宏图公司两次向南方公司申请召开临时股东会，试图通过内部途径解决南方公司的经营管理困难，但未成功。因此，一审和二审法院均认定南方公司的持续性僵局已经穷尽其他途径仍未能化解，具有事实依据。

综上，可以认定南方公司经营管理发生严重困难，继续存续会使股东利益受到重大损失，通过其他途径不能解决，因此，南方公司符合法定的公司解散条件。我们认为，本案一审和二审法院的判决完全正确。

思考题

案例一　海科公司系于 2020 年成立的有限责任公司，公司注册资本 8000 万元，共 22 名股东，其中，被告宋某、曾某、彭某、曹某 4 名股东为大股东，占公司股权比例为 92%，车某等 8 名原告为小股东，占公司股权比例为 8%。2021 年 11 月，在其他股东不知情的情况下，宋某、曾某、彭某、曹某与另外两位股东于某、徐某签订了一份《关于于某、徐某二位股东待遇的保证承诺》。其主要内容是，随着海科公司规模日益扩大，海外分支机构的设立及合资上市工作的开展，出于对公司今后融资和海外上市过程中只有全体股东意见一致才能谋求股东利益最大化的考虑，宋某、曾某、彭某、曹某四位大股东发起了关于海科公司全体股东锁定及托管的倡议，考虑到徐某、于某两位股东在公司的历史地位及贡献，宋某等四人同意在今后的锁定期内从以下方面保证于某、徐某二人的股东权益：（1）在海科公司股权不发生变化的前提下，保证于某、徐某二人在海科公司的董事和监事席位；（2）在十年锁定期内，保证满足于某、徐某每人收入不低于安全技术公司副总裁的最高标准，海科公司提供于某、徐某二人每人一辆不超过50万元的工作车，车辆所有权及车辆使用的维修维护归公司，使用权归于某、徐某二人；（3）本承诺完全以签署人的个人信誉担保，但由于本承诺的参与方同时也是海科公司的董事，本协议可视为海科公司的董事会决议执行。原告车某等8名小股东认为该承诺书违反了《公司法》的规定，侵犯了小股东的利益，请求法院确认该承诺书无效。被告宋某等大股东辩称，该承诺书是股东个人签订的协议，不是股东会决议，也不是董事会决议，是大股东的真实意思表示，协议可以约束当事人。

法律问题：

1. 该承诺书的性质是什么？是否具有法律效力？请说明理由。
2. 该承诺书有哪些内容违反了《公司法》的规定？

案例二 湖南大鹏制衣股份有限公司决定在2021年10月10日召开临时股东大会。董事长发出了《关于召开2021年临时股东大会会议的通知》。通知如下："兹定于2021年10月10日召开临时股东大会会议，现将有关事项通知如下：

（1）凡是持股量在30万股以上的股东可以径自参加股东大会会议，凡持股量在10万股以上、30万股以下的股东可以按照本通知所列会议议程填写表决票于10月10日前寄送本公司董事会。

（2）会议议程：

①讨论解决公司经营方向的转型问题；②补选董事一人。

（3）会议地点：某市某宾馆会议室。

（4）附件：

关于公司所遇经营困难以及经营转型的方向的报告；

董事候选人简介；

表决票一张。

湖南大鹏制衣股份有限公司

董事长 王某

2021年10月1日

（公司公章）"

2021年10月10日，120名股东出席了临时股东大会，经过认真的讨论，认为公司经营所遇困难无法解决，经大会表决，90名股东同意作出解散公司的决议。董事长王某认为，赞成决议者超过出席人数的2/3，决议有效。会后，小股东李某认为公司仅仅让其通信表决，以董事会侵害其股东的合法权益为由向人民法院提起诉讼。

法律问题：

1. 该股东大会的召开有哪些违法之处？
2. 作为小股东的李某，其有哪些权益受到了侵害？

案例三 某房地产股份公司注册资本为人民币 2 亿元。后来由于房地产市场不景气，公司在 2020 年年底出现了无法弥补的经营亏损，亏损总额为人民币 7000 万元。某股东据此请求召开临时股东大会。公司决定于次年 4 月 10 日召开临时股东大会，并于 3 月 27 日在报纸上刊登了向所有的股东发出了会议通知。通知确定的会议议程包括以下事项：

(1) 选举更换部分董事，选举更换董事长；

(2) 选举更换全部监事；

(3) 更换公司总经理；

(4) 就发行公司债券作出决议；

(5) 就公司与另一房地产公司合并作出决议。

在股东大会上，上述各事项均经出席大会的股东所持表决权的半数通过。

法律问题：

1. 公司发生亏损后，在股东请求时，应否召开股东大会？为什么？
2. 公司在临时股东大会的召集、召开过程中，有无与法律规定不相符的地方？如有，请指出，并说明理由。

案例四 甲公司欲作为发起人募集设立一股份有限公司，其拟定的基本构想包括以下内容：(1) 7 个发起人中有 4 个住所地在境外的发起人，这为公司的国际化打下良好的基础；(2) 公司的注册资本是 8000 万元，其中 7 个发起人认购 2500 万元，由于公司所选项目有非常好的发展前景，其余的 5500 万元向社会公开募集；(3) 由于是募集设立的股份有限公司，因此所有的出资必须是货币；(4) 认股人在缴纳股款后，在任何情况下，都不可以要求发起人返还股款；(5) 创立大会可以根据需要，结合市场情况由发起人决定召开的时间；(6) 如果公司不能设立，发起人和缴足股款的认股人会共同承担相应的法律责任。

法律问题：

甲公司拟定的基本构想中哪些不符合法律规定？

第五章 非公司企业法

一、个人独资企业所雇佣劳务者受伤责任纠纷案

📖 **案情简介 5-1①**

上诉人（原审原告）：郭某泉

上诉人（原审被告）：李某康

上诉人（原审被告）：阳泉市澳盛园门业有限公司（以下简称澳盛园门业）

被上诉人（原审被告）：李某文

上诉人郭某泉因与上诉人李某康、澳盛园门业、被上诉人李某文提供劳务者受害责任纠纷一案，不服阳泉市城区人民法院（2018）晋0302民初1592号民事判决，向山西省阳泉市中级人民法院提起上诉。

经一审法院审理查明：上诉人（原审原告）郭某泉于2017年8月5日经被上诉人（原审被告）李某文介绍与上诉人（原审被告）李某康形成劳务关系，原审原告郭某泉为提供劳务方，原审被告李某康为接受劳务方。2017年8月27日，原告郭某泉在阳泉市××从事装潢工作（该装潢工程由被告澳盛园门业承揽，被告李某康实际雇佣工人施工）。2017年8月29日，原告在公交总站售票大厅工作时从架子上摔下致伤，同日，原告被送往阳泉煤业（集团）有限公司总医院住院治疗，经诊断为：右胫腓骨上段粉碎性骨折、右胫骨平台粉碎性骨折，于2017年10月13日出院，共住院45天。原告共花费医疗费72,622.96元。原告在住院期间支付护工白某某护理费5000元，被告李某康支付护工白某某护理费1400元；被告李某康还于2017年9月13日向另一护工小×出具了"欠条"一份："今欠到小×医院护理费壹仟玖佰伍拾元整（1950元）李某康17.9.13"。另查明，原告住院期间，被告李某康支付原告郭某泉住院费、生活费、护理费共计12,000元。

又查明，原告郭某泉与被告李某文之间并未形成劳务关系。再查明，原告方购买残疾辅助器具支付264.68元。还查明，原告受伤后，被告李某康将原告应得的工资交于李某文，李某文又交于穆某某，由穆某某转交原告，原告为被告李某康提供劳务期间，每日工资为130元。

一审法院确认原告因劳务受到损害所造成的各项损失如下：医疗费72,622.96元、护理费8350元（5000元+1400元+1950元）、残疾辅助器具费264.68元、住院伙食补助费

---

① 案例来源于山西省阳泉市中级人民法院（2018）晋03民终1410号。

4500元（45天×100元/天）、误工费12,220元（94天×130元/天），以上共计97,957.64元。被告李某康作为劳务活动的组织者、指挥者和风险的防控者，对提供劳务者的活动应负有安全注意义务和劳动保护的义务，从社会利益平衡原则出发，应承担主要责任即被告李某康应赔偿原告郭某泉58,774.58元（97,957.64元×60%），核减被告李某康已垫付的13,400元，被告李某康实际再支付原告郭某泉45,374.58元。原告郭某泉作为提供劳务者存在对自己安全注意不够的过错，应自负相应责任。被告李某文在本案中不承担接受劳务一方应承担的民事责任。

二审对原审查明的事实予以确认。另查明，澳盛园门业系李某康个人独资企业。

李某康上诉称：1. 郭某泉是以日工形式由李某文所用，平时工作也是由李某文进行安排，工资由上诉人打包给李某文进行发放，此次事故的形成，也是由于李某文和郭某泉置上诉人的明确停工事实于不顾，在未通知上诉人的情况下擅自作出的个人行为，李某文才是其实际雇主，郭某泉与上诉人之间并无雇佣关系。2. 郭某泉应对自身帮工行为承担全部责任。上诉人在事发前一日下午明确告知李某文及其雇员停工休息后，郭某泉与上诉人的雇佣关系即已解除，其当日帮工的木工工作不属于其工作范围，且在事故发生后，李某文与郭某泉对上诉人刻意隐瞒事故真相，郭某泉的行为存在明显过错，其本人应对损害结果的发生承担全部责任。

郭某泉辩称：本人与澳盛园门业存在雇佣关系，而且是雇佣过程中受的伤，根据《侵权责任法》和最高院关于人身损害赔偿的解释，澳盛园门业应给予全部赔偿。

💬 法律问题

1. 本案个人独资企业澳盛园门业的民事责任应由谁承担？
2. 郭某泉与李某康、郭某泉与李某文是否形成劳务关系？郭某泉本人是否有过错？

✍ 法理分析

1. 澳盛园门业系李某康个人独资企业，民事责任由李某康本人承担

《个人独资企业法》第二条规定："本法所称个人独资企业，是指依照本法在中国境内设立，由一个自然人投资，财产为投资人个人所有，投资人以其个人财产对企业债务承担无限责任的经营实体。"个人独资企业是现代企业的一种重要形式，在市场经济中发挥着不可替代的作用，具有规模小、周转快的独特优势。它们在市场经济中发挥着不可替代的作用。个人独资企业有其不同于其他商事主体的特点，即个人投资、个人经营、个人管理、个人收益、个人承担风险，[①] 这些特点决定了其生存优势。具体来说，可表现为以下几点：（1）成本较低，一般所需资本较少，成立程序和条件比有限责任公司和其他公司简单得多。（2）公司内部的关系和结构相对简单，避免了内部人员的配备和复杂矛盾的分散。（3）公司管理更加灵活，决策效率更高。从本质上讲，独资企业是自然人在商法

---

① 侯怀霞：《论个人独资企业的商事主体性质》，载《理论探索》2007年第1期。

上的延伸，其商法人格与自然人的个人人格不能分离，自然人的属性影响着独资企业的属性。① 《个人独资企业法》第二条将个人独资企业的财产所有权直接赋予投资人，而非公司法人。《个人独资企业法》第三十一条规定："个人独资企业财产不足以清偿债务的，投资人应当以其个人的其他财产予以清偿。"该条规定意在强调投资人的无限责任，而非个人独资企业和投资人的清偿顺序。在清偿问题上，该规定只有额度上的意义而无顺序上的意义。② 综上，法院作出澳盛园门业系李某康个人独资企业，民事责任由李某康本人承担这一判决是正确的。

2. 郭某泉与李某康形成劳务关系，郭某泉与李某文不形成劳务关系

李某康以澳盛园门业名义承揽公交公司售票厅装潢工程，实际也是其本人承揽的工程。李某文等人为该工程提供劳务，李某文又介绍郭某泉一起干活。事故发生当日，李某文安排郭某泉干的工作虽然属于木工工作范围，但也是为李某康承揽的公交公司售票厅装潢工程进行施工，且郭某泉的工资由李某康打包支付给李某文，李某文再支付给郭某泉。因此，郭某泉系为李某康提供劳务。原告郭某泉为提供劳务一方，被告李某康为接受劳务一方，原告郭某泉与被告李某康之间形成了劳务关系。李某康关于郭某泉与李某文形成劳务关系的上诉理由不能成立，原审被告李某文在本案中不承担接受劳务一方应承担的民事责任。郭某泉在施工过程中未尽到安全注意义务，存在一定过错，应承担相应责任。故一审和二审法院判决雇主李某康承担 60% 的主要民事责任，原告郭某泉承担 40% 的民事责任是合理合法的。

二、合伙合同纠纷案

📖 **案情简介 5-2**③

再审申请人（一审被告、二审上诉人）：新疆盛达永兴股权投资合伙企业（有限合伙）（以下简称永兴合伙）

再审申请人（一审被告、二审上诉人）：北京盛达瑞丰投资管理有限公司（以下简称盛达公司）

被申请人（一审原告、二审被上诉人）：北大荒投资控股有限公司（以下简称北大荒公司）

一审被告：大连远东企业集团有限公司（以下简称远东公司）

一审被告：齐某民

再审申请人永兴合伙、盛达公司因与被申请人北大荒公司、一审被告远东公司、一审被告齐某民合伙合同纠纷一案，不服黑龙江省高级人民法院（2021）黑民终 473 号民事

---

① 徐强胜：《企业形态法定主义研究》，载《法制与社会发展》2010 年第 1 期。

② 杨壹栋：《试论个人独资企业转让后原债务的承担——基于法律人格理论视角》，载《开封大学学报》2019 年第 1 期。

③ 案例来源于最高人民法院（2022）最高法民再 234 号。

判决，向最高人民法院申请再审。

一审法院查明如下事实：

2014 年 4 月 29 日，北大荒公司与盛达公司及周某君、马某保等 12 名合伙人签订合伙协议，成立永兴合伙。盛达公司作为普通合伙人，出资 50 万元，负责执行事务并承担无限连带责任；北大荒公司和其他合伙人为有限合伙人，其中北大荒公司出资 2000 万元。同日，北大荒公司向永兴合伙足额支付了出资款和 120 万元管理费。2014 年 5 月 22 日，所有合伙人签订了入伙协议书，合伙协议及入伙协议均由各方签字或盖章确认。2017 年，永兴合伙发生了三位合伙人的变更，并重新签订了合伙协议。

2018 年 8 月，北大荒公司、周某君、马某保因自身经营需要，提出退伙申请。2018 年 11 月 23 日，永兴合伙向全体合伙人发出退伙金额确认通知，确认全体合伙人同意北大荒公司退伙。根据该通知，北大荒公司投资天数自投资款支付至项目方至 2018 年 10 月 31 日，共计 1615 天，退伙财产金额为30,478,455元。退伙财产需在北大荒公司完成退伙手续后的 30 日内支付，若逾期未支付完毕，按未付金额的银行同期贷款基准利率加计利息。2019 年 1 月 25 日，所有合伙人签订了退伙协议书，约定根据退伙时合伙企业的财产状况进行结算，退还退伙人的财产份额。

2019 年 6 月 4 日，由于永兴合伙未能按约支付北大荒公司退伙财产，北大荒公司与远东公司、盛达公司、永兴合伙及齐某民签订了五方协议，明确了永兴合伙应支付的退伙财产及其支付方式和时间。协议约定，退伙财产的计算方式如下：1. 根据 2018 年退伙金额确认通知，北大荒公司投资本金为 2000 万元，以 2014 年 5 月 30 日为收益计算起始日，按实际投资天数计算至实际支付当日，按照年利率 15% 计算投资收益，退伙财产金额的公式为：退伙财产 = 投资本金 + 投资本金 × 15% × 实际投资天数/360 − 普通合伙人提取的20% 收益 − 北大荒公司应承担的合伙企业费用。相关费用由北大荒公司、盛达公司和永兴合伙最终核算确认；2. 支付方式及时间：远东公司承诺分别于 2019 年 7 月 31 日和 8 月 31 日向永兴合伙支付不低于 500 万元的股权回购款，永兴合伙在每次收到回购款后 3 个工作日内向北大荒公司支付不低于 500 万元不另计息的投资本金；3. 2019 年 9 月 30 日之前，远东公司需支付全部剩余股权回购款，永兴合伙在收到款项后向北大荒公司支付全部退伙财产，双方将在当日核算确认。若远东公司未能于 2019 年 9 月 30 日前支付全部股权回购款，则需将远东公司持有的大连远东工具有限公司（以下简称远东工具公司）对应的 2 倍股权质押给北大荒公司作为担保。同时，远东公司与齐某民自愿为永兴合伙对北大荒的出资义务承担连带责任保证，若永兴合伙未能按协议履行支付义务，则远东公司与齐某民将在还款期限到期后三个工作日内代为支付。违约方不仅需承担诉讼费，还应承担守约方聘请律师、交通、食宿及担保等全部费用。

另查明，北大荒公司因本案产生的律师费为 14 万元，北大荒公司已经支付完毕。永兴合伙于 2019 年 7 月 31 日和 9 月 6 日分别收到远东公司支付的股权回购款 100 万元和 20 万元，并分别于当日向北大荒公司支付完毕。经核对：自 2014 年 5 月 30 日至 2019 年 10 月 16 日，北大荒的合伙收益总计13,182,205.2元（由计算公式得出，已扣除税费、管理费等）。

一审法院判决：1. 永兴合伙、盛达公司给付北大荒公司退伙财产 1880 万元，合伙收益13,182,205.2元，共计31,982,205.2元；2. 永兴合伙、盛达公司给付北大荒公司律师费用14万元，以上两项于本判决生效之日起三十日内履行完毕；3. 远东公司、齐某民对上述一、二项款项承担连带给付责任。案件受理费199,719元，由永兴合伙、盛达公司、远东公司、齐某民负担。

永兴合伙和盛达公司不服一审判决，上诉请求：撤销一审判决，发回重审或改判，本案诉讼费全部由北大荒公司承担。二审法院对一审判决认定的事实予以确认。二审法院判决驳回上诉，维持原判。

盛达公司再审请求：撤销一、二审判决，改判其不承担责任，一、二审诉讼费用由北大荒公司承担。事实与理由：1. 普通合伙人只对外部债务承担连带责任，退伙财产不属于合伙企业的外部债务，盛达公司不应承担连带责任。2. 无论是《合伙企业法》、本案合伙协议，还是退伙金额确认通知及五方协议书，均未规定盛达公司有支付退伙财产的义务。3. 根据《私募投资基金监督管理暂行办法》第十五条等法律规定，基金管理人不得保本保收益。北大荒公司在《投资附属协议书》中也表示明知投资风险，因此原判决要求管理人向投资人还本付息，违反了"刚性兑付"的禁令，影响了私募基金的独立性。

北大荒公司辩称，永兴合伙和盛达公司的再审请求不成立，应予驳回。事实及理由：1. 本案属于合伙合同纠纷，主要依据合伙协议、退伙金额确认通知及五方协议书解决。此案应适用《合伙企业法》审理，不违反《证券投资基金法》。两者均为法律，并不存在适用优先问题。2. 退伙金额确认通知构成有效的财产结算，且五方协议书进一步确认了该结算结果及各方义务。盛达公司在协议上盖章，也表示其认可北大荒公司退伙及相关财产的计算方式。3. 永兴合伙和盛达公司应共同承担支付退伙财产的义务。永兴合伙是当然的支付义务主体，而盛达公司作为普通合伙人，应对企业债务承担无限连带责任。4. 根据五方协议书，北大荒公司有权要求远东公司与齐某民对退伙财产本金及至实际给付期间的投资收益承担连带还款责任。

远东公司与齐某民辩称，他们的责任为担保性质，以永兴合伙和盛达公司承担责任为前提。

再审对原审查明的事实予以确认。根据当事人原审提交的证据及再审提交的新证据，另查明如下事实：

盛达公司在中国证券投资基金业协会登记为私募基金管理人，业务类型主要为私募股权投资基金。永兴合伙也在该协会登记为股权投资基金。

永兴合伙2014年4月29日的合伙协议约定，永兴合伙的投资目标是投资受让齐某民持有的远东工具公司股权。按照协议约定，永兴合伙募集的所有资金已全部用于投资远东工具公司股权，投资方式为与远东公司和齐某民对赌，从齐某民处购买股权，由远东公司按15%年化收益承担回购义务，齐某民提供连带担保，远东工具公司对远东公司和齐某民因对赌协议产生的债务承担连带保证责任。协议中明确规定普通合伙人不需返还任何合伙人的出资，所有出资返还和收益来源于合伙企业的可用资产。合伙人退伙须具备正当理由，提前30天通知并获得全体合伙人同意后方可退伙。退伙时，合伙人应按照退伙时的财产状况结算，退还退伙人的财产份额，并按其出资比例承担此前发生的企业亏损或债务。2014年5月22日，永兴合伙签订合伙协议，重申了上述规定，并进一步强调合伙企业事务未了结前，退伙结算不得进行。

2018 年 7 月 30 日，永兴合伙向有限合伙人发出通知，称部分有限合伙人因项目周期长选择退出，远东工具公司大股东也表示理解。退伙金额按实缴投资金额并以年化 15% 收益率计算收益，以货币方式退还，扣除应缴税费。本次退伙由合伙企业启动退伙程序，不召开全体合伙人会议，以各合伙人书面确认为准。北大荒公司据此提出退伙申请，随后永兴合伙与远东公司签订股权回购协议，并向北大荒公司发出退伙金额确认通知。由于永兴合伙未按退伙金额确认通知支付退伙款，北大荒公司与永兴合伙、盛达公司、远东公司、齐某民签订五方协议，但该五方协议未经永兴合伙全体合伙人同意。

法律问题

1. 本案是适用《合伙企业法》，还是原《私募投资基金监督管理条例（草案）》？①退伙协议的保本保收益条款（刚性兑付）条款是否有效？

2. 普通合伙人盛达公司应否承担返还有限合伙人北大荒公司出资的义务？为什么？

3. 远东公司和齐某民应否承担北大荒公司的退伙责任？

法理分析

1. 关于本案的法律适用

永兴合伙工商登记为有限合伙企业，同时，中国证券投资基金业协会备案登记为私募股权投资基金。永兴合伙可描述为一支采取有限合伙企业组织形式的私募股权投资基金，也可描述为一个进行股权投资的有限合伙企业。永兴合伙作为合伙企业，属《合伙企业法》的调整范围；作为基金运营，受私募股权投资基金相关的法律法规及规范性文件约束。《合伙企业法》与私募股权投资基金相关规范性文件没有冲突，前者从组织层面规范合伙企业行为，后者从监管角度规范私募基金的募集、运营和管理行为，两者相结合，共同促进合伙型私募股权投资基金合法合规运作。永兴合伙、盛达公司主张本案应优先适用《证券投资基金法》，其逻辑终点是适用该法禁止刚性兑付相关规定认定二者不承担责任。一般认为，《证券投资基金法》与《合伙企业法》在同一效力层级，且《证券投资基金法》的适用对象不涵括私募股权投资基金，故本案应优先适用《证券投资基金法》的主张不能成立。但是，《私募投资基金监督管理暂行办法》《关于规范金融机构资产管理业务的指导意见》《关于加强私募投资基金监管的若干规定》等部门规范性文件均适用于私募股权投资基金。根据上述规范性文件，"私募"和"投资"系私募行业之本源。"私募"强调从"合格投资者"处"非公开募集"资金；"投资"强调利益的分享和风险的承担。因此，向投资者承诺投资本金不受损失或者承诺最低收益为上述文件所禁止。具体到本案，永兴合伙、盛达公司不得向其有限合伙人保本保收益，既不得在募集阶段直接或间接地向有限合伙人承诺保本保收益，也不得在私募基金产品不能如期兑付或兑付困难时

---

① 《私募投资基金监督管理条例（草案）》已于 2023 年 6 月 16 日在国务院第 8 次常务会议通过，自 2023 年 9 月 1 日起施行。

承诺还款。

关于永兴合伙的责任。《合伙企业法》第五十一条规定："合伙人退伙，其他合伙人应当与该退伙人按照退伙时的合伙企业财产状况进行结算，退还退伙人的财产份额。退伙人对给合伙企业造成的损失负有赔偿责任的，相应扣减其应当赔偿的数额。退伙时有未了结的合伙企业事务的，待该事务了结后进行结算。"本案中合伙协议对退伙结算方式的约定与该条规定意旨一致，故北大荒公司退伙，永兴合伙全体合伙人应按照其退伙时合伙企业的财产状况进行结算。北大荒公司申请退伙时，永兴合伙的财产全部表现为远东工具公司股权。如向北大荒公司退还货币，须将股权变现。永兴合伙与远东公司签订股权回购协议，根据协议内容向北大荒公司确认退伙金额的计算方式，确认可得利润率年化为15%。结合永兴合伙与北大荒公司退伙往来文件及本案背景，退伙金额确认通知系永兴合伙与回购方确认回购金额后向北大荒公司单方发出的沟通性文件，并不能产生任何债权债务的承诺。五方协议书在该通知基础上约定了退伙财产份额的来源及支付方式：永兴合伙收到远东公司股权回购款后，按照约定时间支付给北大荒公司。该约定为永兴合伙金钱给付义务限定的前提条件是远东公司向永兴合伙给付了回购款，这符合合伙型私募股权投资基金运营的基本规则，即合伙人分配收益的前提是企业运营产生收益，或者说基金投资底层资产产生了收益。现远东公司未能按约给付回购款，股权回购协议未得到全部履行，合伙企业的回购事务未了结，永兴合伙给付的条件也未能成就。如永兴合伙此时承担以货币退还退伙财产的责任，实质构成对北大荒公司的投资保本保收益，违背《合伙企业法》第五十一条的规定，违反私募股权投资基金监管规则，在全体合伙人尚未进行结算、五方协议书未经全体合伙人同意的情形下，也势必侵害其他合伙人的权益。据此，北大荒公司对永兴合伙的诉讼请求缺乏法律依据，再审法院不予支持是有理有据的。

2. 关于盛达公司的责任

五方协议书未约定盛达公司向北大荒公司支付退伙财产及投资收益的义务。同时，永兴合伙2014年4月29日合伙协议明确约定普通合伙人不承担返还任何合伙人出资的义务，不对有限合伙人的投资收益保底。因此，本案北大荒公司对盛达公司的诉讼请求不具有事实和法律依据，应予驳回。原审以普通合伙人应对合伙企业债务承担连带责任为由判令盛达公司支付北大荒公司退伙金额，显悖上述协议的明确约定。另外，合伙企业债务仅指合伙企业对第三人所负外部债务，退伙财产之债不属于普通合伙人应承担连带责任的合伙企业债务。故盛达公司不应对支付北大荒公司退伙金额承担连带责任。

3. 关于远东公司和齐某民的责任

远东公司和齐某民未参加一、二审诉讼，未申请再审，北大荒公司亦未对远东公司和齐某民申请再审。最高人民法院提审后，远东公司和齐某民参加诉讼，主张其承担的是担保责任，如主债务不成立，担保责任也不成立。对再审请求以外的事项，再审法院原则上不予审理。但是，远东公司和齐某民承担连带保证责任的前提是存在主债务，现改判主债务人永兴合伙不承担责任，原判决关于远东公司和齐某民的判项即缺乏存在的基础。并且，依据《民事诉讼法》第二百一十一条第十二项规定，据以作出原判决的法律文书被撤销或者变更的，如当事人申请再审，应当进行再审。从主从债务一体化解决的角度出发，再审法院一并处理远东公司和齐某民在再审中提出的请求，驳回北大荒公司对远东公司和齐某民的诉讼请求合理合法。

三、国有资产处分案

📖 **案情简介 5-3**①

上诉人（原审被告）：邱某

被上诉人（原审原告）：信宜市尚文水库管理处（以下简称尚文水库管理处）

被上诉人（原审原告）：信宜市塘坳三级水电站（以下简称塘坳三级水电站）

上诉人邱某因与被上诉人尚文水库管理处、塘坳三级水电站公司盈余分配纠纷一案，不服信宜市人民法院（2020）粤 0983 民初 2573 号民事判决，向广东省茂名市中级人民法院提起上诉。

一审法院查明，尚文水库管理处是隶属于信宜市水务局的事业单位，主要经费来自财政补助。信宜市大成镇塘坳石船水电站（以下简称塘坳石船水电站）及塘坳二级电站原由信宜市大成镇塘坳管理区建设、经营。1995 年 11 月 15 日，塘坳管理区将两座电站转让承包给夏某林经营；1998 年 10 月 30 日，夏某林又将两座电站有偿转让给尚文水库管理处，转让款为 592.8 万元。随后，尚文水库管理处于 2002 年 12 月 9 日为塘坳石船水电站办理了工商登记，经济性质为集体所有制。尚文水库管理处向夏某林支付的转让款中，有一部分是来源于管理处职工的集资款，这部分集资款于 2004 年 12 月 10 日被退还给职工。此后，电站的负责人和工作人员均由尚文水库管理处任命和安排。塘坳石船水电站在 1999—2007 年的总发电量为 990.29 万千瓦时，年均发电量为 110.03 万千瓦时。然而，由于电站的工程设施和机电设备逐渐老化，效益不理想，但是，电站的机组扩容升级因资金问题未能实施。2008 年 1 月 23 日，经尚文水库管理处班子讨论和 2008 年 1 月 25 日办公人员及所（站）长会议，形成《大成塘坳石船三级电站改造融资方案》。会议决定采用个人融资的方式，利用枯水期对 2 号机组进行扩容改造，并确定了详细的改造项目、资金来源、施工模式及效益分配方案等。该方案随后经尚文水库管理处和塘坳石船水电站职工签字确认。

2008 年 3 月 18 日，尚文水库管理处和塘坳石船水电站联合向工商部门申请，将"信宜市大成塘坳石船水电站"变更为"信宜市塘坳三级水电站"，并于 2009 年 12 月 8 日完成工商登记，经济性质仍为集体所有制。2008 年 9 月 10 日，邱某与尚文水库管理处、塘坳三级水电站签订了《塘坳三级水电站融资协议书》。协议规定了融资效益分配方案，明确以 1999—2007 年年均发电量 110 万千瓦时为基数，改造后超过该基数的发电量按比例分配给融资人，具体分配比例为：2008—2010 年融资人占 70%，电站占 30%；2011 年起融资人占 60%，电站占 40%。此外还约定，融资人只需负担相应的税款，其他一切运行费用由电站承担；融资人享有对电站收益的优先分配权；电站的权属变更或设备处置等重

---

① 案例来源于广东省茂名市中级人民法院（2021）粤 09 民终 1711 号。

大事项，须经融资人同意，否则电站需赔偿融资人的损失；个人融资者只承担扩改工程效益回报率波动的风险，不对电站的任何债务承担责任，也不承担电站运营的任何费用；为了平衡个人融资者的权益，在2008年电站改造投入发电前融资的个人按月息1.5%计算，从当年个人融资者应分享的70%效益中优先列支。2008年10月10日，邱某向塘坳三级水电站和尚文水库管理处交付了5万元的融资款，并获得《扩容改造个人融资股份证书》，证书中载明邱某投资了5万元，占个人融资者总股份的9.3364%，每年按照相应比例分红。此后，塘坳三级水电站按协议规定分红直至2013年。自2014年起至今不再分红给被告邱某。

2017年，信宜市审计局对信宜市水务局主要领导任期经济责任进行了审计，并于2017年8月29日出具信审行报〔2017〕15号《审计报告》，报告认为尚文水库管理处在对塘坳三级水电站进行技改和收益分配时存在违规：尚文水库管理处违规融资技改，未经批准和评估擅自处置国有资产，导致国有资产流失。首先，2008年1月，尚文水库管理处经会议决定，对塘坳三级水电站的2号机组进行扩容。电站改造共投入资金778,700.45元，其中干部职工及其他个人融资535,538.18元，占68.77%，其余为财政补助和管理处出资。融资后，尚文水库管理处向个人融资者发放了股权证书，明确融资比例及收益分配。从2008—2013年，电站共分红1,469,007.33元。其中邱某确认的分红收益是130,615.6元。该融资方案实际上将电站资产转让给个人，未经主管部门审核或财政部门批准，亦未进行资产评估，违反了《事业单位国有资产管理暂行办法》的相关规定，导致国有资产流失。其次，塘坳三级水电站的融资效益分配方案不合理，融资者不承担电站运营的任何费用，却按融资比例分配电站收入，侵占国有资产收益。塘坳三级水电站融资分配方案第四条注明，由于技改不增加运行成本，个人融资者仅需承担税款，其他运营费用由电站负责，而实际上2008—2012年分红1,125,745.85元并未扣除税款。方案还赋予个人融资者优先分配权，并规定电站权属变更或设备处置等事项须经融资者同意，否则需赔偿融资者损失。

庭审中，一审法院依法向邱某释明涉案《塘坳三级水电站融资协议书》《扩容改造个人融资股份证书》为无效合同。

邱某上诉请求：1. 撤销一审判决，改判驳回尚文水库管理处、塘坳三级水电站的所有诉讼请求；2. 尚文水库管理处、塘坳三级水电站承担一审、二审的诉讼费用。

事实和理由：1. 一审判决认定事实错误。一审判决错误地认为融资技改中个人投资人的收益按投资比例进行分配并办理股权证，实际上是对电站资产进行转让处置，并且因该认定错误而适用法律错误。首先，融资方案规定，分配的对象明确为"超过基数的计费电量"，并非对大成塘坳三级电站资产的转让处置。其次，信宜市工商行政管理局的档案资料显示塘坳三级水电站的投资主体为尚文水库管理处，且占100%的股权，并未转让电站资产。2. 一审判决适用《合同法》第五十二条，认为存在恶意串通、损害国家、集体或者第三人利益，属于适用法律错误。邱某既没有恶意串通，也没有损害国家利益，当年涉案电站陷入经营困难，是邱某等人投资技改，挽救了水电站，也避免了水电站职工失业，使电站增加了收益，而邱某收取投资效益也是在超过基础计费电量的前提下，并没有损害国家利益。3. 一审判决没有遵循不告不理的基本原则，尚文水库管理处、塘坳三级水电站不作请求，一审法院却主动判决，明显程序违法。4. 本案融资协议是合法有效的协议，本案所涉的《个人融资股份证书》是合法的财产性权利证书，依法应当保护。并且，根据工商管理部门的登记，塘坳三级水电站的企业性质是集体企业，则融资协议是集体企业的自主权利，并没有损害和侵占国有资产。审计部门无权对企业性质作出认定，一审判决以审计报告来否认水电站属于集体企业并以此为由主张融资协议无效，没有事实和法律依据。即使塘坳三级水电站系国有企业，签订合同亦合法有效。5. 邱某领取的收益是对塘坳三级水电站改造之后的增收部分进行分配，不存在私分国有资产的问题。现实中政府与自然人签订合同现象普遍，政府与自然人签订的合同的效力及自然人所应享有的利益应得到法律保护，而不能违反合同的契约精神。6. 国有资产管理办法及评估办法是管理性规定，不是效力性规定，并无明确涉案电站签订合同要以批准或审批作为生效要件。综上所述，一审判决存在错误，请求二审法院依法保护邱某的合法利益，依法作出裁判。

尚文水库管理处、塘坳三级水电站辩称：尚文水库管理处是信宜市水务局下属的事业单位，塘坳三级水电站是尚文水库管理处投资的水电站，属于国有资产，邱某与尚文水库管理处、塘坳三级水电站签署的《塘坳三级水电站融资协议书》为邱某占有水电站资产的协议，在签署该协议书前，并没有得到尚文水库管理处上级部门的批准，也没有对塘坳三级水电站的资产进行评估，签署该协议的行为违反了我国法律对国有资产处理的相关规定，属于无效合同，因此邱某应返还相应的分红款项。

法律问题

1. 邱某与尚文水库管理处、塘坳三级水电站签订的《塘坳三级水电站融资协议书》《扩容改造个人融资股份证书》是否合法有效？为什么？

2. 尚文水库管理处、塘坳三级水电站请求邱某返还从2008—2013年的收益（分红）130,615.6元及利息是否应予以支持？说明理由。

法理分析

1. 该两份合同均为无效合同

根据《中华人民共和国合同法》第五十二条第二项、第五项"有下列情形之一的，合同无效：……（二）恶意串通，损害国家、集体或者第三人利益……（五）违反法律、行政法规的强制性规定"，《国有资产评估管理办法》（国务院令第91号）第三条"国有资产占有单位（以下简称占有单位）有下列情形之一的，应当进行资产评估：（一）资产拍卖、转让；（二）企业兼并、出售、联营、股份经营；（三）与外国公司、企业和其他经济组织或者个人开办外商投资企业；（四）企业清算；（五）依照国家有关规定需要进行资产评估的其他情形"，《事业单位国有资产管理暂行办法》（财政部令第36号）第二十五条"事业单位处置国有资产，应当严格履行审批手续，未经批准不得自行处置"，第二十六条"事业单位占有、使用的房屋建筑物、土地和车辆的处置，货币性资产损失的核销，以及单位价值或者批量价值在规定限额以上的资产的处置，经主管部门审核后报同级财政部门审批；规定限额以下的资产的处置报主管部门审批，主管部门将审批结果定期报同级财政部门备案",第三十八条"事业单位有下列情形之一的,应当对相关国有资产进行评估:……(四)资产拍卖、转让、置换"的规定,尚文水库管理处对塘坳三级水电站进行融资技改,未报有关主管部门审批,也未对电站资产进行评估,擅自处置电站资产,导致国有资产流失,其与邱某签订的《塘坳三级水电站融资协议书》以及向邱某出具的《扩容改造个人融资股份证书》,不但违反法律、行政法规的强制性规定,也损害了国家利益。虽然塘坳三级水电站工商登记的经济性质为集体所有制,但其是由国家机关举办的事业单位、即尚文水库管理处所独资的。因此,该水电站的财产实质属于国有财产,而审计部门也是以该水电站属于国有资产予以处理,故一审判决对于该水电站的财产性质的认定并无不当。其次,上述融资协议书约定是对超出基数后的发电量的收益进行分配,虽然没有改变水电站的股权结构,但是,发电量的收益(利润)显然会形成并增加水电站的资产。因此,在未经主管部门审批及合法程序下,擅自分配企业利润,实质即是私下处置了国有资产,导致国有资产的流失。故该融资协议书确实损害了国家利益,根据《合同法》第五十二条第二项、第五项的规定,应当认定为无效合同。

2. 该请求予以部分支持

根据《合同法》第五十八条"合同无效或者被撤销后,因该合同取得的财产,应当予以返还;不能返还或者没有必要返还的,应当折价补偿。有过错的一方应当赔偿对方因此所受到的损失,双方都有过错的,应当各自承担相应的责任"的规定,涉案《塘坳三级水电站融资协议书》《扩容改造个人融资股份证书》为无效合同,而导致合同无效的主要原因是尚文水库管理处对塘坳三级水电站进行融资技改,未报有关主管部门批准,也未对电站资产进行评估,擅自处置电站资产,造成国有资产流失,损害了国家利益。因此,尚文水库管理处、塘坳三级水电站应当承担相应的过错责任,其基于涉案《塘坳三级水电站融资协议书》《扩容改造个人融资股份证书》收取邱某投入的融资款50,000元应当返还给邱某,并承担占有该款期间的利息(从收到该款的2008年9月10日起按中国人民银行同期同类贷款利率计至2019年8月19日,从2019年8月20日起按中国人民银行授权全国银行间同业拆借中心每月发布的一年期贷款市场报价利率计至付清该款之日止)。由于涉案《塘坳三级水电站融资协议书》《扩容改造个人融资股份证书》为无效合同,该合同自始没有法律约束力,邱某不能依据涉案无效的《塘坳三级水电站融资协议书》《扩容改造个人融资股份证书》取得塘坳三级水电站的收益(分红)。邱某依据涉案无效的《塘坳三级水电站融资协议书》《扩容改造个人融资股份证书》而领取的收益(分红)130,615.6元,应依法返还给尚文水库管理处、塘坳三级水电站。尚文水库管理处、塘坳三级水电站请求邱某返还从2008—2013年的收益(分红)130,615.6元,理据充分,一审法院予以支持。邱某及其他融资者当时的投入为塘坳三级水电站扩容改造工程提供了资金帮助,塘坳三级水电站从原250千瓦机组扩容为500千瓦机组,实现了电站整体资产增值,而邱某依据融资协议书获取的是融资收益(分红)。同时,由于涉案《塘坳三级水电站融资协议书》《扩容改造个人融资股份证书》无效的主要原因在于尚文水库管理处、塘坳三级水电站擅自处置电站资产,损害了国家利益,存在主要过错,因此而造成的损失应由其自行承担。综上,塘坳三级水电站的整体资产因邱某的投资而增值,邱某返还给尚文水库管理处、塘坳三级水电站的收益(分红)足以弥补因此造成的损失。因此,尚文水库管理处、塘坳三级水电站诉请邱某支付收益（分红）的利息，显失公平，理据不足，因此，一审和二审法院均不予支持。

四、农民专业合作社财产分割案

案情简介 5-4①

原告：李某喜

被告：赵某军

2013 年，苏武镇苏山村将本村所有的马莲海子荒地 1000 m²，无偿提供给被告赵某军修建养殖专业合作社使用。经原、被告协商共同出资在民勤县苏武镇苏山村马莲海子修建养殖小区。在修建养殖小区时，双方既未拟定各自的出资比例，也未约定小区完工后的分配使用方案。在修建过程中双方均有出资，但并未记账。根据收款收据显示，原告李某喜在修建养殖暖棚时支付门窗、墙、砖、石料、水泵、草料库等费用。养殖暖棚修建完工后，实际由赵某军占有使用 6 座棚，李某喜占有使用 4 座棚。2013 年 7 月 19 日，原告、被告等五位农民注册成立了民勤县晶鑫农林牧业专业合作社，用于畜禽养殖，该专业合作社的法定代表人是李某喜。根据民勤县政府的相关政策，苏武山马莲海子农场养殖小区羊棚共享受补助资金 40 万元（10 座×4 万元/座）。养殖暖棚补助款由民勤县畜牧局委托苏武镇畜牧站分阶段兑付。2016 年 4 月 5 日，由甲方苏武镇人民政府与乙方赵某军签订《养殖小区财政以奖代补资金拨付协议》，协议约定：苏武镇苏山村二社赵某军 2013 年计划投资修建养殖小区 1 处，圈舍面积 6000 平方米，折合 100 亩。2013 年底在县上组织验收时未完成。根据 2013 年县政府出台的草食畜牧业发展扶持政策，不能兑付以奖代补资金。至今赵某军已完成 10 栋圈舍的墙体工程、1 栋的主体工程并进畜。为促进赵某军养殖小区建设，县畜牧局已将财政奖补资金 40 万元拨付到乡政府账户，并指示乡政府督促养殖小区必须在 2016 年 6 月 30 日前完工，加强资金监管，按工程进度拨付资金。甲、乙双方就工程建设及资金拨付办法达成协议：1. 赵某军必须于 2016 年 6 月 30 日前完成养殖小区全部工程，并通过县上组织的重新验收；2. 乡政府按照工程进展情况分期分批拨付资金，协议签订后先拨付首批资金 5 万元，以后赵某军每建成 2 栋再拨付资金 5 万元，进畜达标后拨清剩余资金 10 万元；3. 赵某军如果没有按照要求完成新的工程量，乡政府将按照上级的规定停止拨付以奖代补资金，并将资金交回财政。后专业合作社按要求完成义务，乡政府将以奖代补资金 20 万元拨付给赵某军。后双方对于剩余以奖代补资金 20 万元的分配发生争议，经多方调处未果。2017 年 7 月 27 日，原告向甘肃省民勤县人民法院申请财产保全，该院经审查依法作出（2017）甘 0621 民初 1116 号民事裁定书，将民勤县畜牧局委托苏武镇畜牧站拟向被告赵某军发放的养殖小区投资款 16.8 万元予以扣留。

原告向法院提出诉讼请求：1. 判令位于民勤县苏武山马莲海子农场养殖小区的 4 座羊棚归原告所有；2. 判令原告享有民勤县苏武山马莲海子农场养殖小区 4 座羊棚的补助款160,000元；3. 被告承担本案诉讼费。事实与理由：2013 年，原、被告协商共同出资修

---

① 案例来源于甘肃省民勤县人民法院（2017）甘 0621 民初 1116 号。

建苏武山马莲海子农场养殖小区。此后至今，双方在苏武山马莲海子农场养殖小区共同修建养殖暖棚 10 座，其中原告投资约 20 万元，实际占有使用养殖小区南面的 4 座羊棚，被告实际占有使用小区北面的 6 座养殖暖棚。根据民勤县政府的相关政策，苏武山马莲海子农场养殖小区养殖暖棚共享受补助资金 40 万元（10 座×4 万元/座）。养殖暖棚补助款由民勤县畜牧局分阶段兑付，其中在墙体工程完工后兑付 20 万元，由被告全部据为己有。对剩余补助款 20 万元，现要求被告给付补助款 16 万元。

被告辩称：原告诉状陈述不实。2013 年，由被告个人投资在民勤县马莲海子荒地上修建了养殖小区，在修建小区的过程中原告并未投入过任何资金，该养殖小区的修建与原告不存在共同共有的关系。因原、被告双方之间的特殊亲戚关系，被告在养殖小区修建后将其中四座养殖暖棚借给原告使用，但原告却自以为双方就养殖暖棚形成共有关系；分割共有物必须以存在共有关系为前提，本案中所涉及的财物均与原告没有任何关系，更不存在共同共有的事实。现原告对此主张分割养殖暖棚及分配补助款无事实依据，故应当依法驳回原告的诉讼请求。

法律问题

原告以与被告共同共有为由、要求分割民勤县晶鑫农林牧业专业合作社财产（含财政补助款）的要求是否合法？为什么？

法理分析

该要求不符合法律规定

农民专业合作社是在农村家庭承包经营基础上，同类农产品的生产经营者或者同类农业生产经营服务的提供者、利用者，自愿联合、民主管理的互助性经济组织。关于农民专业合作社财产的所有权问题，许多学者进行了研究，并形成了两种观点：一是私有产权理论。认为合作社的产权结构以个人产权所有为基础，本质上是私有产权。必须承认加入农业合作社的农民是其财产的所有者，农民必须保持独立的经济主体地位，这显然是合作社制度最基本、最必要的原则。[1] 合作社成员的出资及其增值始终属于出资的成员个人，不可侵犯。[2] 二是复合产权说。又称为多元所有、一元经营说，该说认为，一方面，合作社的产权是由众多数量大体均等的个人产权复合而成；另一方面，合作社的产权由已经集合的个人产权和集体产权复合而成。它是同一类主体按一定原则，将各自所有的资源和共同所有的资源集中到一起所形成的特殊产权。[3] 依我国现行立法之规定，农民专业合作社具有法人资格，社员承担有限责任，合作社承担独立责任。在我国，包括成员出资、从盈余中提取的公共积累、国家财政资助、社会捐赠等所有财产均可量化至成员账户，

---

① 瑞瑶：《合作社的异化与异化的合作社——兼论中国农业合作社的定位》，载《江海学刊》2002 年第 6 期。

② 唐宗焜：《合作社真谛》，知识产权出版社 2012 年版，第 17 页。

③ 谭启平：《论合作社的法律地位》，载《现代法学》2005 年第 4 期。

社员退社时，成员出资、盈余提取的公共积累等量化到成员账户部分之财产权益均可分割和分配给社员，国家财政资助虽同样量化到成员账户，但依法并不可分割和分配。①

本案中，苏武镇苏山村将本村所有的马莲海子荒地 1000m²，无偿提供给本村二社社员赵某军修建养殖专业合作社使用。原、被告因亲戚关系经协商后共同出资，以被告赵某军名义在荒地上修建养殖小区，并登记成立民勤县晶鑫农林牧业专业合作社，该专业合作社具有独立的法人资格。现原告以与被告共同共有为由要求分割养殖暖棚于法无据，法院不予支持。农民专业合作社对成员出资、公积金、国家财政直接补助、他人捐赠以及合法取得的其他资产所形成的财产，享有占有、使用、处分的权利，并以上述财产对外债务承担责任。原、被告争议的以奖代补资金是发放给养殖小区，其实质是国家为养殖小区或者农民专业合作社发展，提高服务水平和竞争力，使成员获得更多收入，让成员充分分享利益而发放的。该以奖代补资金不是补助某个成员的，只能作为养殖小区或者是农民专业合作社盈余分配的依据，成员对这部分财产没有所有权。现原告李某喜将养殖小区或者是专业合作社成员赵某军列为被告，要求分割养殖暖棚并分配以奖代补资金不符合法律规定，故对原告的诉讼请求不予支持。

思考题

案例一　因上级主管部门委派的厂长不懂经营管理，造成严重亏损，某全民所有制工业企业召开职工代表大会，通过决议将其罢免，随后自行招聘了新厂长。该厂长上任后，解除两名副厂长职务，另行组成领导班子。由于经营有方，企业不久便扭亏为盈，经职工代表大会决定，给厂长晋升一级工资，并给予物质奖励。

法律问题：

该企业在上述活动中，有无与法律规定不符之处？依照法律应如何处理？

案例二②

上诉人（原审原告）：肖某均

上诉人（原审原告）：吴某明

上诉人（原审原告）：查某仲

被上诉人（原审被告）：查某本

被上诉人（原审被告）：七星关区朱昌镇山脚村贯尧组九股水生态林场专业合作社（以下简称九股水合作社）

原审原告：尚某林等 16 人

上诉人因与原审原告等人以及被上诉人查某本、九股水合作社侵害集体经济组织成员权益纠纷一案，不服贵州省毕节市七星关区人民法院（2020）黔 0502 民初 4106 号民事判决，向贵州省毕节市中级人民法院上诉。

---

① 张永兵、温世扬：《农民专业合作社财产权法律属性研究》，载《当代法学》2014 年第 3 期。

② 案例来源于贵州省毕节市中级人民法院（2020）黔 05 民终 6036 号。

一审法院经审理查明，2016年2月20日，查某本、周某勇、吴某林等人发起，成立了九股水合作社，并通过了《九股水合作社章程》，章程约定被告查某本担任该合作社理事长，同时约定"成员实行自主经营，自负盈亏，利益共享，风险共担，盈余主要按照成员与本社的交易量比例返还"，章程附件载明了所有社员的投资额和投资比例。2016年4月28日，合作社登记注册成立，被告查某本担任法定代表人。2017年4月18日，被告查某本以合作社名义与大方县弘林药材有限公司签订《合作种植天麻、冬荪、茯苓协议》，约定由弘林公司提供种子、提供种植、管理、采收等全程技术跟踪服务指导工作，负责对合作社采收的冬荪、天麻按市场价进行回收，合作社负责提供种植林地、劳动力及费用，并约定合作种植2000亩地。2018年1月4日，毕节市七星关区科技局对七星关区朱昌镇山脚村贯尧组九股水生态林场专业合作社发放国家种植补助金共计人民币246,000.00元，被告查某本作为九股合作社法定代表人签字领取。原告方认为，截至本案起诉时止，被告查某本未将该笔补助金按照合作社社员的投资比例足额分配给原告等其他社员，私自占为己有，故原告诉至法院，请求：1. 判决被告九股水合作社按投资额比例归还原告等社员的种植补助金246,000.00并支付利息（利息以246,000.00元为基数，按中国人民银行同期同类贷款利率从2018年1月计算至实际履行完毕之日止）；2. 判决被告查某本对上诉款项的清偿承担连带责任；3. 本案诉讼费用由被告负担。

一审法院认为，根据《农民专业合作社法》的规定，在弥补亏损、提取公积金后的当年盈余，为农民专业合作社的可分配盈余。可分配盈余主要按照成员与本社的交易量（额）比例返还。本案中，《九股水合作社章程》，章程约定"成员实行自主经营，自负盈亏，利益共享，风险共担，盈余主要按照成员与本社的交易量比例返还"，原告方提出要求将国家发放给被告七星关区朱昌镇山脚村贯尧组九股水生态林场专业合作社集体的种植补助金按照合作社社员的投资比例足额分配给原告等其他社员，没有法律依据，也不符合合作社的章程约定。同时，原告方就该笔涉案补助金是否属于合作社盈余，也未提供证据予以证实。原告方提出的关于被告查某本作为理事长未按法律规定和章程约定制定年度财务预结算、盈余分配以及亏损弥补等方案的陈述，一审法院认为属于合作社内部管理疏漏混乱导致，合作社从2016年成立至今从未进行制定年度财务预结算、盈余分配以及亏损弥补方案等工作，被告负有管理失职的责任，但在本案中并不因此承担举证责任倒置的责任，原告方仍负有对自己的主张提供证据加以证实的举证责任。据此，依照《中华人民共和国农民专业合作社法》第四十四条、《中华人民共和国民事诉讼法》第六十四条之规定，判决如下：驳回原告的诉讼请求。案件受理费人民币1725.00元（已减半），由原告承担。

一审认定的事实，二审法院予以确认。二审法院另查明，九股水合作社未召开社员大会就是否有盈余用于分配及分配方案作出决议。九股水合作社章程规定，年度盈余分配方案和亏损处理方案由成员大会审议批准；成员大会作出决议必须经社员表决权总数过半数通过。

法律问题：

上诉人（原审原告）请求被上诉人（原审被告）九股水合作社按投资额比例归还社员的种植补助金24.6万元并支付利息的请求是否符合法律规定？为什么？

案例三① 2018年3月17日，林某、贺某、魏某、彭某、张某、李某和王某7人经协商一致，签订了合伙经营肉食的协议。合伙协议约定：7人各出资5000元，盈亏平均分享或平均分担。全体共同劳动、共同管理。该合伙组织于2018年3月28日开始营业，收购生猪加工，经冷冻后出售。经营中，因没有专门会计，由合伙负责人林某兼管现金，由贺某任出纳员，开支由贺某出具领据到林某处领取现金，林某只收领据，不另行记账。同年5月1日合伙停业，7人决定解散合伙组织。此后，合伙人对账务进行了初步结算，收入26万元，支出25万元。其中贺某发票支出24万元，贺某与林某对发票与领据也是按该数结算的，并已结清。随后，林某将全部领据退给了贺某。其后，合伙人又进行了多次结算，都得到一致的结果，即合伙盈利10,000元，其中5000元在何某处。贺某应及时退还给合伙人进行分配，但贺某以账务未结清，拿出双方已经结清，林某早已退还的领据要与林某重新结算支出已领取的现金数，推翻原结算，使合伙利润不能进行分配，因而形成纠纷。林某、魏某、彭某、张某、李某和王某即向某县人民法院起诉，请求法院判令贺某交出合伙盈利5000元，由合伙人统一进行分配。贺某辩称，合伙停止后几次结算都不准确，要求重新结算。他保存的合伙盈利5000元系他自己经营的排骨、杂骨所得，盈利的80%应归他自己。

法律问题：

1. 本案合伙协议是否有效？贺某占有的合伙盈利5000元应该如何分配？

2. 贺某提出其占有的5000元系他自己经营所得，要求将盈利的80%分配给自己是否有据？

---

① 案例来源于刘志新主编：《中国典型商事案例评析》，法律出版社1997年版，第89~93页。

第六章　商业银行法与支付法

一、周某栋诉江东农行储蓄合同纠纷案

📖 **案情简介 6-1**

原告：周某栋

被告：中国农业银行湖南省衡阳市江东支行（以下简称江东农行）

原告周某栋因与被告江东农行发生储蓄合同纠纷，向衡阳市珠晖区人民法院提起诉讼。

法院经审理查明：2003 年 12 月 10 日，原告周某栋在被告江东农行下属的乐群里分理处开户，申领了中国农业银行发行的金穗借记卡。中国农业银行制定的《中国农业银行金穗借记卡章程》（以下简称《金穗借记卡章程》）第五条规定："持卡人凭金穗借记卡的密码可在中国农业银行指定的特约商户购物消费；在中国农业银行指定的营业机构存取现金、办理转账。"第六条规定："持卡人凭金穗借记卡和密码可在自动柜员机上取现，每日累计金额不超过 5000 元，次数不超过 5 次。"第九条规定："金穗借记卡被盗或遗失，持卡人可凭个人密码办理电话挂失。持卡人办理电话挂失后，应及时补办书面挂失手续。"第十一条规定："持卡人必须妥善保存和正确使用金穗借记卡，领到金穗借记卡时应及时修改密码，凡密码相符的交易均视为合法交易。持卡人应将借记卡与密码分开保管，因卡片遗失或密码失密造成的资金损失，由持卡人自行承担。"

2003 年 12 月 19 日上午，原告周某栋的金穗借记卡账户内到款54,600元，存款余额为56,867元。13 时左右，周某栋到被告江东农行下属的火车站分理处，持卡在柜台要求取款。江东农行的营业员建议周某栋到自动取款机上取款，周某栋称"我不会"，营业员告知其"屏幕上有提示，你跟着做就可以了"，周某栋遂到自动取款机前取款。

该自动取款机位于分理处营业大厅内，距离柜台不过两米。取款机上贴有"你的密码如同钱包，注意保密。以防被窃"的警示纸条，周围无任何安全防范措施。原告周某栋在自动取款机上操作后不久，再次持卡到柜台要求取款。营业员告知该卡为外地卡，周某栋才发现自己的卡被调包，要求挂失，因其不能提供存折号码和卡号，营业员没有为其办理挂失。周某栋遂于 19 日 13 时 20 分离开火车站分理处。13 时 47 分 18 秒，周某栋赶到开户行乐群里分理处口头挂失时，其账户内已被盗取53,006元。

原告诉称：原告持农行金穗借记卡去被告下属的火车站分理处，准备取现金54,600

元，以清偿为他人担保的货款。当原告向柜台营业员提出取款要求时，营业员拒绝服务，让原告到自动取款机上取款。原告多次向营业员声明不会刷卡，请求为其办理取款手续。但该营业员仍加以拒绝，说"取款机上有提示，一看就明白"。原告不知道在自动取款机上一次取款不得超过5000元，且也不懂操作方法，导致取不出款。原告转身大声向营业员求助，但无人理睬。此时，有人趁机将原告的金穗借记卡取出并调换，原告未发觉。原告持借记卡再次在柜台取款时，才知道借记卡被调包，当即请求营业员为原告办理挂失止付手续。营业员要求原告提供卡号或存折号。原告因借记卡已被调包，卡号记不清，存折没带在身上，只好告诉营业员只有身份证和密码。营业员称"没办法，你只能到开户行办理挂失"。当原告赶到开户行办理挂失时，才知道借记卡里的存款已被人分四次共盗取53,006元。由于被告的营业员拒绝为原告提供柜台取款，拒绝帮助指导原告刷卡，拒绝按密码为原告办理挂失止付手续，才使原告的存款被盗取。请求判令被告赔偿原告的经济损失53,006元，精神损失10,000元，并负担本案诉讼费用。

被告辩称：原告到被告处取款时，没有说明自己要取多少款。因业务较忙，营业员建议原告到自动取款机上办理，并向其告知：自动取款机屏幕上有提示，跟着提示操作即可。此后发现原告的借记卡被调包后，营业员当即要求原告办理挂失手续，但原告拒绝，以致该借记卡内存款被盗取。这张借记卡内被盗取的存款是公款，周某栋不是这笔款的所有人。由周某栋作为原告提起诉讼，主体资格不适格，应当驳回其起诉。即使主体资格适合，案发后，原告与被告都曾就此事向公安机关报案，目前该案正在侦查阶段，根据最高人民法院《关于在审理经济纠纷案件中涉及经济犯罪嫌疑若干问题的规定》第十二条，本案应中止审理。再者，借记卡是在原告持有过程中遗失的，密码也是原告不慎泄露的，根据《金穗借记卡章程》的规定，损失应由持卡人自己承担。[①]

💬 法律问题

1. 江东农行以公款私存辩称周某栋不是本案适格主体的理由是否成立？
2. 本案应否因先刑后民的理由而中止审理？
3. 江东银行是否违约，应否向原告承担相应的赔偿责任？原告自己是否有过错？

📝 法理分析

1. 该理由不成立

本案证据证明，周某栋的金穗借记卡账户内的存款是其为客户提供担保，出具欠条后，由客户汇到其账户上，周某栋负责将该款交付单位，并非私存公款。该款在周某栋账户内被盗取，应当由周某栋向其单位承担相应的赔偿责任，周某栋有权以原告资格提起储蓄合同违约之诉。根据合同相对性原则，周某栋因该款与其单位及客户之间发生的结算关

---

① 《周某栋诉江东农行储蓄合同纠纷案》，载《最高人民法院公报》2006年第2期。

系，与江东农行无关，也不在本案审理范围。江东农行以公款私存辩称周某栋不是本案适格主体，理由不成立。

在现实生活中，作为公民个人，我们不得不通过存款和取款来与银行打交道。这一行为的过程就是储蓄合同的订立和解除。储蓄合同与我们的生活息息相关，但在我国现行的《合同法》中，却没有关于储蓄合同的规定。储蓄合同理论上属于所谓的"无名合同"。储蓄合同是存款人与储蓄机构之间订立的客户将资金存入储蓄机构，储蓄机构开具存单或存折给存款人，存入资金由储蓄机构支配，存款人按照约定到储蓄机构支取本息，储蓄机构有义务按照约定无条件支付本息给存款人的协议。①

关于储蓄合同的性质，我们认为，储蓄合同关系本质上是一种特殊的债权债务关系，储户将存款存入金融机构，实际上是将属于储户所有的款项借给了金融机构，由金融机构对其占有、使用、收益、处分和支配，也就意味着款项的所有权已从储户转移到了金融机构，而此时的储户因储蓄合同关系成立从原先对款项的所有权转化为了对金融机构的债权，即储户有权要求金融机构向其返还本金并有权因金融机构的借款向金融机构收取利息，这也衍生出银行对储户支付利息的义务。②

2. 本案无须中止审理

最高人民法院《关于在审理经济纠纷案件中涉及经济犯罪嫌疑若干问题的规定》第十二条："人民法院已立案审理的经济纠纷案件，公安机关或检察机关认为有经济犯罪嫌疑的，并说明理由附有关材料函告受理该案的人民法院的，有关人民法院应当认真审查。经过审查，认为确有经济犯罪嫌疑的，应当将案件移送公安机关或检察机关，并书面通知当事人，退还案件受理费；如认为确属经济纠纷案件的，应当依法继续审理，并将结果函告有关公安机关或检察机关。"尽管在金穗借记卡账户内存款被盗取后，原告周某栋和被告江东银行都向公安机关报过案，但在周某栋提起储蓄合同违约之诉立案后，人民法院没有收到公安机关或检察机关关于本案有经济犯罪嫌疑的函告。况且周某栋要求追究的是江东农行在履行储蓄存款合同过程中的违约责任，该民事责任不必等到相关刑事案件结案后才能确认，故本案无须适用以上司法解释中止审理。

3. 原告周某栋是以储户身份提起储蓄合同违约之诉，合同另一方当事人是具有商业银行身份的被告江东农行

《中华人民共和国商业银行法》（以下简称《商业银行法》）第三十三条规定："商业银行应当保证存款本金和利息的支付，不得拖延、拒绝支付存款本金和利息。"该条规定了商业银行的保证支付义务。保证支付不仅是指银行不得拖延、拒绝支付，还包括银行应当以适当的方式履行支付义务。商业银行应当无条件履行保证支付义务。当原告周某栋持卡第一次在被告江东农行下属的火车站分理处柜台前要求取款时，无论其是否说出取款

---

①　吴志攀：《金融法》，中国人民大学出版社 2001 年版，第 138 页。

②　姬新江：《储蓄合同性质的法律分析》，载《广州广播电视大学学报》2012 年第 3 期。

数额，江东农行的营业员都不得以任何理由拒绝提供适当服务。特别是周某栋已经向营业员告知其不会使用自动取款机后，营业员仍只是简单告知"屏幕上有提示，你跟着提示办理就行了"，再未主动提供任何服务，没有履行保证支付的法定义务。

为存款人保密，保障存款人的合法权益不受任何单位和个人的侵犯，是《商业银行法》的法定义务。银行的保密义务不仅是指银行对储户已经提供的个人信息保密，也包括要为到银行办理交易的储户提供必要的安全、保密的环境。被告江东农行下属的火车站分理处，将自动取款机置于人员众多且流动性大的营业大厅内，只在取款机上方张贴一张警示纸条，周围无任何安全防范措施，不能保证旁人无法接近正在使用自动取款机的储户，无法偷窥储户在自动取款机上的密码，客观上使储户无法在保密状态下安全使用自动取款机。

《中华人民共和国合同法》第一百零七条规定："当事人一方不履行合同义务或者履行合同义务不符合约定的，应当承担继续履行、采取补救措施或者赔偿损失等违约责任。"综上所述，被告江东农行没有履行保证支付、为存款人保密、保障存款人的合法权益不受任何单位和个人侵犯的法定义务，在得知原告周某栋的借记卡被人调包后，又没有按周某栋的要求和《金穗借记卡章程》的规定办理凭个人密码挂失的业务。江东农行这一系列违约行为，是造成周某栋巨额存款被盗取的主要原因，该行对此应负主要赔偿责任。在交易活动中，周某栋不慎遗失银行卡和密码，对巨额存款被盗取亦应承担相应责任。另外，由于本案是储蓄合同违约纠纷，且原告自己存在过错，对周某栋要求赔偿精神损失的诉讼请求法院不予支持。

关于造成延迟挂失的原因。《最高人民法院关于民事诉讼证据的若干规定》（2001）第七十三条第一款规定："双方当事人对同一事实分别举出相反的证据，但都没有足够的依据否定对方证据的，人民法院应当结合案件情况，判断一方提供证据的证明力是否明显大于另一方提供证据的证明力，并对证明力较大的证据予以确认。"本案证人万某喜证实，被上诉人周某栋发现借记卡被他人调包后，立即向上诉人江东农行的营业员提出挂失，营业员要求周某栋持与借记卡配套的存折去原开户行进行挂失，这是造成迟延挂失的原因，而江东农行以证人彭某玲的证言予以反驳，彭某玲的证言称，其已及时提醒周某栋在该分理处办理挂失手续，周某栋予以拒绝，因此延迟挂失，证人万某喜是周某栋雇佣的摩托车司机，证人彭某玲则是江东农行的营业员，与江东农行存在利害关系，结合周某栋于19日13时20分离开火车站分理处13时47分即赶到乐群里分理处口头挂失的事实，分析两位证人的证言，在借记卡被盗，卡内存款随时有丢失风险的情况下，如果彭某珍的证言属实，周某栋何必舍近求远地办理挂失手续？故不能采信这个与常理相悖的证言。而对于证人万某喜关于挂失的原因是"营业员要求周某栋持与借记卡配套的存折去开户行进行挂失"的证言，应当予以确认。在周某栋能够提供身份证和密码的情况下，江东农行营业员没有按照《金穗借记卡章程》第九条的规定及时给其办理电话挂失，是造成周某栋卡内存款被盗取的主要原因。

二、金融借款合同纠纷案

📖 **案情简介 6-2**①

上诉人某甲公司因与被上诉人某乙公司及原审被告某丙公司、某丁公司、某戊公司、李某铎、钮某爱金融借款合同、抵押合同、保证合同纠纷一案，不服内蒙古自治区高级人民法院（2017）内民初 23 号民事判决，向最高人民法院提起上诉。

某甲公司上诉请求：1. 依法驳回某乙公司对上诉人的诉讼请求，改判上诉人不承担任何连带责任；2. 依法判令某乙公司承担本案的上诉费用。主要事实和理由：1. 某乙公司与某丙公司未按贷款合同约定办理采矿权抵押和强制执行公证，并且采取欺诈的手段骗取某甲公司对贷款合同提供担保；2. 某乙公司违背了三方监管协议，未经某丁公司同意将贷款一次性转付借方，由此造成的损失应由某乙公司负全部责任；3. 某丙公司支付给某乙公司和某建设银行某省分行 700 万元费用，受某乙公司指示支付给某公司 500 万元咨询费，这 1200 万元款项并未用于煤炭技改，某乙公司违规放贷致使贷款无法收回，应承担全部责任；4. 一审庭审未全程录像，判决书未体现上诉人原意，致使一审判决不公正。山西省高级人民法院（2016）晋民初字 43 号案件正在二审审理，某甲公司有可能承担两份责任。

某乙公司答辩称，某乙公司没有欺诈某甲公司与债务人串通骗取保证人提供保证，也没有采取欺诈手段，使保证人在违背真实意思的情况下提供保证。根据合同成立当时及现在的法律，均没有出现某甲公司不承担保证责任的事由出现，故某甲公司的上诉没有事实及法律依据，应当依法驳回其上诉。

某丙公司提交意见称，一审判决认定某丙公司借款金额为 10,000 万元系事实错误。某丙公司贷款时，按照某乙公司的要求，额外支付某乙公司 700 万元，以咨询费名义支付某公司 500 万元。该两笔款项收取没有事实和法律依据，应从贷款本金中扣除。

某丁公司提交意见称，对于某乙公司主张某丙公司偿还借款本金 10,000 万元不予认可，实际出借金额应为 9650 万元。某乙公司与某丙公司约定的采矿权抵押未办理抵押登记，应承担一定法律责任。本案应当中止审理。

一审法院认定事实：2012 年 12 月 3 日，某乙信托公司（贷款人）与某丙公司（借款人）签订贷款合同。贷款合同载明：鉴于某丙公司经营需要，向某乙公司申请 10,000 万元的信托贷款；某乙公司作为受托人拟发行新信〔鑫业 141 号〕某丙公司信托贷款单一资金信托计划募集资金，同意按本合同约定将信托计划募集的资金向某丙公司提供信托贷款。贷款合同第 1 条约定：贷款人同意按本合同约定向借款人提供煤矿的技改资金信托贷款。第 2.1 条约定：信托贷款金额为人民币 10,000 万元，但某乙公司有权根据信托计划所募集资金的实际情况调整信托贷款金额。第 2.2 条约定：信托贷款期限为 24 个月，即信托计划成立日至信托计划终止日；如实际放款日与终止日的期限与上述期限不符，则以信托计划成立日至信托计划终止日的期限为准。第 4.1 条约定：本合同项下贷款利率按固定

---

① 案例来源于最高人民法院（2023）最高法民终 202 号。

利率执行，贷款年利率为 13.5%，贷款期限内贷款利率不变。第 4.2.1 条约定：贷款利息按实际天数计算，如实际放款日与终止日的期限与上述信托计划成立日与信托计划终止日不符，则以信托计划成立日至信托计划终止日的期限为准。第 4.2.2 条约定：贷款利息 = 贷款本金×日利率×实际用款天数，日利率 = 月利率/30，月利率 = 年利率/12。第 4.3 条约定：借款人按季结息方式结息，付息日为每自然季末月的 20 日，最后一次付息日为贷款到期前 10 日。第 6.3 条约定：借款人指定以下账户作为接收信托贷款资金的唯一账户。账户名称：某丙公司；账号：1400×××××××；开户行：某银行某支行。第 7.1 条约定：借款人应当按期足额支付利息，并按照分期归还借款本金及利息方式偿还贷款本金及利息，具体还款计划如下：2012 年 12 月 20 日，归还利息金额 = 贷款本金×10%×实际用款天数/360；……2014 年 6 月 20 日，归还利息金额 = 贷款本金×10%×实际用款天数/360；2014 年 9 月 20 日，归还利息金额 = 贷款本金×10%×实际用款天数/360；信托计划成立满 24 个月前 10 日，归还利息金额 = 贷款本金×10%×实际用款天数（截至信托计划成立满 24 个月）/360；信托计划成立满 24 个月前 10 日，归还本金数额 3000 万元；信托计划成立满 24 个月前 5 日，归还本金数额 7000 万元。第 9 条约定：借款人不能按期归还本合同项下贷款任意一期的本金或利息，则进入贷款处置期。贷款处置期内，贷款利率上浮 50%，贷款处置期自未付贷款本金或利息应付之日起至该期本金或利息实际支付日止。第 14.2.2.1 条约定：如借款人未按约定期限还款且未就进入处置期事宜与贷款人达成协议，贷款人有权就贷款逾期部分从逾期之日起按照贷款逾期罚息利率计收罚息，直至借款人完全清偿本息为止。贷款逾期罚息利率为本合同贷款利率的基础上浮 50%。第 14.2.2.2 条约定：如借款人未按期足额付息，贷款人有权就到期未付利息部分按照与贷款本金相同的罚息利率按本合同约定的结息日计收复利。第 14.3 条约定：因借款人违约致使贷款人采取诉讼或仲裁、强制执行等方式实现债权的，贷款人为此支付的包括但不限于律师费、差旅费、执行费、评估费及其他实现债权的必要费用由借款人承担。

2012 年 12 月 3 日，某丙公司（抵押人）与某乙公司（抵押权人）签订合同编号 2012-XY141（D）DY595 抵押合同，约定某丙公司以其采矿权为其信托贷款提供抵押担保（采矿许可证：C140000200912122004××××号）。抵押合同第 12.3 条约定：抵押人隐瞒抵押物共有、争议、被查封、扣押、监管、重复抵押、价值贬损、出质、转让抵押物以及虚假登记等其他严重情况严重危害抵押权实现时，应向抵押权人支付所担保债权 20% 的违约金。抵押合同签订后，某丙公司与某乙公司未对抵押标的采矿权办理抵押登记。

2012 年 11 月 29 日—12 月 3 日，保证人某甲公司、某丁公司、某戊公司、李某铎、钮某爱分别与债权人某乙公司签订 5 份保证合同（合同编号：2012-XY141（D）DB595-02 号、2012-XY141（D）DB595-03 号、2012-XY141（D）DB595-05 号、2012-XY141（D）DB595-01 号、2012-XY141（D）DB595-04 号），约定为某丙公司向某乙公司的信托贷款提供无限连带责任保证担保。保证合同第 3.3 条约定：保证人保证担保的范围，包括但不限于主债权及其利息、罚息、违约金、损害赔偿金、保管担保财产和实现担保物权的费用等，以及债权人为实现债权而发生的费用，包括但不限于诉讼费（或仲裁费）、律师代理费、差旅费、评估费、拍卖费等。保证担保范围，包括但不限于债权人对主债务人享有的基于主合同而产生的 10,000 万元债权。具体数额按照主合同及本合同约定为准。第

4.1 条约定：本保证合同担保方式为无限连带责任保证担保。第 5.1 条约定：本合同的保证期间为，自主合同履行期限届满之日起两年。第 5.2 条约定：主合同履行期限届满之日自主合同最后一期债务履行届满之日起计算。

贷款合同签订后，某乙公司于 2012 年 12 月 11 日将借款 10,000 万元汇入某丙公司在某银行尾号 4176 账户。2014 年 12 月 10 日信托借款到期后，某丙公司未按合同约定偿还借款，欠付某乙公司借款本金、利息、罚息、复利如下：1. 借款本金 10,000 万元。2. 借款期内分期利息 480.555556 万元：（1）10,000 万元×92 天（2014 年 6 月 21 日—9 月 20 日）×年利率 10%÷360 = 255.555556 万元；（2）10,000 万元×81 天（2014 年 9 月 21 日—12 月 10 日）×年利率 10%÷360 = 225 万元，上述两项金额合计 480.555556 万元，计算依据为贷款合同第 7.1 条。3. 罚息 4061.25 万元：10,000 万元×722 天（2014 年 12 月 10 日—2016 年 12 月 1 日）×年利率 20.25%÷360 = 4061.25 万元，计算依据为贷款合同第 14.2.2.1 条。4. 复利 206.809375 万元：（1）255.555556 万元×年利率 20.25%÷360×803 天（2014 年 9 月 21 日—2016 年 12 月 1 日）= 115.43125 万元；（2）225 万元×年利率 20.25%÷360×722 天（2014 年 12 月 11 日—2016 年 12 月 1 日）= 91.378125 万元，上述两项金额合计 206.809375 万元，计算依据为贷款合同第 14.2.2.2 条。

某乙公司多次催要贷款合同项下借款本息，某丙公司未予偿还借款本息，某甲公司、某丁公司、某戊公司、李某铎、钮某爱亦未履行保证责任。根据贷款合同约定，截至 2014 年 6 月 20 日信托贷款的期内利息为 2247.222224 万元。某丙公司已经支付某乙公司信托贷款的期内利息 2247.222224 万元，其中包含年化利息 700 万元。2014 年 12 月 10 日，信托贷款到期后，某丙公司未向某乙公司偿还贷款本金，支付 2014 年 6 月 21 日—2014 年 12 月 10 日的期内利息以及相应的罚息、复利。

上述事实，有贷款合同、抵押合同、保证合同、借款人公司股东会会议、保证人公司股东会会议、银行对公活期明细查询单、融资申请书、承诺函、逾期利息催收通知书、本金支付通知书、逾期本息催收通知函、关于担保〔鑫业 141 号〕某丙公司信托贷款单一资金信托计划的函、关于为某丙公司履行担保责任的催告函和当事人庭审陈述等证据在案佐证，一审法院予以确认。

某乙公司向一审法院起诉请求：1. 某丙公司偿还借款本金 10,000 万元，支付剩余利息 830.555556 万元及截至偿清本息之日的罚息、复利（暂计至 2016 年 12 月 1 日为 4858.870313 万元）；2. 某丙公司承担违约金 2000 万元；3. 某甲公司、某丁公司、某戊公司、李某铎、钮某爱对上述第 1 项债务承担连带清偿责任；4. 某丙公司、某甲公司、某丁公司、某戊公司、李某铎、钮某爱承担某乙公司为实现债权而支付的一切费用，包括但不限于诉讼费、财产保全费、强制执行费、律师费、交通费、通信费等费用（某乙公司为实现债权而支付的一切费用以至实际清偿日止实际发生的总金额为准）。

💬 **法律问题**

1. 该涉案贷款合同是否有效？

2. 某乙公司主张某丙公司偿还借款本金 10,000 万元，支付剩余利息 830.555556 万元，以及截至偿清本息之日的罚息、复利（罚息、复利暂计至 2016 年 12 月 1 日为

4858.870313 万元）的诉讼请求是否成立？

3. 某乙公司主张某丙公司承担违约金 2000 万元的诉讼请求是否成立？

4. 某乙公司主张某甲公司、某丁公司、某戊公司、李某铎、钮某爱对某丙公司所欠 10,000 万元债务本息承担连带清偿责任的诉讼请求是否成立？

法理分析

1. 该涉案贷款合同有效

某乙公司与某丙公司于 2012 年 12 月 3 日签订的贷款合同系双方当事人的真实意思表示，不违反法律、行政法规的效力性强制性规定，应为合法有效合同。银保监会是根据法律、法规授权，依据审慎监管和金融消费者保护基本制度负责对银行业保险业经营活动实施监督管理的国务院直属事业单位。银行业作为我国经济金融体系的核心，其持续健康发展对经济发展具有重要意义。银行业监管在保护存款人和消费者利益、维护社会公众对银行业的信心、维护金融稳定、促进经济发展等方面发挥着重要作用。因此，我国就商业银行的准入采取特别许可的方式，从设立阶段对商业银行的抗风险能力提出高要求。

2. 某乙公司主张的本项诉讼请求成立

（1）关于偿还借款本金问题。贷款合同约定借款金额为 10,000 万元，某乙公司提交 2016 年 9 月 22 日银行对公活期明细查询单，证明某乙公司已经依约支付某丙公司 10,000 万元借款。贷款合同约定信托贷款的借款期限为 24 个月，某丙公司应于 2014 年 12 月 1 日之前偿还借款本金 3000 万元、2014 年 12 月 5 日之前偿还借款本金 7000 万元。某丙公司未按合同约定期限偿还借款已经构成违约，应当承担向某乙公司偿还借款本金 10,000 万元的民事责任。

（2）关于支付剩余利息问题。某乙公司主张某丙公司支付的剩余利息 830.555556 万元包含两个部分：借款期内分期利息为 480.555556 万元，借款期内年化利息为 350 万元。根据贷款合同第 7.1 条约定，借款期内分期利息应当分段计算：①2014 年 6 月 21 日—9 月 20 日的期内利息：10,000 万元×92 天×年利率 10%÷360＝255.555556 万元；②2014 年 9 月 21 日—12 月 10 日期间的期内利息：10,000 万元×81 天×年利率 10%÷360＝225 万元，上述两项金额合计为 480.555556 万元。某乙公司主张某丙公司支付截至 2014 年 12 月 10 日的贷款期内的未付利息 480.555556 万元，符合贷款合同的约定。

（3）关于支付罚息问题。某乙公司主张某丙公司支付罚息 4441.204688 万元，以及支付以贷款本金 10,000 万元为基数，按罚息利率 20.25% 计算，自 2016 年 12 月 2 日起至某丙公司实际清偿本息之日止的罚息。依据贷款合同第 4.1 条、第 14.2.2.2 条约定，某丙公司未按约定偿还借款本金，应以年利率 20.25% 计收罚息，直至某丙公司完全清偿本息为止。依据贷款合同第 7.1 条约定，某丙公司应于 2014 年 12 月 1 日（信托计划成立满 24 个月前 10 日）前偿还本金 3000 万元，2014 年 12 月 5 日（信托计划成立满 24 个月前 5 日）前偿还借款本金 7000 万元。涉案借款于 2014 年 12 月 10 日到期，依据贷款合同第 14.2.2.1 条约定，罚息计算方式如下：10,000 万元×722 天（2014 年 12 月 10 日—2016 年

12 月 1 日）×年利率 20.25%÷360＝4061.25 万元。某丙公司应当支付某乙公司 2016 年 12 月 1 日之前的罚息 4061.25 万元，并应依约支付 2016 年 12 月 2 日之后的罚息（以10,000 万元本金为基数，罚息利率按年利率 20.25%计算，自 2016 年 12 月 2 日起至本金实际清偿之日止）。

（4）关于支付复利问题。某乙公司主张某丙公司支付复利 417.665625 万元，以及支付以未付利息 830.555556 万元为基数，按年利率 20.25%计算，自 2014 年 6 月 21 日起至某丙公司实际清偿本息之日止的复利。根据贷款合同第 14.2.2.2 条约定，某丙公司未按期足额付息，某乙公司有权就到期未付利息部分按照与贷款本金相同的罚息利率按本合同约定的结息日计收复利。依据贷款合同第 14.2.2.2 条约定，复利分段计算如下：① 255.555556 万元×年利率 20.25%÷360×803 天（2014 年 9 月 21 日—2016 年 12 月 1 日）＝ 115.43125 万元；②225 万元×年利率 20.25%÷360×722 天（2014 年 12 月 11 日—2016 年 12 月 1 日）＝ 91.378125 万元，上述两项金额合计 206.809375 万元。某丙公司应当支付某乙公司 2016 年 12 月 1 日之前的复利 206.809375 万元，并应支付 2016 年 12 月 2 日之后的复利（以利息 480.555556 万元为基数，复利利率按年利率 20.25%计算，自 2016 年 12 月 2 日起至利息实际清偿之日止）。

3. 某乙公司主张某丙公司承担违约金 2000 万元的诉讼请求不成立

某丙公司与某乙公司签订的抵押合同第 12.3 条约定，抵押人隐瞒抵押物共有、争议、被查封、扣押、监管、重复抵押、价值贬损、出质、转让抵押物以及虚假登记等其他严重情况严重危害抵押权实现时，应向抵押权人支付所担保债权 20%的违约金。本案中，某乙公司与某丙公司签订抵押合同后，未对抵押标的采矿权办理抵押登记，故抵押权依法并未设立。某乙公司虽依据抵押合同第 12.3 条约定主张某丙公司支付违约金 2000 万元，但并未举证证明某丙公司存在隐瞒相关事实、进行虚假登记、拒不办理登记等严重危害抵押权实现的情形，故对某乙公司的本项诉讼请求，一审和二审法院均不予支持理据充分。

4. 某乙公司的该项主张成立

（1）关于某丁公司、某戊公司、李某铎、钮某爱保证责任承担的问题。某乙公司与某丁公司、某戊公司、李某铎、钮某爱分别签订保证合同，约定某丁公司、某戊公司、李某铎、钮某爱为案涉贷款合同项下债务提供无限连带保证责任担保；保证期间为主合同履行期限届满之日起二年；保证担保范围为主合同项下的债务人的全部债务，包括但不限于主债权及利息、罚息、违约金、损害赔偿金、保管担保财产和实现担保物权的费用等，以及债权人为实现债权而发生的所有费用，包括但不限于诉讼费（或仲裁费）、律师代理费、差旅费、评估费、拍卖费等。上述 4 份保证合同是双方当事人的真实意思表示，不违反法律、行政法规的强制性效力性规定，应为合法有效合同。本案主债务履行期限届满日期为 2014 年 12 月 10 日，保证期间应于 2014 年 12 月 11 日开始计算。某乙公司于保证期间内多次向某丁公司、某戊公司、李某铎、钮某爱进行催收，保证期间依法并未经过，故某丁公司、某戊公司、李某铎、钮某爱应当依法承担连带保证责任。

（2）关于某甲公司保证责任承担的问题。某乙公司与某甲公司于 2012 年 12 月 3 日签订保证合同，合同内容与上述 4 份保证合同一致，保证期间应于 2014 年 12 月 11 日开始计算。某甲公司主张其不应承担保证责任的具体理由如下：①某乙公司与某丙公司未按合同约定办理采矿权抵押和强制执行公证，而是采用刻意诱导、隐瞒事实真相的手段不履行担保条款，骗取某甲公司提供担保。②账户监管协议是本案合同履行的必备条件之一，某乙公司和建行某支行违背三方监管协议将贷款一次性转付借方，对贷款不能按时回收应负全部责任。③某乙公司为了牟取自己利益，互相串通隐瞒事实真相。矿井提升改造于 2013 年 6 月份开工建设，贷款已于 2012 年 12 月直接划入某丙公司账户。付款时，某乙公司和建行某分行收取 700 万元费用，某公司收取 500 万元咨询费，1200 万元款项在某丙公司尚未开工时已经去向不明。某乙公司在贷款开始履行时就已违约，是造成贷款不能收回的主要原因。④建行某支行出具 6 份虚假风险评估报告描述技改项目工程进展正常，建行某分行的处分决定说明某乙公司串通建行工作人员违法操作，致使贷款没有完全用于煤矿提升改造，也是造成贷款不能回收的主要原因。⑤某乙公司隐瞒理财事实真相，利用金融系统优势地位从中牟利，利用贷款合同欺骗晋中灵石公司，法院应当依法解除某甲公司的担保责任。

某甲公司虽然主张办理采矿权抵押为其提供保证担保的前提、某乙公司与某丙公司欺诈某甲公司提供保证，但其并未提交相应证据予以证明，一审法院对其本项抗辩理由不予支持。某乙公司是否违背三方监管协议，某乙公司、建行某分行、某公司是否收取费用、建行某支行是否出具虚假风险评估报告、某乙公司是否通过理财谋取利益等事实，均不影响某甲公司与某乙公司所签保证合同的成立和效力。某甲公司与某乙公司签订的保证合同系双方当事人的真实意思表示，不违反法律、行政法规的强制性和效力性规定，应为合法有效。某甲公司在答辩状中、开庭审理时述称，其在某乙公司催收贷款时，明确告知该笔贷款担保具有欺诈行为，担保责任不能成立，故某乙公司于保证期间内向某甲公司催收的事实可以确认。综上，某甲公司作为保证人，应对涉案债务本金、利息和实现债权的费用承担连带保证责任。

三、票据追索权纠纷案

📖 **案情简介 6-3**①

　　原告：东光县华力铸造材料厂

　　被告：中新房长江建设有限公司

　　原告东光县华力铸造材料厂与被告中新房长江建设有限公司票据追索权纠纷一案向江西省南昌高新技术产业开发区人民法院提起诉讼。

　　原告向法院提出诉讼请求：1. 判令被告给付票据款 100 万元并承担利息损失（以 100 万元为基数自 2015 年 5 月 24 日起按银行同期贷款利率计算至实际付款日的利息损失）；

---

① 案例来源于江西省南昌高新技术产业开发区人民法院（2017）赣 0191 民初 633 号。

2. 本案诉讼费由被告承担。

被告辩称，武汉三春公司未履行与答辩人签订的购销合同，无权主张票据权利。原告还应当提供合法取得票据的依据。

经审理查明，2014 年 11 月 24 日，被告向案外人武汉三春经贸发展有限公司开具两张商业承兑汇票，其编号分别为 21700×××、20905×××。上述两张商业承兑汇票出票金额均为 50 万元，汇票到期日均为 2015 年 5 月 23 日，且均经案外人武汉三春经贸发展有限公司背书转让至廊坊丰科燃气设备有限公司，再经背书转让至原告。后原告将上述两张商业承兑汇票委托案外人东光县农村信用联社股份有限公司进行收款。2015 年 5 月 27 日，上述两张商业承兑汇票的付款行中国农业银行南昌市叠山支行出具两份退票理由书，载明因付款人拒付而予以退票。后案外人东光县农村信用联社股份有限公司将上述两张商业承兑汇票退回原告。

法律问题

1. 被告主张其与案外人武汉三春经贸发展有限公司之间存在合同纠纷，诉争承兑汇票的背书转让行为涉嫌诈骗犯罪，原告并未提供证据证明其系诉争承兑汇票的合法持有人，因此，原告不享有票据权利。请问被告的抗辩理由是否成立？

2. 原告能否向被告行使追索权？

法理分析

1. 被告的抗辩理由不成立

被告主张其与案外人武汉三春经贸发展有限公司之间存在合同纠纷，诉争承兑汇票的背书转让行为涉嫌诈骗犯罪。根据《中华人民共和国票据法》（以下简称《票据法》）第十三条第一款规定："票据债务人不得以自己与出票人或者与持票人的前手之间的抗辩事由，对抗持票人。但是，持票人明知存在抗辩事由而取得票据的除外。"故对于被告的上述主张，本院不予支持。被告还主张原告并未提供证据证明其系诉争承兑汇票的合法持有人。根据《最高人民法院关于审理票据纠纷案件若干问题的规定》第四十九条规定："依照票据法第二十七条和第三十条的规定，背书人未记载被背书人名称即将票据交付他人的，持票人在票据被背书人栏内记载自己的名称与背书人记载具有同等法律效力。"本案中，原告自认诉争票据系通过张国胜转让获得，但根据上述规定，原告作为持票人在背书人栏内记载自己的名称符合法律规定，具有法律效力。另根据《最高人民法院关于审理票据纠纷案件若干问题的规定》第九条规定："票据诉讼的举证责任由提出主张的一方当事人承担。依照票据法第四条第二款、第十条、第十二条、第二十一条的规定，向人民法院提起诉讼的持票人有责任提供诉争票据。该票据的出票、承兑、交付、背书转让涉嫌欺诈、偷盗、胁迫、恐吓、暴力等非法行为的，持票人对持票的合法性应当负责举证。"本案中，原告已向法院提供了诉争票据原件，而本案无证据证明诉争票据的背书转让涉嫌非法行为，故对于诉争票据的持票合法性的举证责任不应由原告承担。故对于被告的上述主张，法院不应采纳。

2. 原告向被告行使追索权符合法律规定

票据追索权是指汇票到期被拒绝付款或者其他法定原因出现时，持票人享有的请求其前手或汇票的其他债务人支付汇票金额及相关损失、费用的权利。① 追索权制度是《票据法》的一项特别制度，旨在保护票据权利人权利的实现。当持票人正常的付款请求权未果时，应允许持票人按法定程序行使追索权使自己的权利得以补救，从而体现法律的公平精神。但追索权的行使会对票据的使用价值、经济利益及信用程度造成不利影响。因为《票据法》的宗旨是促进流通、鼓励票据转让和利用的效率，而持票人一旦行使追索权，该票据则不能转让和流通使用，因此各国《票据法》一般都规定了较严格的条件，采取有效措施对追索权的行使进行限制，以保障票据的流通转让。②

行使票据追索权须具备实质要件和形式要件。实质要件为：付款人拒绝付款，持票人的付款请求权得不到实现。《票据法》第六十一条第一款规定："汇票到期被拒绝付款的，持票人可以对背书人、出票人以及汇票的其他债务人行使追索权。"该条款是关于持票人行使追索权的直接法律依据。根据该规定可知，持票人进行追索的根本原因系付款人未按票据所载时间及金额付款，持票人不能按照预期取得汇票所载款项。应当明确的是，所谓拒绝付款，不仅包括付款人明确表示拒绝付款的情形，还包括付款人客观上无力履行付款义务而无法付款的情形，二者对持票人权利的影响并无区别。所谓形式要件，是指持票人用以证明其被拒绝付款的证明。《票据法》第六十二条第一款规定："持票人行使追索权时，应当提供被拒绝承兑或者被拒绝付款的有关证明。"③

根据《票据法》第六十一条第一款规定："汇票到期被拒绝付款的，持票人可以对背书人、出票人以及汇票的其他债务人行使追索权"。本案中，原告作为诉争承兑汇票的持票人，在汇票到期被银行拒绝付款后，向被告追索，有事实和法律依据，法院予以支持。原告主张被告向其支付以 100 万元为基数自 2015 年 5 月 24 日起按银行同期贷款利率计算至实际付款日止的利息损失。根据《票据法》第七十条第一款第二项规定："持票人行使追索权，可以请求被追索人支付下列金额和费用：……（二）汇票金额自到期日或者提示付款日起至清偿日止，按照中国人民银行规定的利率计算的利息……"另根据《最高人民法院关于审理票据纠纷案件若干问题的规定》第二十二条的规定："票据法第七十条、第七十一条所称中国人民银行规定的利率，是指中国人民银行规定的企业同期流动资金贷款利率。"故原告主张被告向其支付利息损失符合法律规定，法院予以支持。本案中，诉争承兑汇票到期日期为 2015 年 5 月 23 日，故被告应当按照上述规定，向原告支付以 100 万元为基数自 2015 年 5 月 24 日起按照中国人民银行规定的企业同期流动资金贷款

---

① 黄飞、周余：《票据追索权的行使要件》，载《人民司法》2021 年第 14 期。
② 陈雪平：《试论票据追索权的限制与保护》，载《求是学刊》2004 年第 3 期。
③ 黄飞、周余：《票据追索权的行使要件》，载《人民司法》2021 年第 14 期。

利率计算至实际付款日止的利息损失。

四、银行卡盗刷纠纷案

📖 案情简介 6-4①

上诉人（原审被告）：招商银行股份有限公司上海延西支行

被上诉人（原审原告）：徐甲

上诉人招商银行股份有限公司上海延西支行因与被上诉人徐甲储蓄存款合同纠纷一案，不服上海市长宁区人民法院作出的（2017）沪0105民初1787号民事判决，向上海市第一中级人民法院提起上诉。

上诉人上诉请求：撤销一审判决，改判驳回被上诉人一审全部诉请或发回重审。事实与理由：本案系网银交易，并不存在使用物理性质的卡片进行刷卡的行为，原审法院却错误地认定本案系伪卡交易；导致被上诉人账户内资金损失的原因是案外人利用临时身份证补办被上诉人银行预留手机SIM卡，从而获取上诉人发送的短信验证码成功进行网银交易，如本案存在过错也应为手机运营商而并非上诉人，原审法院却认定上诉人未尽到安全保障义务。综上，上诉人并无违反储蓄存款合同的行为，原审认定事实不清，适用法律错误。

被上诉人辩称，上诉人处的手机银行转账业务只能选择手机验证码加密码的双重保险方式，而无手机验证码、密码加电子密码器或U盾的三重保险方式，而且根据案外人的供述，上诉人的密码保护系统存在严重漏洞，况且，就对资金安全已经尽到了保护义务上诉人亦未提供有效证据证明；事发前后绝大多数时间均在国外，且并未出现异常消费的情况，可见被上诉人对涉案银行卡及账户信息已经尽其所能进行保护，上诉人亦无证据证明被上诉人存在过错。因此，上诉人对被上诉人的资金安全未尽到安全保障义务，应当承担相应的违约责任，请求二审法院驳回上诉，维持原判。

一审法院认定事实如下：被上诉人系上诉人储户，持有卡号为×××××××××××××的借记卡一张。2016年3月2日，被上诉人上述借记卡发生三笔转账，金额分别为50,000元、50,000元及46,200元，共计146,200元。转入户名均为石某源，卡号：×××××××××××××××××，转入行：中国农业银行。

2016年5月30日，被上诉人父亲徐乙至上海市公安局青浦分局经侦支队报警并取得《受案回执》。当日，上海市公安局青浦分局经侦支队向被上诉人发送沪公（青）立告字（2016）3923号《立案告知书》，告知被上诉人徐甲被信用卡诈骗案决定立案。

2016年4月29日，福建省福清市公安局出具融公（刑侦）捕字（2016）00066号《逮捕证》，载明：经福清市人民检察院批准，兹由我局对涉嫌盗窃罪的谢某1执行逮捕，送福清市看守所羁押。

2016年5月18日，福建省福清市公安局刑侦大队向犯罪嫌疑人谢某1制作《讯问笔录》。

---

① 案例来源于上海市第一中级人民法院（2017）沪01民终9300号。

2016 年 6 月，福建省福清市公安局出具《呈请案件侦查终结报告书》，载明：……2016 年 3 月 2 日，此次作案由谢某 1 负责转账取款，上家负责提供信息、补卡，此次谢某 1 盗刷了周某霁、徐甲、汪某等人银行卡内存款共计 400,700 元……

2016 年 6 月 22 日，福建省福清市人民检察院向被上诉人发送《被害人诉讼权利义务告知书》，载明：犯罪嫌疑人谢某 1、谢某 2 等 3 人盗窃案一案，已由福清市公安局移送审查起诉……承办人周某玲。

二审期间，双方当事人均未提交新的证据材料。

法律问题

1. 上诉人（原审被告）招商银行股份有限公司上海延西支行应否承担被上诉人（原审原告）徐甲遭受的伪卡盗刷损失 146,200 元及利息损失？

2. 上诉人主张手机运营商在本案中存在过错应当承担赔偿责任的主张是否成立？

法理分析

1. 上诉人应承担该损失

被上诉人向上诉人申请办理借记卡，由此上诉人、被上诉人形成储蓄存款合同法律关系，该合同关系合法有效，应当受到法律的保护。《中华人民共和国商业银行法》第六条规定："商业银行应当保障存款人的合法权益不受任何单位和个人的侵犯。"在储蓄存款合同关系中，上诉人作为商业银行对作为存款人的被上诉人，具有保障账户资金安全的法定义务。首先，涉案交易发生于 2016 年 3 月 2 日，被上诉人经福建省福清市警方通知后于同年 5 月 30 日向上海市青浦区警方报案。根据警方提供的受案回执、立案告知书、诉讼权利义务告知书、逮捕证、讯问笔录、侦查终结报告书等材料表明：不法侵害发生的原因并非被上诉人未尽基本的注意义务，而是犯罪嫌疑人谢某 1 盗刷所致，故本案交易系非被上诉人本人操作的伪卡交易。其次，法院注意到，2016 年 3 月 2 日发生盗刷后，被上诉人迟至 5 月 30 日方向警方报案虽有不妥，但所幸 3 月 2 日—5 月 30 日并未再发生其他盗刷，被上诉人亦没有自行承担损失扩大之可能。再次，上诉人作为借记卡的发卡行及相关技术、操作平台的提供者，在其与储户的关系中明显占据优势地位，其应承担伪卡的识别义务。相对于消费者而言，发卡行和金融机构拥有雄厚的资本和人力资源，能够采用更先进的芯片和密码技术，能够进一步规范安全操作流程。而消费者除了妥善保管银行卡和密码之外，没有任何防范风险的能力。[1] 上诉人作为借记卡的发卡行及相关技术、设备和操作平台的提供者，应当对交易机具、交易场所加强安全管理，对各项软硬件设施及时更新升级，以最大限度地防范资金交易安全漏洞。尤其是，随着电子银行业务的发展，商业银行作为电子交易系统的开发、设计、维护者，也是从电子交易的风险中获得经济利益的一方，应当也更有能力采取更为严格的技术保障措施，以增强防范银行卡违法犯罪行为的

---

[1]　阳东辉：《论银行卡欺诈民事责任分配规则》，载《法学评论》2015 年第 6 期。

能力。上诉人在没有证据证明被上诉人存在违约或违法犯罪情形的前提下，理应先行向储户承担因银行安全系统漏洞及技术风险所形成的储户资金损失。对上诉人主张已尽到安全保障义务、被上诉人保管不善的抗辩理由不成立。

本案根据查明的事实，被上诉人涉案账户的资金损失，系因案外人谢某1非法获取被上诉人的身份信息、手机号码、取款密码等账户信息后，通过补办手机 SIM 卡截获上诉人发送的动态验证码，进而进行转账所致。而且，根据本案现有证据无法查明案外人谢某1如何获得交易密码等账户信息，上诉人亦未提供相应的证据证明账户信息泄露系因被上诉人没有妥善保管使用银行卡所导致，因此，就被上诉人自身存在违约行为应当由上诉人承担举证不能的法律后果。

2. 该主张不成立

上诉人主张，手机运营商在涉案事件中存在过错。然而，本案被上诉人提起诉讼的请求权基础为储蓄存款合同关系，手机运营商并非合同以及本案的当事人，手机运营商是否存在过错以及上诉人对被上诉人承担赔偿责任后，是否有权向手机运营商追偿，并非本案审理范围。综上，上诉人在储蓄存款合同履行过程中，对被上诉人账户资金未尽到安全保障义务，又无证据证明被上诉人存在违约行为可以减轻责任，上诉人对被上诉人的账户资金损失应当承担全部赔偿责任。

安全保障义务的原型是德国法上的交通安全义务。最初主要用于解决在道路等公共场所发生侵权行为后的责任归属问题。要求公共交通设施的所有人或管理人合理关照在其所有或管理的交通设施上通过的人。危险制造与控制理论是其法理基础，即"谁制造或控制风险，谁承担责任"的原则。[①] 对所有人、管理人科加这种义务的原因在于他们开启或持续了某种危险，而且他们原则上处于可以支配这种危险的地位，对这种危险比较熟悉，具有专业的知识或能力，可以控制危险的发生或消除危险的影响。我国学者对安全保障义务没有形成一致定义，关于该义务的性质也众说纷纭，关于安全保障义务的性质主要有以下几种观点：一是约定义务或法定义务，二是基础义务或附随义务，三是单一义务或双重义务。[②] 但实质内容基本一致，即在特定法律关系的当事人之间的一定限度的合理注意义务。储户无论是依据合同附随义务中的安全保障义务要求银行承担违约责任，还是依据《侵权责任法》中的安全保障义务要求银行承担侵权责任，都需要对银行安全保障义务范围的边界进行合理界定。同样，在因第三人侵权行为导致银行储户损失的案件中，亦应合理界定银行安全保障义务的边界，从而确定银行是否应当承担责任以及责任份额。[③]

除此之外，银行营业场所经营者的安全保障义务主要包括硬件方面的义务和软件方面的义务两个方面的内容，也就是说，经营者除了为服务对象提供安全可靠的硬件环境外，

---

① 曾维亮：《路径依赖视野下网上银行安全保障义务的理性之维》，载《广西政法管理干部学院学报》2012 年第 4 期。

② 麻锦亮、张丹：《论安全保障义务的性质》，载《云南大学学报（法学版）》2005 年第 5 期。

③ 孙学亮、尤瑞芹：《论银行的安全保障义务——以利用克隆银行卡盗窃为例》，载《天津商业大学学报》2013 年第 2 期。

还必须努力加强整个服务流程的安全控制，并为客户创建安全的软件环境。由于经营者承担的是积极作为义务，在客户受到第三人侵权，而经营者不履行安全保障义务时，经营者应当承担民事责任。[1]

但是，银行的安全保障义务不应超过其防范、控制危险或损害行为的能力，银行应有的技术水平检测不到客户存款存在风险时，客户存款被盗的损失就不应完全由银行承担。若要防止或减少银行经营场所侵权案件的发生，到银行存款、取款等人员在维护自身安全上也负有观察、注意、自我保护的自警义务。[2]

思考题

案例一[3]　上诉人中国工商银行股份有限公司南京新门口支行（以下简称工行新门口支行）因与被上诉人宋某借记卡纠纷一案，不服南京市鼓楼区人民法院（2015）鼓商初字第1972号民事判决，向江苏省南京市中级人民法院提起上诉。

宋某一审诉称：2015年8月5日凌晨2时许，其持有的工商银行工资卡在ATM机被取现六次，金额合计14,000元，同时被扣收手续费94元。当日6时许，宋某看到手机短信后，立即致电工商银行95588，并进行挂失、报警。后经向银行询问得知，取现地点为河南省驻马店市某乡农村信用社自动取款机。宋某认为，银行对其卡内的资金负有安全保障义务，其银行卡从未离身，一直在正常使用，其本人在2015年8月5日亦未进行任何取款或转账操作，故银行已构成违约，应对其损失承担赔偿责任。现请求判令工行新门口支行赔偿损失14,094元，并承担本案的诉讼费用。

工行新门口支行一审辩称：宋某申请开立账户时，双方约定使用密码进行交易即视为本人交易，涉案款项系通过正确的密码取出，银行已经尽到付款义务；案涉交易发生后，宋某有足够的时间在驻马店与南京之间往返，现有证据不足以证明银行卡系被盗刷；公安机关已对本案进行立案侦查，依法应驳回宋某的起诉，将案件移送公安机关处理或依法中止审理；本案如涉及盗刷，显然系宋某泄露了密码信息，其应对未能妥善保管密码承担责任；受理银行卡交易的是信用社，在盗刷的情况下未能尽到识别伪卡义务的主体也是信用社，工行新门口支行对系统外的机构及设备没有管理职责和义务，不存在过错。综上，请求驳回宋某的诉讼请求。

一审法院经审理查明：2012年6月19日，宋某在工行新门口支行申请办理借记卡（牡丹灵通卡）一张，卡号为62220243010×××××××。《中国工商银行借记卡章程》第七条规定"申请借记卡必须设定密码。持卡人使用借记卡办理消费结算、取款、转账汇款等业务须凭密码进行（芯片卡电子现金除外）。凡使用密码进行的交易，发卡银行均视为持卡人本人所为。依据密码等电子信息办理的各类交易所产生的电子信息记录均为该项交易的有效凭证。持卡人须妥善保管借记卡和密码。因持卡人保管不当而造成的损

---

① 肖波：《论银行经营者对客户的安全保障义务》，载《江西财经大学学报》2005年第4期。
② 孟德忠、孙瑞强：《浅谈银行安全保障义务理论与实施》，载《现代经济信息》2011年第16期。
③ 案例来源于江苏省南京市中级人民法院（2016）苏01民终116号。

失，发卡银行不承担责任……"该条规定系小号字体，与其他条款字体相同，无明显区别。

2015年8月5日凌晨，宋某上述卡内资金在河南省驻马店市一农村信用社自动取款机上被取款六次，金额合计14,094元（含手续费94元）。

2015年8月5日9时54分，宋某因银行卡被吞没在工商银行办理了吞没卡领取手续。当日9时57分，宋某向南京市公安局鼓楼分局中央门派出所报案，称其工商银行工资款被人盗刷14,000元。当日10时9分许，中央门派出所民警对宋某做了询问笔录。同时，该所作出鼓公（央）立字（2015）9226号立案决定书，对宋某银行卡内人民币被盗窃案立案侦查。

另查明，宋某系中国人民解放军某部队战士。审理中，该部队向法院出具证明一份，主要内容为宋某在2015年8月5日2时18分至8时一直在南京市钟阜路1号的单位，从未外出。

宋某对事发经过陈述如下：其在2015年8月5日早上发现手机短信后立即上报了单位领导，并致电工商银行客服挂失。客服工作人员告知取款地点在河南省驻马店市，等银行开门后再办理相关手续。此后，其在办理挂失手续时，因已经办理过电话挂失，银行卡被吞没，所以又办理了取卡手续。在银行办理完手续后，又向中央门派出所进行报案。

一审审理中，工行新门口支行未提交证据证实宋某具有泄露密码或授权他人使用涉案银行卡的证据，亦未提交证据证实宋某在2015年8月5日有往返驻马店、南京的行为。

一审法院判决：中国工商银行股份有限公司南京新门口支行于判决生效之日起十日内赔偿宋某损失14,094元。一审案件受理费150元，减半收取75元，由中国工商银行股份有限公司南京新门口支行负担。

宣判后，工行新门口支行不服一审判决，向江苏省南京市中级人民法院提起上诉，请求二审法院撤销一审判决，依法改判驳回宋某的全部诉讼请求。事实和理由：1. 一审判决将诉争交易认定为伪卡盗刷，缺乏事实依据。宋某提供的《证明》不能证明宋某的银行卡在交易发生时就在其身边，案涉交易发生后，宋某有足够的时间在驻马店与南京之间往返，现有证据不足以证明银行卡系伪卡盗刷。伪卡盗刷属于刑事认定范畴，需要排除合理怀疑才能认定。2. 公安机关已对本案进行立案侦查，依法应驳回宋某的起诉，将案件移送公安机关处理或依法中止审理。3. 即使本案涉及伪卡盗刷，一审判决认定银行承担全部责任也没有合法依据。宋某申请开立账户时，双方约定使用密码进行交易即视为本人交易，涉案款项系通过正确的密码取出，如涉及盗刷，显然系宋某泄露了其保管的卡片及设定的密码信息，在宋某未能证明银行导致其密码泄露的情况下，宋某应当承担相应责任。一审法院罔顾持卡人对卡片尤其是自己设定密码的严格谨慎管理义务，认定银行承担全部责任，没有事实依据。

被上诉人宋某答辩称：一审判决认定事实清楚，适用法律正确，请求驳回上诉，维持原判。

二审法院经审理查明：一审法院查明的事实属实，依法予以确认。

法律问题：

1. 诉争的交易是否属于伪卡交易？

2. 本案是否应当中止审理？

3. 关于宋某存款损失的责任如何承担？

案例二　2020 年 7 月 5 日，原告新和服务公司为偿付某食品加工部货款，签发金额为人民币 1000 元的中国银行上海分行的转账支票一张，未记载收款人名称就交付了支票。7 月 7 日，有人持该支票到被告饲料厂购买饲料，此时，该转账支票的大小写金额均为人民币 10,000 元，并且未做任何背书。被告饲料厂收下该支票当日，在背书人与被背书人栏内盖下自己的印章作为背书，再以持票人身份将支票交给中国银行甲支行某营业所，由该所于当日通过中国银行乙支行某营业所从原告新和服务公司银行账户上划走人民币 10,000 元，转入被告饲料厂账户。同年 7 月底，原告新和服务公司与开户银行对账时，发现账上存款短缺 9000 元，经双方核查，发现该转账支票金额与存根不同，已被改写。经协商无果，原告新和服务公司向法院起诉，请求确认票据无效，并判令饲料厂承担经济损失 9000 元；支票有明显涂改痕迹，被告中国银行甲支行、乙支行未按规定严格审查，错划款项，应承担连带责任。被告中国银行甲支行、乙支行辩称：银行对转账支票的审核手续为印鉴是否相符、日期是否有效以及大小写金额是否一致，经审查该三要素符合。而发生存根与原件不一致的情况，银行不负责任。

法律问题：

1. 该转账支票是否有效？为什么？

2. 被告饲料厂能否享有票据权利？请说明法律依据。

3. 本案法律责任如何承担？请说明理由。

案例三　深圳发展银行从 2016 年 3 月至 2017 年 4 月，通过其下属公司深发地产公司、升祥投资公司、建昭投资公司的三个账户大量买卖深发展股票。另外，深圳发展银行通过深发展证券部在 2013 年至 2017 年 4 月间，累计投入资金 3 亿元，总计买入深发展股票 3600 万股，操纵股票价格，非法获利 9300 万元。深发展证券部为非独立法人，是深圳发展银行下属的经营单位。深发展证券部买卖深发展股票的资金来源主要是使用深圳发展银行的资金（含国债）1.68 亿元，以及深圳发展银行 2016 年向深发展证券部增补营运资金 9000 万元。

法律问题：

本案中的深圳发展银行有哪些违法违规行为？请指出来并说明法律依据。

案例四　某商场与一酒厂于 2020 年 11 月 6 日签订一份买卖合同，合同规定由该酒厂向商场供应普通白酒 12 万瓶，货款 10 万元，由该商场贴上某名牌酒厂的商标对外销售。商场为此开具一张 10 万元的汇票给酒厂，酒厂随后将该汇票背书转让给个体户张某用以支付购买粮食等原料的货款。张某收到汇票后将汇票变造为 40 万元背书转让给某工程队，以支付工程队为其建造种养场的工程款。工程队再次背书将汇票转让给建筑材料供应商，该供应商向付款人提示承兑时，被付款人以该汇票为变造为由加以拒绝，并作成拒绝证书。之后供应商又将汇票背书转让给 A 商人，A 商人在请示承兑时，同样被付款人以该汇票被变造为由加以拒绝。A 商人为此准备行使追索权。此时，商场因酒厂未能全数交付白酒而发生纠纷。

法律问题：

1. 该买卖合同是否有效？应如何处理？

2. 买卖合同的效力是否会影响由此而产生的票据关系？

3. A 商人可以向哪些人行使追索权？设 A 商人向供应商行使追索权，其可追索的费用包括哪些？

4. 如何界定该票据关系当事人的责任？

第七章 保险法

一、违反保险法最大诚信原则纠纷案

📖 **案情简介 7-1①**

上诉人（原审原告）：刘某

被上诉人（原审被告）：中国太平洋财产保险股份有限公司吉安中心支公司（以下简称太平洋财保公司）

上诉人刘某因与被上诉人太平洋财保公司财产保险合同纠纷一案，不服安福县人民法院（2017）赣 0829 民初 1742 号民事判决，向江西省吉安市中级人民法院提起上诉。

刘某上诉请求：1. 撤销原审判决，改判太平洋财保公司支付刘某车辆损失款47,522元；2. 一、二审诉讼费由太平洋财保公司承担。事实和理由：1. 一审判决适用法律错误，根据双方签订的保险条款，本案事故发生造成的损失并不在保险人免责范围之内。2. 一审判决违反公平原则，对刘某有失公允，损害了刘某的合法权益。

太平洋财保公司辩称，刘某向保险公司报案所称的驾驶人与事故认定书的驾驶人不一致，毁灭了对事故认定的关键性证据，导致对于其驾驶人的实际状态，是否存在饮酒、醉酒及有无驾驶证无法认定。刘某没有依照诚实信用原则如实陈述，保险公司可以依据法律规定和责任免责条款规定不承担赔偿责任。

一审法院查明，刘某系赣 D×××××号小车的车主。2015 年 12 月 18 日，刘某在太平洋财保公司处投保了与本案有关的车辆损失险，保险金额/赔偿限额：71,000元。太平洋财保公司向刘某签发了神行车保系列产品保险单（保险单号：ANAC601ZH915B000××××）并附相关保险条款。保单载明：保险期间自 2015 年 12 月 19 日 00 时起至 2016 年 12 月 18 日 24 时止。保单"明示告知"一栏特别提醒："……3. 请您详细阅读所附保险条款，特别是加黑突出标注的、免除保险人责任部分的条款内容。"主要包括酒驾、无证驾驶等一些免责条款。2016 年 10 月 23 日 14 时 15 分许，刘某允许的驾驶人刘某甲驾驶被保险车辆赣 D×××××小轿车搭乘刘某甲之女刘某乙，沿安福县宜拿线由南往北行驶至南乡加油站附近路段时，因操作失误撞上道路左侧的树木，车辆发生侧翻，造成车辆受损、刘某乙受伤的道路交通事故。事故发生后，刘某甲遂电话通知刘某前往现场处理，并恰遇路人刘某丙路过事发地点帮忙报警和报险。刘某甲在保险公司出险人员及交警到达现

---

① 案例来源于江西省吉安市中级人民法院（2018）赣 08 民终 507 号。

场前带女儿刘某乙先行离开，前往医院检查。随后，太平洋财保公司出险人员赶到现场查勘并询问车辆驾驶人为谁，刘某谎称系其所开。2016 年 10 月 24 日，刘某及驾驶人刘某甲前往交警大队接受调查。陈述过程中，刘某承认实际驾驶人为刘某甲。安福县公安局交警大队遂于当日作出道路交通事故认定书，认定刘某甲负事故全部责任。因车辆受损产生47,522 元维修费，刘某向太平洋财保公司索赔，太平洋财保公司以报案所称的驾驶人与事故认定书上的驾驶人不一致为由拒赔。

二审中，当事人没有提交新证据。二审法院对一审查明的事实予以确认。

法律问题

太平洋财保公司应否对刘某承担保险赔偿责任？

法理分析

太平洋财保公司不应对刘某承担保险赔偿责任

《中华人民共和国保险法》（以下简称《保险法》）第五条规定，保险活动当事人行使权利、履行义务应当遵循诚实信用原则。保险合同是最大诚信合同，最大诚信原则要求当事人向对方充分而准确地告知有关保险的所有重要事实，不允许存在任何虚假、欺骗、隐瞒行为。该原则不仅体现在保险合同订立过程中，亦体现在合同的整个履行中。《中华人民共和国道路交通安全法》第七十条的规定"在道路上发生交通事故，车辆驾驶人应当立即停车，保护现场；造成人身伤亡的，车辆驾驶人应当立即抢救受伤人员，并迅速报告执勤的交通警察或者公安机关交通管理部门"。《保险法》第二十七条第三款的规定："保险事故发生后，投保人、被保险人或者受益人以伪造、变造的有关证明、资料或者其他证据，编造虚假的事故原因或者夸大损失程度的，保险人对其虚报的部分不承担赔偿或者给付保险金的责任。"告知义务实为保险立法者强加给投保人的"枷锁"。[1] 法律之所以规定事故发生后驾驶人、投保人的及时通知、如实告知义务，主要目的就是使交警部门、保险人能够对事故的性质、原因、损失程度等进行及时核定，在此基础上确定责任的承担。

在保险合同当中，各主体对订立保险合同所应掌握的信息存在程度上的差异，故为保证保险活动有序进行以及金融业的有序发展，要求保险活动所涉及的主体须承担相应的告知义务。[2] 告知义务的履行与保险人合同解除权的行使紧密相连。在因告知义务人未如实履行告知义务直接影响保险人是否做出承保或提高保险费率的意思表示时，在保险合同订立后保险人有权就该事实解除保险合同。告知义务的履行关系到保险人合同解除权的行使，若告知义务人未如实履行告知义务，直接影响保险人做出承保或提高保险费率的意思表示时，保险人有权在保险合同订立后就该事实解除保险合同。告知范围的确定需以"保险人据以估计危险的事实"为标准作为确定的基础，司法实践中，对重要事实的认定标准多以未如实告知事项"足以影响保险人决定是否承保或者提高保险费率"，而这一表

---

① 覃有土、樊启荣：《保险法学》，高等教育出版社 2003 年版，第 136 页。

② 潘红艳：《民法典与我国保险法中投保人如实告知义务的解释和适用》，载《中国保险》2021 年第 10 期。

述本身就存在很多不确定性。① 为了确定投保人如实告知界限，应基于最大诚信原则告知保险人"明知"的事项。

本案中，刘某甲驾驶保险车辆发生事故后，在其自身具备报险报警的情况下（从电话通知刘某到现场处理，并委托他人报警和报险的事实可知）未报险报警；而刘某到达现场后，明知自己并非事故发生时该车辆驾驶员且实际驾驶人已离开事故现场的情况下，谎称自己是实际驾驶人。刘某、刘某甲的上述违法、不诚信行为，客观上已导致无法检测驾驶员是否存在酒驾等情形，致使该事故的原因、性质等可能影响保险公司理赔责任的事由无法查清，这违反了保险最大诚信原则，对因此导致的客观事实无法查清的法律后果，投保人应自行承担，保险人有权拒赔。此外，刘某隐瞒事发时实际驾驶员身份的行为，亦与诚实守信的社会价值导向相背离。

二、撤销保险合同纠纷案

📖 **案情简介 7-2**

上诉人中国人民人寿保险股份有限公司海门市支公司（以下简称人寿保险海门公司）因与被上诉人徐某、张某、张某义撤销保险合同纠纷一案，不服江苏省海门市人民法院（2013）门商初字第 0441 号民事判决，向江苏省南通市中级人民法院提起上诉。

人寿保险海门公司一审诉称：2009 年 11 月，张某新隐瞒患慢性乙肝 20 多年和曾因肝硬化住院治疗的事实，以自身为被保险人向其投保终身寿险，后张某新因肝硬化病故。其认为张某新隐瞒事实投保的行为已构成欺诈，故要求撤销双方签订的保险合同。

徐某、张某、张某义一审辩称：投保时，保险公司未向张某新咨询健康状况，也未要求张某新在任何资料上对健康状况作说明，张某新的行为不构成欺诈；双方保险合同的成立至今已经超过两年，根据《保险法》的规定，保险公司不得请求解除合同。故法院应依法驳回人寿保险海门公司的诉讼请求。

一审法院查明如下事实：2009 年 11 月，张某新通过人寿保险海门公司的业务员陈某向人寿保险海门公司投保，人寿保险海门公司于当月 26 日向张某新签发《保险单》一份，内页共 20 页。第 1 页载明：险种为和谐人生终身寿险（万能型）（A 款），保险期满日终身，期交保险费 6000 元。第 3—10 页系保险条款，其中第 4.1 条明确说明与如实告知义务，其中两款载明："我们就您和被保险人的有关情况提出询问的，您应当如实告知。若您故意或重大过失未履行如实告知义务的，足以影响我们决定是否同意承保或提高保险费率的，我们有权解除合同"。第 7.1 条载明：本条款 4.1 条明确说明与如实告知的合同解除权在以下情况下不得行使，发生保险事故的，本公司承担给付保险金责任：（1）本公司在订立合同时已经知道您未如实告知的情况的；（2）自本公司知道有解除事由之日起，超过 30 日；（3）自本合同成立之日起超过 2 年的。第 12—15 页是投保单。其中第三部分是告知事项，在健康告知及说明事项中，第 6 项 E "是否现在患有或曾患有肝炎病

① 黄穗、张薇：《保险法上投保人如实告知之重要事实认定规则完善——艾珂羽诉长城人寿保险股份有限公司等人身保险合同纠纷案》，载《法律适用》2020 年第 24 期。

毒携带、肝硬化",与其对应的(否)栏内打钩。第四部分投保人、被保险人声明和授权栏,其中第1条"本人声明告知事项均真实、准确、完整,知晓本声明将成为保险人是否同意承保的依据。本人如有不实告知,保险人有权依法解除合同,并对合同解除前发生的保险事故不承担保险责任"。张某新在投保人、被保险人签名栏内签名。自2009年至2013年间,张某新共计缴纳保险费24,000元。

一审法院另查明,张某新有长达20年的乙肝病史,曾于2009年6月30日至7月6日入上海东方肝胆外科医院住院治疗,被诊断为肝硬化及乙肝病毒携带。2012年12月6日,张某新因肝硬化病故。徐某、张某、张某义系张某新的全部第一顺序继承人。

2013年5月,徐某、张某、张某义向人寿保险海门公司提出理赔申请。人寿保险海门公司于2013年5月16日知悉"张某新有20年左右的乙肝病史,曾于2009年6月30日至7月6日入上海东方肝胆外科医院住院治疗,被诊断为肝硬化及乙肝病毒携带",后于当月27日答复:已完成理赔,请领款24,000元。徐某、张某、张某义不同意人寿保险海门公司作出的处理方案,于2013年7月22日向一审法院提起诉讼,要求人寿保险海门公司支付保险金12万元。该案审理期间,人寿保险海门公司于2013年10月30日首次提出"要求撤销保险合同",随后提起本案诉讼。

💬 法律问题

人寿保险海门公司要求撤销保险合同的诉讼请求是否成立?为什么?

✍ 法理分析

人寿保险海门公司与张某新之间人身保险合同已经成立,人寿保险海门公司要求撤销保险合同的诉讼请求,缺乏法律依据

首先,张某新在投保时隐瞒相关病史和就医经历,未履行如实告知义务,人寿保险海门公司作为保险人可行使"解除合同"的权利,而非"撤销合同"的权利。1. 从法律适用角度看。原《中华人民共和国合同法》(以下简称《合同法》)第五十四条第二款规定:"一方以欺诈手段,使对方在违背真实意思的情况下订立的合同,受损害方有权请求人民法院变更或撤销。"原《中华人民共和国保险法》(以下简称《保险法》)第十六条第一款、第二款规定:"订立合同,保险人就被保险人的有关情况提出询问的,投保人应当如实告知。投保人故意或重大过失未履行如实告知义务的,足以影响保险人决定是否承保或提高保险费率的,保险人有权解除合同。"因投保人隐瞒病史和就医史,不履行如实告知义务,而导致保险人违背真实意思决定承保的,原《合同法》赋予保险人可行使撤销合同的权利,而《保险法》赋予保险人可行使解除合同的权利。根据后法优于前法、特别法优于普通法的一般原理,显然应优先适用颁布在后、且专门针对保险事务制定的《保险法》的相关规定。因此,本案应当适用《保险法》,《保险法》没有规定时适用原《合同法》。即便张某新故意未履行如实告知义务的行为符合原《合同法》第五十四条第二款规定的"欺诈",那么根据法律适用原则,本案仍应适用《保险法》。因为对于张某新的行为,《保险法》已赋予人寿保险海门公司相应的法律救济途径,保险合同的解除或

撤销均能引起免除保险人保险责任的法律后果，人寿保险海门公司怠于行使解除合同的权利后再行选择适用原《合同法》不符合法律规定。2. 从合同约定看。涉案《保险单》所附带保险条款第 4.1 条和第 7.1 条，以及投保单当事人声明栏内均明确约定，投保人或被保险人就健康状况不如实告知的，赋予保险人"解除合同"的权利。张某新在投保单上签字、人寿保险海门公司向张某新签发保险单，就意味着双方共同选择"保险人可行使解除合同的权利"。这样的约定，合同双方均应遵循。

其次，人寿保险海门公司行使解除合同的权利已经超过法律规定和保险条款约定的期限。张某新投保时未履行如实告知义务，即便是故意未履行如实告知义务，但保险合同和《保险法》中对该情形引起的法律后果均作了明确约定和规定，已赋予人寿保险海门公司在一定的期限内行使解除合同的权利，该期限为除斥期间。从合同约定看，保险条款第 7.1 条明确载明"自本公司知道有解除事由之日起，超过 30 日；自本合同成立之日起超过 2 年的，保险人不得解除保险合同"。本案的保险合同成立于 2009 年 11 月，人寿保险海门公司于 2013 年 10 月首次提出"撤销合同"，其间早已超过 2 年。从另一角度看，人寿保险海门公司于 2013 年 5 月得悉张某新未如实告知，但其在 2013 年 10 月才提出"撤销合同"，其间也已经超过 30 日。故现人寿保险海门公司要求解除合同，已超出合同约定期限。《保险法》第十六条规定，因投保人不履行如实告知义务而形成的合同解除权，自保险人知道有解除事由时起，超过三十日不行使而消灭。自合同成立之日起超过两年的，保险人不得解除合同；发生保险事故的，保险人应当承担赔偿或给付保险金的义务。本案中人寿保险海门公司未在保险合同订立后 2 年内提出解除合同，也未在知道解除事由之日起 30 日内行使解除权，故人寿保险海门公司即使要求解除合同，也已无法律依据。

三、保险合同免责条款效力纠纷案

📖 **案情简介 7-3**

上诉人（原审被告）：国华人寿保险股份有限公司（以下简称国华人寿公司）

被上诉人（原审原告）：郝某耀

被上诉人（原审原告）：王某兰

被上诉人（原审原告）：何某

被上诉人（原审原告）：郝某

上诉人国华人寿公司因与被上诉人郝某耀、王某兰、何某、郝某人身保险合同纠纷一案，不服北京市西城区人民法院（2020）京 0102 民初 5978 号民事判决，向北京市第二中级人民法院提起上诉。

国华人寿公司上诉请求：撤销一审判决，依法改判驳回郝某耀、王某兰、何某、郝某对我公司的全部诉讼请求，我公司无须赔付保险金，且诉讼费用由郝某耀、王某兰、何某、郝某承担。事实与理由：1. 一审判决认为国华人寿公司限制被保险人权益是不正确的。首先，本案涉案合同是健康保险合同，健康保险合同通常设有等待期条款用以平衡投保人与保险人的利益，等待期内患病被排除于理赔条件之外已成为行业惯例，并不限制投保人、被保险人等的利益；其次，疾病的发展是一个过程，不能用确诊与否把一个疾病进行分割，本案中被保险人在等待期内的症状其实就是确诊后疾病的表现，换言之，在等待期内就患了确诊后的疾病是客观事实；再次，保险合同无法穷尽症状与疾病之间的关系，不能也不可能要求保险合同明确症状与疾病的界限；最后，本案中我公司没有过度追溯被保险人身体状况的情况，因为被保险人从症状表现到投保时间、等待期间、确诊时间都是极度接近的，因此不存在限制被保险人权益的情形。2. 一审法院对于释义性条款的认定存在错误，认为第 7.5 条的释义对保险条款第 2.4 条进行了限缩性解释故而认定该条款无效是错误的，因为第 7.5 条是对名词的解释，当然会有不同的理解，而且释义性条款并不要求有字体上的特殊要求，第 7.5 条所解释的第 2.4 条已经做了特殊字体的提示，足以说明我公司已经履行了法定的提示义务，不能认定第 7.5 条无效。3. 一审法院认为被保险人在等待期限届满后确诊所以应该理赔是错误的，因为合同条款明确要求，理赔条件是等待期届满确诊以及初次发生，本案中被保险人在等待期内就初次发生疾病，因此未达到理赔条件。

郝某耀、王某兰、何某、郝某同意一审判决，不同意国华人寿公司的上诉请求。首先，人的身体状态是随时变化的，而疾病起初是通过患者的自述来诊断的，最终还是要靠专业的病理分析，因此我们认为等待期内是没有确诊的，我们符合理赔条件；其次，保险合同中的等待期条款属于霸王条款，这长达三个月的等待期实际上把承保年限缩短成了 9 个月，这是对被保险人利益的损害，而且该保险系通过网络销售，第 7.5 条暗含了保险公司免责的内容，希望二审法院酌情考虑。

郝某耀、王某兰、何某、郝某向一审法院起诉请求：1. 判令国华人寿公司赔偿保险金 400,000 元、利息损失（自 2018 年 9 月 12 日起按照中国人民银行同期贷款基准利率标准计算至实际支付之日止）；2. 判令国华人寿公司承担本案诉讼费用。

一审法院认定事实：1. 郝某庆之父为郝某耀，郝某庆之母为王某兰。郝某庆与何某于 2010 年 8 月 12 日登记结婚，于 2015 年 4 月 8 日育有一女郝某。郝某耀、王某兰、何某、郝某一致确认，郝某庆生前未立遗嘱，无其他继承人。郝某耀、王某兰、何某、郝某同意对涉案保险金平均分配。2. 郝某庆向国华人寿公司投保，国华人寿公司予以承保并向其出具《电子保险单》，该保险单记载：（1）保险合同号 882890107619××××；生成时间 2018 年 1 月 22 日零时、生效日期 2018 年 1 月 23 日零时；投保人郝某庆、被保险人郝某庆，未指定受益人。（2）保险产品名称：爱相随重疾轻症保险，具体险种情况为：①险种名称国华 2 号重大疾病保险 C 款、保险责任重大疾病保险金、保险期间 1 年、保险金额 400,000 元、保险费 912 元；②险种名称国华华安轻症疾病保险、保险责任轻症疾病保险金、保险期间 1 年、保险金额 100,000 元、保险费 163 元。3. 国华 2 号重大疾病保险 C 款条款中与本案争议相关的条款主要约定如下：（1）保险责任（第 2.4 条）。①等待期：首次投保时，被保险人在本合同生效之日起 90 天内因意外伤害事故以外的原因患本合同约定的重大疾病，保险人不承担给付保险金的责任。保险人退还投保人合同已交保险费，合同终止。这 90 日的时间称为等待期。如被保险人在等待期后发生本合同约定的保险事故，保险人按照合同约定给付重大疾病保险金。本案中，郝某庆系首次投保，保险合同生效日期为 2018 年 1 月 23 日零时，等待期届满之日为 2018 年 4 月 22 日 24 时。②重大疾病保险金："被保险人初次发生（见第 7.5 条）并被医院（见第 7.6 条）的专科医生

（见第7.7条）确诊为本合同约定的重大疾病，我们按照本合同基本保险金额给付重大疾病保险金，合同终止。"释义第7.5条初次发生："指被保险人首次出现重大疾病的前兆或异常的身体状况，包括与重大疾病相关的症状及体征。"该条款系一般字体显示，与其他条款在外观上无显著区别。（2）受益人及保险金。①受益人：除另有约定外，本合同各项保险金的受益人均为被保险人。②保险金给付：国华人寿公司在收到保险金给付申请书及合同约定的证明和资料后，将在5日内作出核定；情形复杂的，在30日内作出核定。对于属于保险责任的，在与受益人达成给付保险金协议后10日内履行给付保险金义务。国华人寿未及时履行给付保险金的，除支付保险金外，应当赔偿受益人因此遭到的损失。（3）明确说明与如实告知：对保险条款中免除国华人寿责任的条款，国华人寿公司在订立合同时应当在投保单、保险单或其他保险凭证上作出足以引起郝某庆注意的提示，并对该条款的内容以书面或口头形式作出明确说明，未作提示或者明确说明的，该条款不产生效力。（4）重大疾病：含恶性肿瘤在内的25种重大疾病。4.根据河北医科大学第一医院出具的病历材料记载：2018年4月10日郝某庆在该院进行了血常规检查及腮腺及下颌彩超，医院诊断：腮腺炎，颈部淋巴结炎。2018年4月17日、18日、19日，郝某庆在该院经超声检查等，其中超声提示：腹腔多发肿大淋巴结、腹腔积液。2018年4月22日，郝某庆前往首都医科大学北京朝阳医院（以下简称朝阳医院）血液科就诊，郝某庆该日的门诊病历记载，主诉：淋巴结肿大10天；现病史：近期上感病史。10天前出现淋巴结肿大、伴皮疹，无明显疼痛；初步诊断：淋巴结肿大、皮疹、淋巴结炎；处理：建议尽快取淋巴结活检，患者自行去肿瘤医院取活检。2018年4月25日至5月8日，郝某庆在朝阳医院感染微生物科住院治疗，出院主要诊断为血管免疫母细胞性T细胞淋巴瘤。2018年5月15日至2018年6月22日，郝某庆在北京大学国际医院住院治疗，出院诊断为：非霍奇金淋巴瘤Ⅳ期、外周T细胞淋巴瘤……2018年6月22日至2018年7月4日，郝某庆在中国医学科学院阜外医院住院治疗，临床诊断为非霍奇金淋巴瘤、外周T细胞淋巴瘤……2018年7月4日至2018年7月7日，郝某庆在北京大学人民医院住院治疗，出院诊断为非霍奇金淋巴瘤Ⅳ期（外周T细胞淋巴瘤）等。2018年7月9日，郝某庆于民航总医院病故。庭审中，国华人寿公司认可郝某庆患"非霍奇金淋巴瘤"系合同中约定的"重大疾病"之"恶性肿瘤"。5.2018年7月26日，何某向国华人寿公司提交理赔申请。2018年9月12日，国华人寿公司做出理赔决定：不予给付理赔金，合同继续有效，原因为本次理赔申请不符合约定的保险金给付条件。以上事实，有双方当事人陈述以及庭审笔录在案佐证。

二审补充查明，郝某庆系通过互联网签订的电子投保合同，保险公司未有人员就合同条款包括格式条款向其进行解释或提示说明。

法律问题

1. 本案保险合同是否已经生效？
2. 保险合同中"等待期内初次发生本合同约定的重大疾病"的免责条款是否有效？
3. 国华人寿公司应否承担履行给付保险金的义务？

📝 法理分析

1. 本案保险合同合法有效

郝某庆向国华人寿公司投保人身保险，国华人寿公司同意了郝某庆的投保并向其签发了保险单，双方签订保险合同。郝某庆与国华人寿公司签订的保险合同系双方当事人的真实意思表示，内容不违反法律、行政法规的强制性规定，合法有效，各方当事人依据合同约定享有权利、承担义务。

2. 我国理论界对于免责条款范围界定问题存在争议

对于 2002 年《保险法》中的免责条款，有学者认为免责条款应当包括保险条款中除外条款、标准条款之外的其他合理限制保险人责任的条款和一般合同中存在的、对对方不利的不合理条款。[①] 在 2009 年《保险法》修改免责条款名称为"免除保险人责任的条款"后，免除保险人责任的条款重新进行了界定，学者们对免责条款范围界定上有了明显扩大。有学者认为，免责条款应包括任何可以实质性免除或减轻保险人赔付责任的条款，包括除外责任条款以及保险人可以援以终止、解除保险合同或减轻、免除保险责任的条款。[②] 2013 年，《最高人民法院关于适用〈中华人民共和国保险法〉若干问题的解释（二）》对免除保险人责任条款的范围作出了进一步规定。但随着市场经济的发展，保险合同中的免责条款呈现出多元化、模糊性、隐蔽性等特点，现有规定并不能有效解决现实问题。也有学者认为《保险法》司法解释（二）第九条第一款将"比例赔付或者给付"条款界定为明确说明的对象，实际上超出了"免除保险人责任的条款"的范畴。使明确说明义务的对象无限扩大，"免除保险人责任的条款"的界定也将丧失其应有含义。[③] 总体而言，学者对免责条款的范围的界定已经不局限于其字面意义上的解释，更倾向于将其与实际情况相结合，以更为灵活的方式来认定免责条款。

本案中，国华人寿公司对于郝某庆所患疾病属于保险合同约定的"重大疾病"，也即郝某庆在保险合同期内发生保险事故的事实并无异议，本案的争议焦点在于，保险事故发生时，合同约定的等待期是否已经届满，这涉及对保险条款释义项下第 7.5 条"初次发生"的解释与认定。保险条款释义项下第 2.4 条保险责任约定，等待期，您首次投保或非连续投保本保险时，被保险人在本合同生效之日起 90 日内因意外伤害事故以外的原因患本合同约定的重大疾病，我们不承担给付保险金的责任。我们向您退还本合同已交保险费，本合同终止。这 90 日的时间称为等待期。根据保险条款释义项下第 7.5 条约定，初次发生，是指被保险人首次出现合同约定的疾病的前兆或异常的身体状况，包括与本合同约定的疾病相关的症状及体征。对第 7.5 条，法院论述如下：

第一，保险条款中第 2.4 条保险责任"被保险人初次发生（见第 7.5 条）并被医

[①] 曹兴权：《反差与调适：保险人说明义务的履行——兼论〈保险法〉第 17、18 条的修改》，载《求索》2005 年第 1 期。

[②] 梁鹏：《新〈保险法〉下说明义务之履行》，载《保险研究》2009 年第 7 期。

[③] 陈群峰：《保险人说明义务之形式化危机与重构》，载《现代法学》2013 年第 6 期。

院（见第7.6条）的专科医生（见第7.7条）确诊为本合同约定的重大疾病，我们按照……"之约定，仅根据字面文义，一般人并无法对"初次发生"得出明确的、符合通常理解且不存在歧义之理解与解释。具体到第7.5条"初次发生指被保险人首次出现重大疾病的前兆或异常的身体状况，包括与重大疾病相关的症状及体征"之释义，该释义亦属于概括性、兜底性的描述，对于何种症状、体征或须经何种途径确认该症状、体征与所患重大疾病相关均无明确的界定标准。根据一般生活经验，自然人的身体状况是一个复杂体系，任何人均可能在某一时间段出现某种异常状况，大部分疾病均可能存在一个或长或短的发展过程，如保险人根据该释义对被保险人的身体状况进行追溯，则将在很大程度上免除自身的保险责任，进而排除投保人、受益人或被保险人的权利。

第二，保险条款第2.4条、第7.5条均属于由国华人寿公司提供的格式条款。格式条款，顾名思义，是指合同当事人一方为了将来与不特定多数当事人订约之用而预先拟定的，并在订立合同时未与对方协商的合同条款。① 保险经营的基本原理是聚集同类风险，运用大数法则进行运算，科学地厘定保险费率，因此不同种类的保险合同费用并不相同。保险合同条款通常以附合合同为主、以特别约定为辅。保险合同条款基本上都是格式条款。根据《中华人民共和国保险法》第十七条之规定，订立保险合同，采用保险人提供的格式条款的，保险人向投保人提供的投保单应当附格式条款，保险人应当向投保人说明合同的内容。对保险合同中免除保险人责任的条款，保险人在订立合同时应当在投保单、保险单或者其他保险凭证上作出足以引起投保人注意的提示，并对该条款的内容以书面或者口头形式向投保人作出明确说明；未作提示或者明确说明的，该条款不产生效力。第7.5条的释义对保险条款2.4保险责任条款进行了限缩性解释，故其虽然没有编排在条款的免责部分，但其内容实质上免除了保险人相应的责任，系隐性地免除保险人责任的条款，同时在一定程度上排除了投保人、受益人或被保险人依法享有的权利。此外，涉案保险合同中第7.5条系一般字体显示，国华人寿公司亦未有证据证明曾就该条款向郝某庆进行明确说明。故无论是从免责条款没有尽到明确说明义务层面，还是从《中华人民共和国保险法》第十九条规定的"提供格式条款一方免除其责任，加重对方责任、排除对方主要权利的，该条款无效"层面，该约定均不发生效力。

3. 国华人寿公司应当承担履行给付保险金的义务

本案中，根据双方提交的郝某庆在各医院的病历材料显示，虽然郝某庆在保险合同约定的等待期届满（即2018年4月22日）之前在医院进行过治疗，但均未确诊为涉案重大疾病"非霍奇金淋巴瘤"。庭审中，主张关于郝某庆确诊为"非霍奇金淋巴瘤"的时间，郝某耀、王某兰、何某、郝某为2018年5月14日，国华人寿公司主张为2018年5月10日，均在保险合同约定的等待期届满之后。综上，法院认定保险条款第7.5条不发生效力，郝某庆系在保险合同约定的等待期届满之后发生保险事故，国华人寿公司应当按照合同约定承担保险责任。另外，涉案保单未指定受益人，现被保险人郝某庆已经死亡，保险金应作为郝某庆的遗产，国华人寿公司应当按照《中华人民共和国继承法》的相关规定

---

① 苏号朋：《格式合同条款研究》，中国人民大学出版2004年版，第37页。

履行给付保险金的义务。

四、交通事故责任纠纷案

📖 案情简介 7-4①

再审申请人（一审被告、二审被上诉人）：天安财产保险股份有限公司重庆市万州支公司（以下简称天安保险公司）

被申请人（一审原告、二审上诉人）：牟某芬

被申请人（一审原告、二审上诉人）：陈某富

被申请人（一审被告、二审上诉人）：张某军

再审申请人天安保险公司因与被申请人牟某芬、陈某富、张某军交通事故责任纠纷一案，不服重庆市第二中级人民法院（2015）渝二中法民终字第 01947 号民事判决，向重庆市高级人民法院申请再审。

天安保险公司申请再审称：1. 对免责条款，保险单已经作出了特别提示说明，应为有效，保险人已尽到提示义务。2. 投保人张某军委托车行代买保险，不论保险合同是否是其亲笔签名，在其缴纳了保费且未提出任何异议的情况下，保险合同对投保人张某军生效。原二审法院认为投保人张某军仅收到保险单没有收到保险条款不符合事实。3. 张某军的醉驾行为已经违反《道路交通安全法》和《刑法》，原二审法院在张某军醉驾情况下判决申请人承担第三者责任险的赔偿责任，没有法律依据，社会效果恶劣。张某军驾驶的车辆未投保不计免赔险，交通事故中张某军承担主要责任，即使人民法院认定申请人应当在第三者责任险承保限额范围内赔偿，亦应当免除该部分赔偿责任。综上，请求撤销原二审判决第一、三、四项，改判申请人在第三者责任险限额范围内不承担责任。

牟某芬、陈某富辩称，天安保险公司陈述与事实不符，没有证据证实。张某军在车行买车时购买的保险，而天安保险公司陈述张某军委托车行代买的保险，这不符合事实，也不符合交易习惯。天安保险公司认为保险单和保险条款是一体的，不可能只收到保险单收不到保险条款，实际上天安保险公司的保险单和保险条款是分开的。原二审庭审中天安保险公司没有举示证据证实张某军收到了保险条款，人民法院才重新认定了事实。对于《保险法司法解释》（二）第三条的规定，天安保险公司对该条款做了牵强、错误的理解，该条款是成立生效的问题，并不是保险人的免责条款，不符合保险条款明确说明义务的要求，天安保险公司的理由不成立。张某军没有收到保险条款，天安保险公司进行提示和说明无从谈起。《保险法司法解释》（二）第九条的规定也应该视为是免责条款，这个条款天安保险公司也应该进行提示和明确说明，天安保险公司没有把条款给张某军，所以天安保险公司没有尽到提示和明确说明义务，亦应该对张某军无效。综上，请求维持原二审判决，驳回天安保险公司的再审请求。

张某军辩称，对于购买保险，被申请人是在车行买车就一并买了保险，两个月后才收到的保险单，但没有收到保险条款，天安保险公司亦没有证据证明被申请人收到保险条

---

① 案例来源于重庆市高级人民法院（2016）渝民再 168 号。

款，天安保险公司没有完成提示和明确说明义务。原一审中天安保险公司承认《营业用汽车保险投保提示事项确认书》和《保险单及附件确认签收单》上的签名不是张某军本人签名，实际上天安保险公司已认可就免责条款没有对被申请人进行提示和说明。因此，免赔条款对被申请人不产生效力。请求驳回天安保险公司的再审请求。

一审法院认定：本次交通事故的死者陈某明系牟某芬之夫、陈某富之父。川11-123××号中型拖拉机系张某军所有，并在天安保险公司投保交强险和第三者责任险（限额为10万元），未投保不计免赔险。投保车辆全部责任，保险公司免赔20%，主要责任保险公司免赔15%，次要责任保险公司免赔5%。

重庆市万州区人民法院于2015年1月23日作出（2015）万法民初字第00348号民事判决：1. 由天安财产保险股份有限公司重庆市万州支公司在交强险限额范围内赔偿牟某芬、陈某富医疗费、住院伙食补助费、护理费、死亡赔偿金、丧葬费、交通费、处理丧葬事宜误工费等12万元。2. 由张某军赔偿牟某芬、陈某富医疗费、住院伙食补助费、护理费、死亡赔偿金、丧葬费、交通费、处理丧葬事宜误工费等349,663.73元。3. 驳回牟某芬、陈某富的其他诉讼请求。上述款项在本判决生效后十五日内付清，如未按本判决指定的期间履行给付金钱义务，应当依照《中华人民共和国民事诉讼法》第二百五十三条之规定，加倍支付迟延履行期间的债务利息。案件受理费3002元，由牟某芬、陈某富负担300元，由张某军负担2702元。

牟某芬、陈某富不服一审判决，上诉请求：投保人张某军没有收到第三者责任险保险条款，没有证据证明天安保险公司就免责条款向投保人进行了提示，故天安保险公司应当在第三者责任险限额范围内承担10万元的保险赔偿责任。

张某军不服一审判决，上诉请求：上诉人仅收到保险单，没有收到保险条款，天安保险公司没有就免责条款进行提示，该免责条款无效，天安保险公司应当向牟某芬、陈某富支付保险赔偿10万元。

二审法院审理查明的事实与一审查明的事实相同。

二审法院认为，本案张某军否认《保险单及附件确认签收单》上的签名系其本人所签，庭审中张某军仅认可收到邮寄的保险单，没有认可收到保险条款，因此，现有证据不能证明天安保险公司将保险条款交给张某军并对免责条款作出提示，天安保险公司应当承担保险赔偿责任。牟某芬、陈某富、张某军提出天安保险公司承担第三者责任险赔偿责任的上诉理由成立，予以支持。

故重庆市第二中级人民法院于2015年12月7日作出（2015）渝二中法民终字第01947号民事判决：1. 撤销重庆市万州区人民法院（2015）万法民初字第00348号民事判决第二、三项；2. 维持重庆市万州区人民法院（2015）万法民初字第00348号民事判决第一项及诉讼费用的分担；3. 天安财产保险股份有限公司重庆市万州支公司在第三者责任险限额范围内赔偿牟某芬、陈某富医疗费、住院伙食补助费、护理费、死亡赔偿金、丧葬费、交通费、处理丧葬事宜误工费等10万元；4. 张某军赔偿牟某芬、陈某富医疗费、住院伙食补助费、护理费、死亡赔偿金、丧葬费、交通费、处理丧葬事宜误工费等259,663.73元；5. 驳回牟某芬、陈某富的其他诉讼请求。上述款项在本判决生效后十五日内付清，如未按本判决指定的期间履行给付金钱义务，应当依照《中华人民共和国民事诉讼法》第二百五十三条之规定，加倍支付迟延履行期间的债务利息。二审案件受理费 1800 元，由张某军负担。

另再审查明：

张某军购买川 11-123××号中型拖拉机时，通过向车辆出售方交纳保费并由车辆出售方代为在天安保险公司投保交强险和第三者责任险。

被保险人为张某军的天安保险公司《机动车保险单（正本）》有以下内容：机动车所有人张某军；厂牌型号黑豹 HB360TP 运输型拖拉机；号牌号码川 11-123××；新车购置价 38000 元；使用性质营运/个人；险别第三者责任险；保险金额 10 万元；保险期限自 2014 年 2 月 28 日零时起至 2015 年 2 月 27 日二十四时止；保费合计 1820.82 元；特别约定……本人已收到《营业用汽车保险条款》，并且仔细阅读，已充分理解条款的保险责任、责任免除及法律后果等规定，同意遵守并签署正式保单。明示告知：1. 本保险合同为不定值保险合同。2. 收到本保险单请即核对，保险单内容如与投保事实不符，立即通知本保险人采用批注或批单更改，其他方式的更改无效。超过 48 小时未通知，视为投保人无异议。3. 请详细阅读承保险种对应的保险条款，特别是责任免除和投保人、被保险人的义务，凡未在附加险条款中约定的（包括责任免除及其他事项），均以投保的基本险相应条款为准等。

被保险人为张某军的天安保险公司《机动车交通事故责任强制保险单（正本）》背面附有《机动车交通事故责任强制保险条款》，该条款第九条规定，被保险机动车在驾驶人醉酒的情形下发生交通事故，造成受害人受伤需要抢救的，对于符合规定的抢救费用，保险人在医疗费用赔偿限额内垫付。对于垫付的抢救费用，保险人有权向致害人追偿。

重庆市万州区公安局交通巡逻警察支队渝公交认字〔2014〕第 00208 号道路交通事故认定书对于本次道路交通事故"证据及事故形成原因"分析：张某军醉酒驾驶机件不符合标准的机动车上路行驶，且在行驶过程中没有确保安全，是造成本次事故的主要原因。

本案诉讼过程中，张某军否认天安保险公司提供的《营业用汽车保险投保提示事项确认书》《保险单及附件确认签收单》上的签名是其本人签名，认可在事后收到天安保险公司邮寄的机动车交通事故责任强制保险单及保险条款、机动车第三者责任险保险单及保费发票，但未收到第三者责任险保险条款。天安保险公司承认张某军的车辆保险是由车辆出售方代为办理，前述文件上"张某军"签名有可能不是张某军亲笔书写，但第三者责任险保险单和保险条款是粘贴在一起，张某军应该是收到的。且保险单上明确注明了请详细核对、阅读保险条款，其未在当时提出异议，亦说明张某军收到保险条款。

再审判决如下：

1. 撤销重庆市第二中级人民法院（2015）渝二中法民终字第 01947 号民事判决；
2. 维持重庆市万州区人民法院（2015）万法民初字第 00348 号民事判决。

💬 **法律问题**

1. 投保人张某军订立保险合同时没有亲自签字或者盖章，该保险合同是否已经生效？
2. 保险公司是否对第三者责任险"醉酒驾驶"的免责条款履行了法定的提示义务？

3. 天安保险公司应否承担交强险的赔偿责任？被保险人超出交强险部分的损失该如何赔偿？

📝 法理分析

1. 该保险合同已经生效

《最高人民法院关于适用〈中华人民共和国保险法〉若干问题的解释（二）》第三条第一款规定："投保人或者投保人的代理人订立保险合同时没有亲自签字或者盖章，而由保险人或保险人的代理人代为签字或盖章的，对投保人不生效。但投保人已经交纳保险费的，视为对其代签字或者盖章行为的追认。"张某军订立保险合同时没有亲自签字或者盖章，但其已经交纳保险费，视为对代签字或者盖章行为的追认，保险合同对张某军生效。

2. 提示义务的判断标准在立法和实践中没有统一的标准

基于保险实践，判断标准被划分为形式标准和实质标准。[①] 形式标准是以投保人是否在投保声明处签字为依据，投保人在投保声明处签字的行为能够证明保险人已经完成了说明义务。实质标准则有更高的履行标准，即当投保人已经完全理解了免责条款的内容和作用时，才能认定保险人已经履行了说明义务。在理论层面，说明义务判断标准被分为客观说和主观说。主观说，是以说明人的自我感觉为判断标准，客观说是以相对人对契约条款的理解为标准。客观说亦即客观标准，系以相对人是否理解契约条款内容及含义为标准，此处相对人又可细分为三种标准：一是投保人标准或个别标准，二是一般人标准或普通人标准，三是"理性的外行人标准"。[②] 客观说是学界的通说观点，大多数学者建议采用"理性的外行人标准"。考虑到保险人与投保人的利益平衡，亦有学者提出了"修正的一般标准"，即原则上以投保人所处阶层一般的人认识水平为标准，同时兼顾特定投保人的特殊个体状况，保险人若明知或应知特定的相对人的认识水平或理解能力低于一般人，则须以更大的勤勉予以解释、说明。[③]

根据《中华人民共和国保险法》第十七条第二款"对保险合同中免除保险人责任的条款，保险人在订立合同时应当在投保单、保险单或者其他保险凭证上作出足以引起投保人注意的提示，并对该条款内容以书面或者口头形式向投保人作出明确说明；未作提示或者明确说明的，该条款不产生效力。"及《最高人民法院关于适用〈中华人民共和国保险法〉若干问题的解释（二）》第十一条第一款："保险合同订立时，保险人在投保单或者保险单等其他保险凭证上，对保险合同中免除保险人责任的条款，以足以引起投保人注意的文字、字体、符号或者其他明显标志作出提示的，人民法院应当认定其履行了保险法第十七条第二款规定的提示义务。"的规定，本案中，虽然张某军否认天安保险公司提供的

---

① 马宁：《保险人明确说明义务批判》，载《法学研究》2015 年第 3 期。
② 樊启荣：《保险契约告知义务制度论》，中国政法大学出版社 2004 年版，第 315~316 页。
③ 于海纯：《保险人说明义务程度标准研究》，载《保险研究》2008 年第 1 期。

《营业用汽车保险投保提示事项确认书》《保险单及附件确认签收单》上的签名是其本人签名，亦否认收到第三者责任险保险条款，但认可收到天安保险公司机动车第三者责任险保险单及保费发票等手续，而该保险单上保险人以"特别约定""明示告知"等文字载明"本人已收到《营业用汽车保险条款》，并且仔细阅读，已充分理解条款的保险责任、责任免除及法律后果等规定，同意遵守并签署正式保单"及提醒被保险人"请详细阅读承保险种对应的保险条款，特别是责任免除和投保人、被保险人的义务"等内容，且张某军亦未对没有收到第三者责任险保险条款提出过异议，故可以确认保险人已经以足以引起投保人注意的文字作出提示，应当认定天安保险公司履行了《保险法》第十七条第二款规定的提示义务。

另外，《最高人民法院关于适用〈中华人民共和国保险法〉若干问题的解释（二）》第十条规定："保险人将法律、行政法规中的禁止性规定情形作为保险合同免责条款的免责事由，保险人对该条款作出提示后，投保人、被保险人或者受益人以保险人未履行明确说明义务为由主张该条款不生效的，人民法院不予支持。"饮酒驾车作为法律明文规定的禁止性情形，张某军应当了解饮酒驾驶车辆的含义及对社会的危害性，而不会对前述免责条款的理解发生歧义。因此，在天安保险公司对该禁止性规定情形作为保险合同免责条款的免责事由作出提示后，就已经达到了"明确说明"的要求，无须再进一步解释饮酒驾驶车辆的定义和法律后果，张某军应当知道醉酒驾驶车辆免赔。故张某军主张该免责条款不生效的理由不能成立，不予支持。

综上所述，天安保险公司在保险单上对免除保险人责任的条款，已履行提示义务。

3. 天安保险公司应在交强险责任限额范围内予以赔偿

本次交通事故已经重庆市万州区公安局交通巡逻警察支队渝公交认字〔2014〕第00208号道路交通事故认定书认定张某军承担本次交通事故的主要责任，陈某明承担次要责任，双方对该事故认定书无异议，予以确认。张某军系川11-123××中型拖拉机的所有人和驾驶人，结合本次交通事故形成原因确定其承担90%的赔偿责任。陈某明在本次事故中应负次要责任，牟某芬、陈某富应对本次交通事故发生的损失自行承担10%的责任。根据《中华人民共和国道路交通安全法》第七十六条的规定"机动车发生交通事故造成人身伤亡、财产损失的，由保险公司在机动车第三者责任强制保险责任限额范围内予以赔偿……"张某军所有的川11-123××中型拖拉机已在天安保险公司投保交强险，天安保险公司应在交强险责任限额范围内予以赔偿。张某军虽系醉酒驾驶，但根据《最高人民法院关于审理道路交通事故损害赔偿案件适用法律若干问题的解释》第十八条的规定，关于驾驶人醉酒的情形下发生交通事故，保险人在医疗费用赔偿限额内承担垫付责任，对于垫付的抢救费用，保险人有权向致害人追偿之规定，故天安保险公司赔偿后可向张某军行使追偿权。

超出交强险的部分损失，张某军所有的川ll-123XX号中型拖拉机虽在天安保险公司投保了第三者责任险，按第三者责任险保险条款约定"驾驶人饮酒、吸食或注射毒品、被药物麻醉后使用被保险机动车"等情形，保险公司不负责赔偿和垫付，张某军系醉酒驾驶，天安保险公司应免除第三者责任险的赔偿责任。如前所述，天安保险公司提供的第三者责任险条款就免责条款是加黑加粗的，已尽到特别告知义务。天安保险公司在第三者责任险限额范围内不承担赔偿责任。一审法院对本次交通事故的损失确认：死亡赔偿金为479,104元（25,216元/年×19年）、丧葬费25,003元、交通费500元、处理丧葬事宜误工费1,233元、医疗费14,801.60元、住院伙食补助费30元（30元/天×1天）、护理费100元（100元/天×1天）、尸检及乙醇检测费3500元，共计524,271.60元，由天安保险公司在交强险限额范围内赔偿牟某芬、陈某富死亡赔偿金、医疗费、丧葬费、交通费、处理丧葬事宜误工费等12万元；其余的死亡赔偿金、医疗费、丧葬费、交通费、处理丧葬事宜误工费、尸检及乙醇检测费等404,271.60元，由张某军赔偿牟某芬、陈某富363,844.44元（404,271.60×90%），扣除张某军垫付的丧葬费800元、医疗费9880.71元、尸检及乙醇检测费3500元等共计14,180.71元，实付牟某芬、陈某富349,663.73元；牟某芬、陈某富自行负担40,427.16元（404,271.60×10%）。

五、保险人代位求偿权纠纷案

📖 **案情简介 7-5**①

上诉人（原审原告）：中国太平洋财产保险股份有限公司上海分公司（以下简称太平洋财产保险公司）

被上诉人（原审被告）：张某

上诉人太平洋财产保险公司因与被上诉人张某保险人代位求偿权纠纷一案，不服上海市徐汇区人民法院作出的（2021）沪0104民初1365号民事判决，向上海金融法院提起上诉。

上诉人太平洋财产保险公司提出上诉请求：1.请求撤销一审民事判决，依法改判支持太平洋财产保险公司一审中的全部诉讼请求；2.本案一审、二审诉讼费用由张某负担。事实与理由：第一，根据《中华人民共和国保险法》（以下简称《保险法》）第六十条规定，太平洋财产保险公司向机动车一方即被保险人吴某赔偿后，吴某将追偿权利转让给太平洋财产保险公司，太平洋财产保险公司获得代位求偿权，有权向张某追偿。保险人代位求偿权是法定请求权，目的是避免侵权人在被保险人获得保险金的情况下逃脱责任，削弱2009年《中华人民共和国侵权责任法》（以下简称《侵权责任法》）对侵权人的威慑和约束。一审法院忽略了《保险法》第六十条规定，判决张某不承担责任，与法有悖。第二，涉案道路交通事故认定书认定，张某作为非机动车、行人（以下统一称为非机动车一方）在交通事故中负同等责任，一审法院判决张某不承担责任，与理不合。第三，根据《侵权责任法》第六条规定，张某作为非机动车一方存在过错且造成机动车一方权益受损，应当承担侵权责任。根据《中华人民共和国道路交通安全法》（以下简称《道路交通安全法》）第七十六条规定，一审法院判决也未减轻机动车一方的赔偿责任，属于机械适用《道路交通安全法》，适用法律有误。第四，一审法院判决非机动车一方无需承担责任，助长了非机动车一方无视交通规则的社会风气，对社会公共秩序

---

① 案例来源于上海金融法院（2021）沪74民终933号。

产生负面影响。

被上诉人张某辩称，不同意太平洋财产保险公司的上诉请求。第一，一审法院严格适用《侵权责任法》《道路交通安全法》的规定，在法律未明确规定非机动车一方对机动车一方损失承担赔偿责任的前提下，非机动车一方并非赔偿义务主体，保险人不能通过代位机动车一方要求非机动车一方赔偿财产损失，这并非非机动车一方逃避责任。第二，太平洋财产保险公司所主张的《侵权责任法》第六条不适用本案，根据《侵权责任法》第四十八条规定，本案基础法律关系为道路交通事故责任纠纷，应当适用《道路交通安全法》相关规定。而《道路交通安全法》第七十六条规定了机动车一方对非机动车一方的赔偿问题，并未规定非机动车一方对机动车一方的赔偿责任，即该条规定的赔偿指向是单一的，不是双向的，非机动车一方非该条规定的赔偿义务主体。这并非法律规定的漏洞，而是体现非机动车一方优于机动车一方的现代文明准则，体现人身权优于财产权的法律价值。第三，张某在非机动车道逆向行驶，主要会对其他非机动车造成影响，因此在本次事故中，张某的逆向行驶不是事故的主要原因，而根据相关交通规则，机动车一方应优先让行非机动车一方，此外，相较于机动车一方，非机动车一方明显处于弱势地位，在事故发生后的民事责任承担时，机动车一方应承担更重的责任。因此，本案中机动车一方吴某应该承担事故主要责任。第四，张某在本次事故中发生人损、车损后未得到吴某及太平洋财产保险公司的任何赔偿，反而陷入被追偿机动车一方损失的诉讼中，现机动车一方未实际承担任何赔偿责任，张某作为非机动车一方亦不需要承担任何赔偿责任。第五，根据"优者危险负担"原则，机动车一方应承担更大的注意义务和更高的避险责任，且机动车一方往往购买责任保险降低了自身承担赔偿责任的风险，若不对其加以约束，可能造成重大安全问题，甚至影响到弱势群体的生命安全，若简单按照交通事故责任比例确定民事赔偿比例，甚至出现人命抵不过财产，非机动车一方还要倒赔机动车一方的极端情况。因此，一审查明事实清楚，适用法律正确，请求维持原判，驳回太平洋财产保险公司的上诉。

太平洋财产保险公司向一审法院起诉请求：1. 判令张某支付太平洋财产保险公司赔款共计人民币6045元（以下币种均同）及逾期利息（以6045元为本金，按中国人民银行同期贷款利率自2019年3月9日起算至判决生效之日止）；2. 判令张某承担本案的诉讼费。

一审法院经审理查明，认定如下事实：案外人吴某所有的沪B×××××车辆在太平洋财产保险公司处投保车辆强制险和机动车损失保险，保险期限为2018年10月26日起至2019年10月26日止，机动车损失保险金额为268,192元。2019年1月28日上午11:45，吴某驾驶沪B×××××车辆在××路××路以东约150米处向右转弯，与骑行电动自行车逆向行驶的张某发生碰撞，双方车辆均有不同程度损坏，张某腿部受轻微伤。经上海市×××徐汇××支队认定，吴某、张某在事故中负有同等责任。

事故发生后，吴某就其机动车在上述事故中的损失在车辆损失险范围内向太平洋财产保险公司索赔，太平洋财产保险公司支付理赔款12,090元。吴某向太平洋财产保险公司出具权益转让书，将向张某请求赔偿的权利转让太平洋财产保险公司。一审法院审理中，太平洋财产保险公司表示按照×××责任认定的比例，张某应当承担50%的损失即6045元。

一审法院判决：驳回太平洋财产保险公司的诉讼请求。一审案件受理费减半收取 25 元，由太平洋财产保险公司负担。

二审中，双方当事人均没有提交新证据。二审法院对一审查明的事实予以确认。

法律问题

在吴某驾驶机动车与张某驾驶非机动车相撞并负同等责任的情况下，太平洋财产保险公司向吴某理赔后，可否行使保险人代位求偿权，向张某请求赔偿吴某的车辆损失？

法理分析

张某对被保险人吴某的车损不负有赔偿责任，故太平洋财产保险公司不能向张某行使保险人代位求偿权

主要理由如下：

①保险人行使本案中的代位求偿权应以相应基础法律关系中的民事赔偿责任成立为前提。保险代位求偿权是指财产保险领域之中，自保险人依合同赔付合同相对方因第三者损害保险保护标的造成的损失后，即享有向该第三者主张请求之权利。① 我国《保险法》第六十条对此权利亦有所规定，该权利本质源于法定债权转移理论。

关于太平洋财产保险公司行使保险人代位求偿权应当满足何种前提条件，太平洋财产保险公司认为，为避免侵权人在被保险人获得保险金的情况下逃脱责任，在其向机动车一方即被保险人吴某赔偿后，获得了作为法定请求权的保险人代位求偿权，有权向张某追偿。张某认为，在法律未明确规定非机动车一方对机动车一方损失承担赔偿责任的前提下，保险人不能通过代位机动车一方要求非机动车一方赔偿财产损失。保险人代位求偿权，是指在以损失填补为目的的保险中，保险人赔偿被保险人的损失后所取得的，原由被保险人享有的，依法向负有民事赔偿责任的第三者请求赔偿的权利。保险人向被保险人赔偿保险金是基于投保人支付保险费而承担的保险合同责任，但为避免被保险人从保险人及第三者处双重受偿并防止第三者逃脱责任，法律赋予保险人相应减少理赔损失的法定权利。《保险法》第六十条第一款规定："因第三者对保险标的的损害而造成保险事故的，保险人向被保险人赔偿保险金之日起，在赔偿金额范围内代位行使被保险人对第三者请求赔偿的权利。"因此，保险人代位求偿权具有请求权法定转让属性，一旦保险人基于保险合同向被保险人赔付保险金，保险人即依法取得代位被保险人向负有赔偿责任的第三者请求赔偿的权利，该转让行为不因被保险人的意志而阻却。但是，根据上述法律规定，该权利的取得是以被保险人具有对第三者请求赔偿的权利为前提，且该权利的范围受限于保险人的赔偿金额范围。本案中，太平洋财产保险公司对张某是否享有保险人代位求偿权，应以涉案交通事故中作为机动车一方的吴某对作为非机动车一方张某的损害赔偿请求权成立为前提。

① 覃有土：《保险法概论》，北京大学出版社 2001 年版，第 306 页。

②交通事故中非机动车一方是否承担机动车一方车损赔偿责任的法律规定。

关于本案所涉基础法律关系即机动车交通事故责任纠纷应适用的法律规范。太平洋财产保险公司认为，根据 2009 年《侵权责任法》第六条规定，张某作为非机动车一方存在过错且造成机动车一方权益受损，应当承担侵权责任。张某认为，根据 2009 年《侵权责任法》第四十八条规定，本案基础法律关系为机动车交通事故责任纠纷，应当适用《道路交通安全法》相关规定，其依法不承担赔偿责任。对于本案的法律适用问题，应当综合分析 2009 年《侵权责任法》及《道路交通安全法》的相关规定，探究其立法目的和立法精神，结合案件具体情况，公平、合理地适用法律。

首先，2009 年《侵权责任法》第六条第一款规定："行为人因过错侵害他人民事权益，应当承担侵权责任。"第四十八条规定："机动车发生交通事故造成损害的，依照道路交通安全法的有关规定承担赔偿责任。"本案系交通事故引发的纠纷，依据 2009 年《侵权责任法》的上述规定以及特别法优于一般法的法律适用原则，对于交通事故引发的民事纠纷，如果《道路交通安全法》有特别规定的，应当优先适用该规定。

其次，《道路交通安全法》第二十二条规定："机动车驾驶人应当遵守道路交通安全法律、法规的规定，按照操作规范安全驾驶、文明驾驶。"第七十六条规定："机动车发生交通事故造成人身伤亡、财产损失的，由保险公司在机动车第三者责任强制保险责任限额范围内予以赔偿；不足的部分，按照下列规定承担赔偿责任：（一）机动车之间发生交通事故的，由有过错的一方承担赔偿责任；双方都有过错的，按照各自过错的比例分担责任。（二）机动车与非机动车驾驶人、行人之间发生交通事故，非机动车驾驶人、行人没有过错的，由机动车一方承担赔偿责任；有证据证明非机动车驾驶人、行人有过错的，根据过错程度适当减轻机动车一方的赔偿责任；机动车一方没有过错的，承担不超过百分之十的赔偿责任。交通事故的损失是由非机动车驾驶人、行人故意碰撞机动车造成的，机动车一方不承担赔偿责任。"从《道路交通安全法》的上述规定来看，机动车驾驶人负有安全行驶的义务。对于机动车一方造成非机动车一方损害的，除非机动车故意碰撞的情形外，无论机动车一方是否有过错，均应承担相应赔偿责任。由此可见，《道路交通安全法》具体条文中虽未明确规定机动车一方与非机动车一方发生碰撞造成的机动车损失如何分担或赔偿，但已鲜明体现了交通事故损害赔偿中向非机动车一方倾斜保护的原则。2009 年《侵权责任法》第四十八条亦对《道路交通安全法》中规定的特殊责任分配方式予以肯定。因此，该类案件与一般民事侵权案件存在较大区别，应遵循上述的立法目的和原则，合理界定当事人民事赔偿责任。

再次，从 2009 年《侵权责任法》第四十八条及《道路交通安全法》第七十六条的立法目的来看，对非机动车一方利益予以倾斜保护具有多重因素的考量。一方面，机动车与非机动车在危险程度上存在明显不同，机动车在行驶过程中具有"高速危险"，理应承担更高的注意义务和避险义务，体现了"优者危险负担"的公平原则。另一方面，从利益衡量的角度来看，对非机动车一方予以倾斜保护也体现了人身权优于财产权的法律价值位阶。同时，如果事故双方严格按责任比例承担损失，则有可能出现非机动车一方得不到赔偿或倒赔机动车的极端情况，造成双方利益严重失衡的后果。此外，从分散风险的成本和可能性来看，机动车一方通过投保相应财产损失保险、意外伤害险和责任险，可以更为有效地转移风险，减少损失。

综上，关于交通事故中非机动车一方是否应根据其过错向机动车一方承担赔偿责任的问题，《道路交通安全法》并未作出明确规定，不能排除 2009 年《侵权责任法》中关于侵权责任一般规定的适用。但在具体适用中，应当充分考量 2009 年《侵权责任法》及《道路交通安全法》对于交通事故民事赔偿作出的特别安排，遵循上述法律确立的立法目的和原则，综合衡量各种因素，公平合理地确定民事赔偿责任。

③本案中作为非机动车一方的张某是否应向机动车一方承担赔偿责任。

根据前述分析，结合本案事实，考量事故当事人的过错性质、过错与损害之间的因果关系、损害类型和程度等因素，就张某是否应对机动车一方损失承担赔偿责任作出认定。

第一，从双方行为与导致损害发生的原因力来看，机动车一方与非机动车一方之间发生交通事故，机动车一方的损害首先是源自本身行为所具有的"高速危险"，而不是非机动车一方的行为。因非机动车一方在质量、速度、体积等方面的危险性程度明显低于机动车一方，非机动车一方造成机动车一方损失的因果关系更小、原因力更弱，除非特殊情形下后者的作用力明显大于前者。本案中，被保险人吴某驾驶沪 B×××××车辆在××路以东约 150 米处，与张某骑行的电动自行车发生碰撞，双方车辆均有不同程度损坏，张某腿部受轻微伤。显然，张某虽存在逆行的过错，但太平洋财产保险公司未能举证证明张某的上述过错在事故发生的作用力上大于吴某，故吴某的车辆损失主要是其在驾驶机动车过程中，由其自身行为所具有的"高速危险"造成。

第二，从当事人的过错来看，机动车发生交通事故造成损害时，由于机动车所有人或驾驶人是该高速运输工具便利利益的拥有者及"高速危险"结果的控制者，故应是该侵害发生的行为主体及责任主体。但如存在非机动车一方故意碰撞机动车造成的情形，由于此时机动车所有人或驾驶人丧失了对"高速危险"结果的控制权，其责任当然由利用了该"高速危险"的非机动车一方承担，机动车所有人或驾驶人此时仅为该侵害行为的行为主体而非责任主体，应由非机动车一方承担机动车交通事故造成损失的赔偿责任。当然，此情形亦可类推适用《道路交通安全法》第七十六条第二款关于"交通事故的损失是由非机动车驾驶人、行人故意碰撞机动车造成的，机动车一方不承担赔偿责任"的规定，由故意碰撞机动车造成交通事故损失的非机动车一方承担赔偿责任。本案中，经上海市×××徐汇××支队认定，吴某、张某虽在事故中负有同等责任，但太平洋财产保险公司不能以此证明张某在事故中存在故意碰撞机动车的情形，也不足以证明张某在此次机动车交通事故中的行为符合上述侵权责任的构成要件。

第三，从利益衡量的角度来看，发生交通事故的机动车一方与非机动车一方无论在遭受损害的利益性质还是分散风险的手段方面均存在较大差异。在损害方面，通常机动车一方多为财产损失，而非机动车一方多为人身伤害，且由于与机动车一方相比力量悬殊，人身损伤的程度往往较高。在分散风险的手段方面，机动车一方依法必须购买交强险，并可购买其他商业保险，能够通过保险制度有效分散车损风险；而对非机动车一方并无专门的保险制度分散风险。本案中，非机动车一方张某除电动自行车受损外，本人也受伤，而吴某仅系机动车受损。此外，太平洋财产保险公司也未能举证证明张某在本次事故中的损失已经获得相应赔偿。结合本案的事故原因、保险情况等，尽管交警部门认定张某与吴某负事故同等责任，但在张某不存在主观故意，且张某的损失尚未获得赔偿的情况下，不宜支持作为机动车一方的吴某向作为非机动车一方张某的损害赔偿请求权。本案中，太平洋财产保险公司作为对分散风险具有社会保障功能的主体，亦不能据此对非机动车一方行使保险人代位求偿权。

综上，二审法院驳回上诉、维持原判理据充分。

📝 思考题

案例一 2017 年 4 月 29 日，任某双在人保开封支公司为其所有的豫 B×××××号东方红载货汽车投保第三者责任险，保险期间一年，保险责任限额 10 万元。任某双向人保开封支公司投保第三者责任保险时，人保开封支公司未向任某双出示保险条款和说明投保险种的保险责任、责任免除、被保险人义务等内容。2017 年 6 月 25 日，杜某水驾驶豫 B×××××号货车在开封市境内发生交通事故，造成车内一名乘客和一名过路人死亡。开封市公安交警大队认定杜某水驾驶超载机动车，未确保安全车速，发生交通事故后弃车逃逸，负事故主要责任。事故发生后，任某双及其亲属及时向公安、保险部门报警，并及时赶赴现场参与事故处理。之后，死者亲属向法院提起民事诉讼，经法院判决及调解，任某双共赔偿该案两位受害人 24 万元（每位受害人 12 万元）。根据中保协条款（2007）1 号第九条第一款规定，负主要事故责任的免赔率为 15%。

法律问题：

1. 该案保险合同的免责条款是否有效？为什么？

2. 被保险机动车的本车人员伤亡，承保机动车第三者责任险的保险公司应否承担赔偿责任？为什么？

3. 保险公司应承担的保险金赔付责任为多少？请说明理由。

案例二 2015 年，夏某以自己为被保险人，在保险公司投保终身寿险，缴费期为 30 年，受益人为妻子汪某。合同约定：

（1）自保险单生效之日起的 1 年以后，至保险单生效日期之日 5 年内，被保险人因疾病身故，保险公司给付全额保险金。

（2）自保险单生效之日起，至缴费期满以前，被保险人因意外伤害事故死亡的，保险公司给付 3 倍的保险金。

（3）免责条款规定，自保险合同生效之日起，2 年之内，被保险人自杀的，保险公司不承担保险责任。

2018 年，夏某因夫妻争吵，气愤之下服毒自杀。随后，夏某之妻汪某向保险公司申请给付 3 倍的保险金。

本案中争论的焦点是：被保险人 2 年之后自杀，是否应该支付保险金？如果支付保险金，是按照"自保险单生效之日起的 1 年以后，至保险单生效日期之日 5 年内，被保险人因疾病身故，保险公司给付全额保险金"，还是按照"自保险单生效之日起，至缴费期满以前，被保险人因意外伤害事故死亡的，保险公司给付 3 倍的保险金"。

法律问题：

保险公司应否支付保险金？若要支付，该如何支付？请说明理由和法律依据。

案例三 2015 年 11 月 2 日，孙某夫妇每人投保了 100 万元人寿保险并缴纳了保险费，11 月 3 日，保险公司同意承保并签发了正式保单，保单上约定承担保险责任的起始时间为 11 月 3 日零时。11 月 4 日，孙某夫妇在外出途中发生车祸，当场死亡。事后，保单受益人孙某夫妇的父母向保险公司索赔。保险公司认为，根据该公司投保的内部规定，人身保险合同金额巨大的，应当报总公司批准并且必须经过体检后方可承保，孙某夫妇违反了保险公司关于投保方面的规定，故该保单没有发生法律效力。保险公司据此作出了拒赔决定。受益人不服，向法院起诉，要求保险公司给付保险金的责任。

法律问题：

1. 保险公司应否给付保险金？为什么？

2. 保险公司内部规定能否对抗受益人？为什么？

案例四 甲公司于 2020 年 7 月 4 日就其全部财产向乙保险公司投保企业财产保险，同时签发了保险单，并约定于 7 月 8 日甲公司向乙保险公司缴纳保险费 6 万元，保险金额为 60 万元。当年 7 月 6 日，由于甲公司相邻的丙公司长期懈怠存在安全隐患，造成仓库起火，致使甲公司财产损失 40 万元。由于甲公司在灾害发生后，认为既然已经将全部财产投保，就没有必要采取措施挽回其他损失，于是放任损失扩大，结果又造成 30 万元的损失。甲公司于是向乙保险公司索赔，甲公司声称：由于该公司已经将公司全部财产投保，因此，乙保险公司应该对全部财产损失承担保险责任。乙保险公司则不给予任何保险赔偿，理由是由于甲公司没有支付保险费，乙保险公司不承担任何责任。甲公司一气之下，宣布放弃对丙公司请求赔偿的权利，向人民法院起诉，要求乙保险公司承担损失。

法律问题：

1. 乙保险公司以甲公司没有支付保险费为由拒绝承担保险责任的主张能否成立？为什么？

2. 甲公司要求乙保险公司承担全部财产损失的主张能否成立？为什么？

3. 甲公司放弃对丙公司请求赔偿的权利，要求乙保险公司承担保险责任的主张能否成立？为什么？

案例五 甲于 2012 年 4 月 20 日经其婆婆乙同意后为乙投了一份简易人身保险，指定受益人为乙之孙、甲之子丙，丙当时 10 岁。保险费从甲的工资中扣缴。缴费 2 年后，甲与乙之子丁离婚，法院判决丁享有对丙的抚养权。离婚后甲仍自愿按月从自己工资中扣缴这笔保险费，从未间断。2015 年 10 月 1 日乙病故，12 月甲向保险公司申请给付保险金，认为自己是投保人，一直缴纳保险费，而且自己是受益人丙的母亲；与此同时，丁提出本保险合同的受益人是丙，自己作为丙的监护人，这笔保险金应由他领取；保险公司则以甲因离婚而对乙无保险利益为由拒绝给付保险金。

法律问题：

1. 甲要求给付保险金的请求是否合法？为什么？

2. 丁要求给付保险金的请求是否合法？为什么？

3. 保险公司拒付理由是否成立？为什么？

4. 本案应当如何处理？为什么？

5. 假设甲为其婆婆乙投保时，申报的年龄为 60 岁，而乙当时的真实年龄是 70 岁，保险合同约定的最高年龄限制是 65 岁，那么该案如何处理？保险公司应否给付保险金？

第八章 证 券 法

一、操纵证券市场案

案情简介 8-1[①]

原告：北八道集团有限公司（以下简称北八道公司）

被告：中国证券监督管理委员会（以下简称中国证监会）

原告北八道公司不服被告中国证监会在〔2018〕29 号《行政处罚决定书》中对其作出的处罚决定（以下简称被诉处罚决定）及〔2018〕99 号《行政复议决定书》（以下简称被诉复议决定），向北京市第一中级人民法院提起行政诉讼。中国证监会在〔2018〕29 号《行政处罚决定书》中认定北八道公司在 2017 年 2 月 10 日至 5 月 9 日期间，通过控制 301 个证券账户（以下简称账户组），利用资金和持股优势，连续买卖"江阴银行"股票，在自己控制的账户之间进行交易，操纵股价，违法所得高达 3.39 亿元。

北八道公司的操纵手段具体包括以下几个方面：

1. 利用账户组中的 297 个账户大量交易"江阴银行"股票，累计买入 4.61 亿股，成交金额达到 84.74 亿元；累计卖出 4.5 亿股，成交金额为 86.56 亿元。

2. 通过集中资金优势和持股优势，北八道公司在连续买卖股票的同时，还在自己控制的账户之间进行交易，以此影响"江阴银行"的交易价格。

3. 在 42 个交易日中，北八道公司控制的账户组在买委托量和卖委托量上均市场排名第一，买入成交占比和卖出成交占比多次超过 10%、20%、30%、40%，显示了其在市场上的巨大影响力。

4. 北八道公司通过拉抬和维持股价，在股价达到一定高位后，集中于 1—3 日内快速出货，清仓获利。

中国证监会认为北八道公司的上述行为违反了《中华人民共和国证券法》（以下简称《证券法》）第七十七条第一款第一项、第三项的规定，构成了《证券法》第二百零三条所述的违法行为。根据《证券法》第二百零三条的规定，中国证监会决定没收北八道公司违法所得 3.39 亿元，并处以违法所得 5 倍的罚款，即 16.96 亿元。

北八道公司对中国证监会的处罚决定表示不服，并向法院提出了以下主要诉讼理由：

1. 中国证监会关于涉案账户组的认定存在错误。北八道公司认为，公司员工的账户

---

① 案例来源于北京市第一中级人民法院（2018）京 01 行初 1449 号。

并非由公司实际控制和使用，员工及员工相关账户签订有多份借款合同，相关交易行为性质上应属理财性质或者投机行为；部分账户均不属于北八道公司实际控制。此外，配资户中的众多账户也并非北八道公司实际控制，如张某海名下的账户系由其本人实际控制使用。

2. 中国证监会认定北八道公司操纵股价的证据不足。北八道公司认为，在被告认定的交易日期间，公司并不实际控制账户组，亦不存在主观故意行为。账户组在交易时所对应的交易 MAC 地址并非重合，中国证监会至今未找到用于实施操纵行为的电脑、无线 4G 卡等设备，其只是依据证券公司、银行机构等网络 IP 确定账户变更时所对应的 IP 地址，中国证监会的证据不能证明相关交易行为与操纵市场行为的关联性。

3. 中国证监会作出的处罚决定过重。北八道公司认为，中国证监会关于违法所得的认定错误，处罚幅度严重不当。在账户组中诸多账户实际都是借款关系，且相关借款本金无法收回，不存在违法所得。中国证监会依据错误的违法所得计算标准，进而作出数十亿元罚款，存在严重错误，应予纠正。

4. 中国证监会程序违法。北八道公司认为，中国证监会存在非法取证行为。对部分人员的调查未出具调查通知书，部分被调查询问人员的笔录存在与事实不符、被询问人拒绝签字情形，被询问人员拒绝提供手机后仍留存手机截图。中国证监会调查存在疲劳询问、诱导性询问、自行翻阅财务资料的情形，调查程序违法。在行政复议程序中，北八道公司申请延长阅卷时间、中止审理，均未得到中国证监会书面回复，严重影响北八道公司的合法权益。

被告中国证监会的答辩理由如下：

1. 中国证监会认定北八道公司实际控制账户组的事实清楚、证据确凿。中国证监会基于相关人员的指认、员工社保缴纳情况、账户组间存在频繁资金往来及资金流向指向北八道公司等事实证据，综合认定北八道公司实际控制员工及员工相关账户。

2. 北八道公司通过多种手段操纵"江阴银行"股价。在案证据能够证明，北八道公司通过采用集中资金优势、持股优势连续交易，在自己实际控制的证券账户之间交易的方式，多次反复拉抬股价后集中大量申卖获利并导致股价下跌，严重影响了交易价格，该行为及其对股票价格的影响，符合操纵市场行为的构成要件。

3. 处罚决定适用法律准确、量罚幅度适当。被告在计算违法所得时已扣除取得股票的相关成本，北八道公司本金是否能够收回与违法所得计算无关。北八道公司控制使用账户数量众多，采用多种手段操纵"江阴银行"股价，涉案金额特别巨大，扰乱证券市场秩序并造成严重社会影响。案发后，北八道公司的相关人员通过实施故意隐瞒、毁损重要证据等行为阻碍、抗拒执法人员执法。中国证监会根据北八道公司违法行为的事实、性质、情节与社会危害程度，依据《证券法》第二百零三条规定，对北八道公司处以违法所得的五倍罚款，适用法律准确、量罚幅度适当。

4. 本案行政程序符合法律规定。被告调查程序合法，对于个别被询问人拒绝签字的情形，中国证监会已经形成现场执法笔录予以说明。在行政复议程序中，被告已经充分保障了北八道公司阅卷的权利。北八道公司以时间不足为由申请延长阅卷时间、中止复议，不符合《中华人民共和国行政复议法实施条例》第四十一条的规定，被告未予准许并无不当。

经过审理，法院最终判决驳回北八道公司的诉讼请求，维持中国证监会的行政处罚决定。法院认为，中国证监会在本案中的调查程序、处罚决定以及行政复议程序均符合法律规定，北八道公司的诉讼理由缺乏事实和法律依据，故不予支持。

💬 法律问题

1. 原告是否实际控制了涉案账户组？

2. 如果原告实际控制了涉案账户组，其交易"江阴银行"股票的行为是否构成操纵证券市场？

3. 被诉处罚决定中对于违法所得的认定是否正确？处罚幅度是否适当？

4. 被诉处罚决定和被诉复议决定的程序是否合法？

📝 法理分析

本案核心内容涉及对北八道公司操纵证券市场行为的全面分析，包括账户控制的认定、操纵行为的具体表现、违法所得的计算、处罚幅度的确定、调查程序的合法性以及复议程序的合法性等多个方面。[①]

1. 原告实际控制了涉案账户组

鉴于涉案账户组中的证券账户数量较多且来源复杂，为排除偶然因素，保证认定逻辑的周延，可从人员关联、资金关联和行为关联等三个方面来综合考量上述证券账户之间是否存在内在联系。[②] 如果上述三个方面均存在关联关系且均指向原告，则可据此认定原告实际控制了涉案账户组。

第一，人员关联的证据显示，北八道公司员工及其亲属的账户与公司之间存在紧密的联系，这包括了公司配资团队的成员及其家属。李某苗等团队成员负责与中介机构的沟通和交易执行工作，上述账户中的许多员工均在六湖游艇公司缴纳社保，但六湖游艇公司没什么业务，其员工的社保都由北八道公司帮忙缴纳，且不少六湖游艇公司参保人员的姓名和联系方式也在北八道公司的通讯录上，因此，被告认定的员工及员工相关账户的开户人均与北八道公司之间具有密切关系。

第二，在资金关联方面，被告认为员工相关账户交易股票的资金主要来源于北八道公司，去向也是北八道公司及其子公司。配资账户的保证金来源、提取盈利去向、利息支付均指向北八道公司及其控制的银行账户。

第三，在行为关联方面，从被告提交的证据来看，在2017年2月10日至5月9日的时间区间内，账户组中的证券账户集中交易"江阴银行"股票，行为上具有明显的一致

---

① 范林波：《操纵证券市场行为监管执法问题实证研究——以中国证监会 2015～2017 年三季度行政处罚决定书为视角》，载《证券法苑》2017 年第 4 期。

② 黄锐意：《以连续交易方式操纵证券、期货市场行为入罪的判定》，载《人民检察》2022 年第 16 期。

性，据此可以认定账户组的证券账户之间具有行为关联。

通过人员关联、资金关联和行为关联等三个方面的审查可知，账户组的证券账户之间具有密切联系且均指向北八道公司，北八道公司对此无法作出合理解释。据此可以认定北八道公司实际控制了涉案账户组。

关于原告提出的吴某兰等 18 个证券账户不在 2017 年 3 月 9 日更新的风控表所列账户清单中之主张，经审查可知，吴某兰、刘某金账户在制作风控表之前就已经归还名义持有人，故不在风控表所列账户清单之中，其余证券账户均在清单之中。同时根据被告提供的账户组交易情况来看，吴某兰、刘某金账户在被告认定的操纵期间均参与交易"江阴银行"股票。因此，被告将上述账户列入涉案账户组具有事实根据，原告对此提出的异议理由不能成立，法院不予支持。

2. 该交易行为构成操纵证券市场

纵观我国不同时期对操纵证券市场行为的定义，由初期直接规定市场操纵手段，缺乏可操作性，到后来为保证要素的全面性和严谨性，我国以《证券法》为引领的操纵市场行为认定规则持续发展、不断完善。在 2019 年最新修订的《证券法》中，不仅明确了行为人的主观因素，还将客观行为的表现形式从 1998 年的四项扩展为 2019 年的八项，将虚假信息引导、"黑嘴"荐股等相关活动纳入操纵市场行为之中。①

操纵市场的行为人为控制或干预了证券市场行情，使得证券价格不再围绕价值上下波动，导致证券市场逐步陷于混乱乃至于失灵，最终导致投资者利益受损。② 操纵证券市场行为应同时具备操纵的主客观要件。在主观方面，行为人应当具有操纵的主观故意，虽然不要求操纵行为人的目的是非法牟利，但行为人的主观层面存在诱使其他不知情投资者在证券市场交易的动机；在客观方面，行为人不当使用其市场优势或在市场中的影响力，实施了影响证券价格或交易量的违法违规行为，其实质是搅乱证券市场的供给与需求关系，对当事人造成的损害仅是附带的结果。③

操纵证券市场民事责任的构成要件一般有四个：其一，是行为人客观层面必须以积极作为方式实行了操纵行为，典型的新型操纵行为是跨市场操纵。其二，是行为人主观上存在过错。各国普遍认为在认定操纵行为民事责任时，操纵行为人须具备诱使他人在证券市场进行交易的不法目的。④ 目前，这已成为各界共识。而我国《证券法》第五十五条所新增的"影响或意图影响"表明，操纵市场行为的主观要件应为故意，而不是过失。在实务中，由于操纵行为具有技术性和复杂性的多重特征，举证证明受害人存在过错存在较大困难，实践中有观点认为只要有操纵行为的存在，就无需证明过错。⑤ 其三，是损害后果

① 白牧蓉、李煜：《证券市场操纵行为认定与界限的制度逻辑》，载《证券法律评论》，中国法制出版社 2020 年版，第 487~505 页。
② 田宏杰：《操纵证券市场行为的本质及其构成要素》，载《国家行政学院学报》2013 年第 3 期。
③ 周伟、肖强：《大数据背景下操纵证券市场行为的认定研究》，载《证券法律评论》，中国法制出版社 2019 年版，第 207~226 页。
④ 唐延明：《操纵证券市场行为民事责任研究》，载《东北财经大学学报》2004 年第 5 期。
⑤ 贾纬：《操纵市场行为的认定及其民事责任》，载《人民司法》2007 年第 17 期。

的发生。因操纵行为而获利的投资人不享有赔偿请求权。基于证券交易中的损害通常是与财产直接相联，损害后果是指投资者确有损失。同时，此处的损害后果应是客观存在且能具体运用相应方法进行计算以便赔偿的后果，这是由于《证券法》设立的民事责任立法目的是投资者因证券交易等行为带来的财产损失予以救济和补偿，"无损害即无赔偿"，因此需要明确计算损失数额维护投资者的合法利益。其四，是因果关系。为了确定市场操纵的民事责任，必须证明操纵行为和交易损失之间存在因果关系。同时，在确定因果关系时，还需明确投资人的哪些损失是因为操纵行为导致的，因为对市场交易价格和交易量的不同判断会导致不同的结果。

《证券法》第五十五条第一款第一项和第三项规定："禁止任何人以下列手段操纵证券市场，影响或意图影响证券交易价格或证券交易量：（一）单独或者通过合谋，集中资金优势、持股优势或者利用信息优势联合或者连续买卖；……（三）在自己实际控制的账户之间进行证券交易……"本案中，北八道公司实际控制了涉案账户组，利用该账户组进行的证券交易均应视为北八道公司实施的行为。

在 2017 年 2 月 10 日至 5 月 9 日，北八道公司控制的账户组在 52 个交易日内显示了对"江阴银行"股票价格的显著影响力。该账户组的持仓和资金量超过一般投资者，其申买、申卖、成交量和成交额异常高。北八道公司采用了集合竞价拉抬和盘中拉抬等手法，显示出操纵股价的意图，符合市场操纵行为的特征。股价与中小板综指的大幅偏离进一步证实了这一点。因此，北八道公司的行为构成了《证券法》第五十五条所述的操纵市场行为，中国证监会的处罚决定是正确的。原告声称其交易行为是基于"低买高卖"的投资逻辑，但这一主张没有事实支持，不应被采纳。

原告提出在交易期间有其他重大事项影响股票价格，但这一主张不影响对市场操纵行为的认定。认定操纵证券市场的行为主要依据两点：一是行为人实施了可能影响交易价格或成交量的行为；二是行为人有操纵价格或成交量的主观意图。尽管市场价量变动受多因素影响，证券执法人员可根据市场状况和规律，凭借经验法则和常识来判断。操纵意图可以直接证明或通过违法行为推定。北八道公司控制大量账户在短时间内高频交易"江阴银行"股票，明显影响了股价，且其股价涨幅超过同期中小板综指，显示了操纵意图。因此，原告的主张不应被支持。

3. 该认定具有事实依据，应予支持

被告提供了深圳证券交易所统计的涉案账户组在 2017 年 2 月 10 日至 5 月 9 日期间交易"江阴银行"股票的数据以及相应的盈利金额，盈利金额中扣除了印花税、手续费等交易费用，能够体现北八道公司通过账户组交易"江阴银行"股票的获利情况，被告将深圳证券交易所计算的盈利金额作为原告的违法所得具有事实根据，应予支持。

关于原告所称石横特钢名下的王某萍、张某燕账户密码于 2017 年 2 月 14 日被修改，陈某霞、万某玲账户密码于 2017 年 2 月 20 日被修改，上述 4 个证券账户并非原告实际控制这一主张，法院认为，仅凭账户密码的修改并不足以认定账户控制关系即刻发生转移，况且根据相关证据，被告在计算违法所得时业已考虑该项事实，因此，法院不予支持原告的主张理据充分。

关于处罚幅度的问题。《证券法》第一百九十二条规定，违反本法规定，操纵证券市场的，责令依法处理非法持有的证券，没收违法所得，并处以违法所得一倍以上五倍以下的罚款。本案中，被告对原告处以违法所得 5 倍的罚款，并未超出法定处罚幅度。考虑到原告的情况，被告据此在法定处罚幅度内予以从重处罚并无不当，不存在滥用行政自由裁量权之情形。

4. 该被诉处罚决定和被诉复议决定的程序均合法

在调查中，被告依法通知原告并依据证据查明事实，随后告知原告处罚内容及其陈述、申辩和听证的权利，但原告放弃了这些权利。之后被告依法作出处罚决定并送达原告，程序合法。原告对处罚不满提出复议，被告在法定期限内作出复议决定，复议程序同样合法。

关于原告提出的被告调查程序违法的主张。首先，关于疲劳询问和诱导性询问的问题，现有证据尚不足以证明其主张。

其次，因被告已向北八道公司送达调查通知书，故作为北八道公司的员工或相关人员即负有接受调查的义务。部分被调查人员未在询问笔录上签字并不足以否定调查笔录内容的真实性，而且，本案事实并非依据某一份询问笔录认定，而是综合其他相关的询问笔录以及银行账户资金流水、证券账户交易记录等客观证据予以考虑，原告提出的该项主张并不足以推翻被诉处罚决定认定的事实。

再次，关于原告提出的被告自行翻阅财务资料违法之主张。根据《证券法》规定，被告有权在调查中查看相关场所和证据，被调查者应配合提供，不得拒绝或隐瞒。被告依法通知原告后查看财务资料是合法行使调查权，无须原告同意，原告有义务配合。没有证据显示被告侵犯了原告的权利，因此法院不支持原告的这一主张。

最后，原告还提出被告在复议程序中未依法延长阅卷时间、中止复议程序等主张，对此，法院认为，对于阅卷时间的确定以及是否需要中止复议程序等事项，应由被告在履行复议职责时根据案件具体情况依法裁量，在未违反法律规定的情形下，法院原则上予以尊重。因此，原告提出的上述主张缺乏法律依据，法院不予支持理据充分。

综上所述，该案件展示了证券监管机构在维护市场秩序、保护投资者权益方面的重要作用，同时也体现了司法机关在监督行政行为、确保法律正确实施方面的职能。通过此类案件的处理，有助于提升市场参与者的法律意识，促进证券市场的稳定和健康发展。

二、民间委托理财合同纠纷案

📖 **案情简介 8-2**①

上诉人（原审原告）：王某某

———————————

① 案例来源于北京金融法院（2023）京 74 民终 1650 号。

上诉人（原审被告）：梁某某

原审被告：某资产管理有限公司（以下简称某资产公司）

王某某因不服北京市朝阳区人民法院（2022）京 0105 民初 38621 号民事判决，向北京金融法院提起上诉。本案的争议焦点主要集中在委托理财合同的有效性、保底条款的合法性、责任分担的公平性以及违约金的计算和支付等问题。

王某某在上诉中主张，一审法院认定涉案委托理财合同无效属于适用法律错误。他认为，1. 2016 年 10 月 12 日，王某某与梁某某以及某资产公司三方共同签署《投资顾问委托管理协议》（以下简称《协议》），约定王某某出资 5000 万元，将证券账户资金交予梁某某和某资产公司用于证券投资并进行管理。《协议》第四条约定，梁某某和某资产公司操作产生的盈利，双方按甲 6 成乙 4 成方式进行分成。该《协议》经三方签字或盖章，为三方真实意思表示。2. 所谓民间委托理财，是指客户将资产交给非金融机构或自然人，由非金融机构或自然人作为受托人的委托理财形式。民间委托理财系当事人在彼此之间设定权利、义务，并未损害国家、集体及第三人利益。法院应尊重意思自治，不应轻易打破合同稳定性。3. 1999 年 12 月施行的《合同法司法解释》第四条规定，《合同法》实施以后，人民法院确认合同无效，应当以全国人大及其常委会制定的法律和国务院制定的行政法规为依据，不得以地方性法规、行政规章为依据。2009 年 5 月施行的《合同法司法解释》第十四条规定："合同法第五十二条第（五）项规定的'强制性规定'，是指效力性强制性规定。"一审判决认定合同无效援引的法律依据为《证券、期货投资咨询管理暂行办法》（以下简称《暂行办法》），该办法并非"全国人大及其常委会制定的法律和国务院制定的行政法规"，不能作为认定合同无效的法律依据。4.《暂行办法》第三条虽然规定，"从事证券、期货投资咨询业务，必须依照本办法的规定，取得中国证监会的业务许可。未经中国证监会许可，任何机构和个人均不得从事本办法第二条所列各种形式证券、期货投资咨询业务"。而本案中，梁某某和某资产公司实际从事的行为并非《暂行办法》第二条规定的"证券、期货投资咨询"，而是受托代为操作证券账户进行证券买卖。故《暂行办法》第三条在本案中并不适用。5. 至于《协议》中的保底条款，亦属合法有效，一审判决认定保底条款"有违证券市场交易规律及公平原则"亦没有依据。（1）民间委托理财关系中，受托人正是因为其有经验和优势，才能接受委托理财。与受托人相比，委托人在资源与信息占有两方面均处于弱势地位。故委托理财案件中保底条款并不存在认定违反公平的前提条件。（2）民间委托理财合同中的保底条款彰显了责、权、利的一致性。[①] 委托人专业知识匮乏，而合同约定由受托人全权负责，使得受托人的独立意见和委托权限得到了极大的扩张，其享有较大权力时，根据权、责、利相一致原则，应当由其承担较大责任。（3）民间委托理财合同约定由委托人提供资金，受托人不提供任何资金，如因受托人操作导致亏损，却认定其有权主张保底条款无效，反而将使合同当事人双方权利义务失衡。（4）认定保底条款有效也有利于督促受托人勤勉敬业，防止道德风险，培

---

① 高小刚、孙蕾：《交付账户型民间委托理财合同的效力》，载《人民司法》2020 年第 5 期。

养诚信交易。

王某某进一步主张，即使《协议》被认定为无效，梁某某也应该向王某某补齐本金亏损，并至少赔偿资金占用利息损失。王某某认为，他是基于梁某某在《协议》中的保本承诺和违约责任承诺才提供资金的。在整个过程中，王某某除了提供资金外，并未操作证券账户，也未指示梁某某进行证券买卖，因此，亏损应由梁某某承担。

梁某某则辩称，一审法院认定保底条款无效是正确的，王某某主张《协议》有效是错误的。梁某某认为，合同期满后他与王某某之间的法律关系与本案的法律关系不属于同一法律关系，一审法院在本案中的处理是错误的。梁某某还指出，王某某主张的亏损是和梁某某一起经营北京某投资管理有限公司（以下简称某公司）产生的亏损，和本案委托理财无关，因此王某某主张违约金没有事实依据。

某资产公司则表示，合同期满后，公司并未与王某某续约，王某某和梁某某之间的任何后续行为都与公司无关。

在一审法院的审理中，法院查明了以下事实：《协议》的签署主体是王某某、某资产公司及梁某某。《协议》中明确约定了合作期限、亏损补齐、盈利分成等条款。在合同履行期间，梁某某实际控制并操作涉案证券账户，但出现了亏损。

关于交易及亏损情况，庭审中，各方确认 2016 年 10 月 11 日，涉案证券账户总资产为 5000 万元。《协议》约定的 2016 年 10 月 12 日至 2017 年 1 月 25 日期间，该账户均由梁某某实际操作。截至 2017 年 1 月 25 日，账户总资产为 50,608,864 元，未出现亏损。自 2017 年 1 月 26 日起，王某某与某资产公司及梁某某均未另行签署《协议》，但账户实际仍由梁某某操作。梁某某最后一笔交易发生于 2017 年 9 月 7 日，当时账户内有持仓和现金资产，之后梁某某未再进行交易，王某某也未进行任何交易，直到王某某于 2018 年 1 月 5 日更改密码，收回涉案证券账户。庭审中，王某某与梁某某均确认截至 2018 年 1 月 5 日，账户亏损总金额 19,281,398 元。

关于还款情况，梁某某向王某某陈述其还款情况如下：2017 年 6 月 7 日，梁某某转账 100 万元；8 月 18 日，案外人李某转账 100 万元；9 月 11 日，李某转账 300 万元；2018 年 1 月 30 日，李某转账 100 万元；8 月 31 日，李某转账 100 万元；9 月 22 日，柴某某转账 20 万元；11 月 9 日，李某转账 100 万元；2019 年 1 月 22 日，梁某某转账 50 万元；6 月 10 日，梁某某转账 20 万元，上述共计 890 万元。庭审中，梁某某认可上述还款，并确认上述款项系因其管理王某某证券账户产生亏损后进行的还款，但其主张共计还款了 1000 余万元，但对于其他还款无证据证明。对于上述 890 万元还款，王某某称其将 2018 年 1 月 5 日之前还款的 500 万元全部用来抵扣了本金，此后还款的 390 万元，则按照先违约金、后本金的方法进行了抵扣，抵扣完后，尚有亏损金额 13,497,380 元未能补齐。

诉讼中，王某某提交了与梁某某的通话录音，通话录音的核心内容显示梁某某承认了对王某某的补偿责任，并表示会履行承诺。

一审法院认为，关于本案的法律适用问题，依据《最高人民法院关于适用〈中华人民共和国民法典〉时间效力的若干规定》第一条第二款之规定："民法典施行前的法律事实引起的民事纠纷案件，适用当时的法律、司法解释的规定，但是法律、司法解释另有规定的除外。"本案法律事实发生于《中华人民共和国民法典》施行前，故本案应当适用当时施行的法律、司法解释的规定。

一审法院判决：1. 梁某某于判决生效之日起十日内向王某某赔偿投资亏损本金 10,381,398 元；2. 驳回王某某的其他诉讼请求。

二审法院最终驳回上诉，维持原判。

🗨 法律问题

1. 涉案委托理财法律关系的主体如何认定？
2. 涉案《协议》中保底条款与《协议》的效力如何？
3. 本案委托理财亏损如何负担？

🖊 法理分析

1. 该涉案委托理财法律关系的主体应为谋某、某资产公司及梁某某

从广义的角度来看，委托理财指的就是委托人将财产委托给他人管理、处分，以获取收益或者实现特定目的的行为。[1] 而在本案中的"民间委托理财"系根据委托理财受托人是否为金融机构所衍生出的二级概念。2011 年 2 月 8 日，在最高人民法院颁布的《民事案件案由规定》中根据委托理财的受托人是否为金融机构，将委托理财合同纠纷分为了金融委托理财合同纠纷和民间委托理财合同纠纷，并沿用至今。[2] 民间委托理财，指客户将资产交给非金融机构或自然人，由非金融机构或自然人作为受托人对其资产进行理财的委托形式。目前，民间委托理财纠纷在司法实践中则往往以《民法典》及其司法解释作为裁判的依据。

本案根据一审查明情况，首先，虽然《协议》载明乙方仅为某资产公司，但梁某某在未担任某资产公司法定代表人的情况下，以个人名义在《协议》乙方及管理人签章处分别进行了签字，该种在两个位置分别签字的做法，可以推定梁某某具有同时作为乙方及管理人的意思表示；其次，《协议》中明确约定了"甲乙双方若发生亡故，双方的合法继承人有权享有该账户的管理权"，该种情况下，乙方应当包括自然人梁某某更属合理；再次，《协议》约定将账户交由乙方进行操作，而在实际履行过程中，该账户的操作人均为梁某某，据此将梁某某认定为《协议》乙方与《协议》约定内容具有一致性；最后，从事后的录音内容来看，当中王某某明确表示与梁某某之间签署了《协议》，并存在盈利六四分成，亏损由乙方负责补齐的约定，该种约定与涉案《协议》具有一致性，梁某某对此亦予认可，并承诺由其补齐亏损，由此亦可认定梁某某应当属于《协议》当中的乙方。

---

① 何宝玉：《信托法案例评析》，中国法制出版社 2016 年版，第 65 页。
② 参见《最高人民法院关于修改〈民事案件案由规定〉的决定》第 43 条。

《协议》到期后至王某某更改密码取回涉案证券账户期间王某某与梁某某存在委托理财法律关系，符合约定及实际履行情况，并无不妥。综上，一审法院和二审法院均认为，《协议》的合同主体应为王某某、某资产公司及梁某某。关于梁某某的相关抗辩意见，因不符合双方约定及实际履行情况，法院均不予采信。

2. 涉案《协议》中的保底条款与《协议》均无效

在民间委托理财合同中，保底条款实质指向的是投资理财风险的分配，[①] 往往体现为委托人不承担本应自负收益不足或本金损失的风险，进而将风险转由受托人等主体承担。据此，一个条款是否属于保底条款的核心是判断委托人是否对本应自负的投资风险进行了再分配。受托人不能履行保底条款往往是合同双方产生纠纷的关键原因，而保底条款也是影响司法机关对于条款效力乃至合同整体效力产生认定分歧的最主要原因。在实务中，保底条款往往分为保本、保本保利、保证损失上限几类。对委托理财合同的效力认定，学理界和司法实务界一度从受托人和保底条款两个维度来加以分析，即在判断了受托人是否具有委托理财的资格之后，再对保底条款的有效性加以探讨，最终判断委托理财合同是否有效。[②] 关于民间委托理财合同保底条款的法律效力，学理界存在有效说和无效说两种观点。有效说认为，法无禁止即自由，当事人虽非专业金融机构，但也基本了解所投资领域的相关风险，受托人收取高额利润，约定风险由受托人承担，当事人的权利义务关系具有实质上的均衡性，因此，不论何种保底条款均是当事人自由的意思表示，应当受法律保护。另一种观点为无效说，认为保底条款违反了委托合同中关于责任承担的规定，更有悖于民法的公平原则。[③] 我们赞成第二种观点。

《中华人民共和国合同法》第七条规定"当事人订立、履行合同，应当遵守法律、行政法规，尊重社会公德，不得扰乱社会经济秩序，损害社会公共利益。"《证券、期货投资咨询管理暂行办法》第三条规定"从事证券、期货投资咨询业务，必须依照本办法的规定，取得中国证监会的业务许可。未经中国证监会许可，任何机构和个人均不得从事本办法第二条所列各种形式证券、期货投资咨询业务。"本案中，某资产公司及梁某某个人在未经监管机构批准，且不具备相应咨询资质的情况下，对外开展证券投资咨询业务，并与王某某签订《协议》，约定由某资产公司及梁某某直接操作王某某的证券账户，同时承诺对王某某的账户资金进行保本。且《协议》到期后，梁某某又继续操作王某某证券账户，与王某某在事实上达成继续履行涉案《协议》的合意，某资产公司及梁某某的上述行为，违反了我国金融监管对于特许经营的相关效力性强制性法律规定，放大了金融市场风险，且各方签署的有关保底的约定，有违证券市场交易规律及公平原则，故各方所签订

---

①　任明艳、盛利：《民间委托理财合同纠纷案件的审理思路和裁判要点》，载微信公众号：https://mp.weixin.qq.com/s/sd2IPMg72FcWX5tgTOympQ，最后访问时间：2024 年 8 月 4 日。

②　吕宇、何琼：《金融类委托理财合同的形式和效力》，载《中国审判》2008 年第 8 期。

③　马晓阳：《非金融结构委托理财合同保底条款效力认定与裁判尺度》，载《财富时代》2020 年第 5 期。

及实际履行的《协议》应属无效。

另外，涉案《协议》中委托理财合同中的保底条款不合理地分配金融市场投资风险，诱导作为委托人的投资者误判或漠视投资风险，非理性地将资金投入金融市场，不断积累和放大投资风险，扰乱金融市场秩序，最终将导致广大委托人利益受损。委托理财合同中的保底条款违背社会公共利益，应属无效。本案中，涉案《协议》约定出资方将证券账户交由操作方用于证券投资及管理，操作方承担账户全部交易风险，保证出资方本金不受损失，如交易产生亏损，本金全部由操作方承担补齐，账户产生的亏损由操作方补齐。该约定属于委托理财合同中的保底条款，应属无效。该保底条款系《协议》中的基础性条款，保底条款无效，《协议》亦无效。依据我国法律规定，无效的合同自始没有法律约束力，因该合同取得的财产应当予以返还，有过错的一方应当赔偿对方因此所受到的损失，双方都有过错的，应当各自承担相应的责任。

3. 本案委托理财亏损的本金由梁某某补齐

关于某资产公司的责任，本案中，因各方确认在《协议》约定的期间内，涉案证券账户并未出现亏损。《协议》到期后，某资产公司并未与王某某续签协议，故王某某要求某资产公司对其亏损承担补齐责任无事实及法律依据，一审法院不予支持。

关于梁某某的责任，首先，本案中，梁某某在不具备证券投资咨询资质的情况下，以承诺保本为诱饵，与王某某签署涉案《协议》，操作相应证券账户，并造成巨额投资亏损，梁某某对涉案《协议》无效的结果及投资损失的发生均负有直接责任，应当承担相应的赔偿责任；其次，涉案损失发生后，梁某某在录音中明确表示对王某某的亏损予以补齐，相关意思表示清晰明确，梁某某应予履行。

综上，一审法院对王某某要求梁某某补齐相应亏损本金的诉讼请求予以支持。对于王某某主张的违约金，一审法院认为，王某某将自己的证券账户交由他人操作，违反相关证券法规的规定，且在签署《协议》的过程中，对合同相对方资质审查不到位，对《协议》的无效亦存在一定的责任，故一审法院对于王某某主张的违约金均不予支持。同时对于梁某某已经偿还的890万元，均从亏损本金中进行扣除，扣除后梁某某尚欠应补齐的投资本金应为10,381,398元，超出部分法院不予支持。关于梁某某抗辩意见中提出的涉案损失系因王某某与梁某某经营某公司所发生的意见，因梁某某对此并未提交相应的证据证明，且梁某某亦确认某公司未实际经营，亦未与王某某签署任何协议，故法院对梁某某的该项抗辩意见不予采信的做法正确。关于梁某某抗辩称损失金额应当以2017年9月7日当日账户总资产为限的意见，法院认为，因本案中双方确认王某某收回涉案账户的时间为2018年1月5日，在此之前该账户均由梁某某实际操作。在此情况下，账户内持仓发生的损失，均系因梁某某此前的投资决策而导致，梁某某仅以自己在2017年9月7日至2018年1月5日期间未进行买卖操作为由，拒绝承担相应的责任，无事实及法律依据，因此，法院不予采信理据充分。

三、证券虚假陈述案

📖 **案情简介 8-3**①

上诉人（一审原告）：中车金证投资有限公司（以下简称中车公司）

上诉人（一审被告）：江苏保千里视像科技集团股份有限公司（以下简称保千里公司）

上诉人（一审被告）：陈某昌

被上诉人（一审被告）：庄甲等 10 人

上诉人中车公司因与上诉人保千里公司、陈某昌以及被上诉人庄甲等 10 人证券虚假陈述责任纠纷一案，不服广东省深圳市中级人民法院（2018）粤 03 民初 538 号民事判决，向广东省高级人民法院提起上诉。

中车公司向一审法院提起诉讼请求：1. 判令保千里公司向中车公司赔偿投资差额损失共计121,168,501.64元；2. 判令保千里公司向中车公司赔偿投资佣金和印花税损失共计99,477.22元；3. 判令保千里公司按中国人民银行同期活期存款利率的标准，向中车公司支付前述投资差额损失、佣金和印花税损失的利息共计661,293.78元；4. 判令庄甲、陈某昌、庄乙、蒋某杰以及童某平等七名董事就上述第一项至第三项诉讼请求承担连带赔偿责任；5. 判令保千里公司、庄甲、陈某昌、庄乙、蒋某杰以及童某平等七名董事承担本案全部诉讼费用和保全费用。

一审法院审理查明：中达股份公司于 1997 年 6 月 23 日在上海证券交易所上市，证券代码为 600074. SH。2013 年，中达股份公司进行破产重整，中达股份公司第六届董事会第二十三次会议审议通过保千里电子公司及庄甲等收购中达股份公司的收购《报告书（草案）》，并于 2014 年 10 月 30 日进行了披露，其中披露了银信资产评估有限公司（以下简称银信评估公司）对保千里电子公司的估值为 28. 83 亿元。

2014 年 11 月，中达股份公司股东大会通过重大资产重组决议，通过了上述《报告书（草案）》确定的重组方案：中达股份公司将截止到评估基准日 2014 年 3 月 31 日拥有的全部资产、负债与业务，以评估值 6. 16 亿元作价出售给原控股股东申达集团有限公司，同时中达股份公司以每股 2. 12 元向庄甲、深圳市日昇创沅资产管理有限公司（以下简称日昇创沅公司）、陈某昌、庄乙、蒋某杰发行股份 13. 60 亿股，以购买其共同持有的保千里电子公司 100%股权。重组完成后，庄甲、陈某昌、庄乙、蒋某杰合计持有中达股份公司股票 10. 20 亿股，占发行后总股本的 45. 21%。其中，庄甲持有中达股份公司 37. 30%的股权，形成对中达股份公司的收购，为收购人。庄甲与陈某昌、庄乙和蒋某杰签署了《一致行动人协议》，互为一致行动人。根据证监会上市公司并购重组审核委员会的反馈意见，2015 年 2 月 26 日，中达股份公司进一步披露了《报告书（修订稿）》，补充披露了作为保千里电子公司估值评估依据的有关意向性合同。同时，庄甲、陈某昌、庄乙、蒋某杰、日昇创沅公司在《报告书（修订稿）》中称，已出具《承诺函》，承诺其为本次

---

① 案例来源于广东省高级人民法院（2019）粤民终 2080 号。

重大资产重组所提供的有关信息真实、准确和完整，不存在虚假记载。

2015 年 2 月，证监会核准中达股份公司重大资产重组及向庄乙等发行股份购买资产申请。2015 年 3 月，中达股份公司正式完成资产重组。2015 年 4 月 27 日，更名为保千里公司。

2016 年 1 月 28 日，保千里公司公告《非公开发行股票预案》，载明该次非公开发行股票的定价基准日为公司审议该次非公开发行股票的股东大会决议公告日（即 2015 年 10 月 30 日），发行价格不低于定价基准日前 20 个交易日股票交易均价的 90%（即 13 元/股）。

2016 年 3 月 10 日，保千里公司发布《关于非公开发行股票获得中国证监会发行审核委员会审核通过的公告》。

2016 年 6 月 21 日，保千里公司发布《关于非公开发行股票获得中国证监会核准批复的公告》。

2016 年 7 月 19 日，中车公司与保千里公司签订《股份认购协议》，中车公司以每股 14.86 元的价格认购保千里公司非公开发行股份中的 13,383,604 股股票。2016 年 7 月 20 日，中车公司向保千里公司支付现金认购款 198,880,355.44 元。2016 年 7 月 27 日，发行新增股份在中证登公司办理完毕登记托管手续，中车公司所持新增股份锁定期 12 个月。

2016 年 7 月 19 日，保千里公司发布《非公开发行股票发行情况报告书》。

2016 年 12 月 29 日，保千里公司发布公告称，因为涉嫌信息披露违法违规，被证监会立案调查，并收到了相关《调查通知书》。公告中的风险提示内容包括："如公司因前述立案调查事项被中国证监会最终认定存在重大信息披露违法行为，公司股票存在可能被实施退市风险警示及暂停上市的风险。"

2017 年 7 月 12 日，保千里公司发布《关于公司及相关当事人收到中国证券监督管理委员会〈行政处罚事先告知书〉的公告》。

2017 年 8 月 9 日，证监会经调查作出（2017）78 号《行政处罚决定书》，认定保千里公司在中达股份公司破产重整过程中进行重组资产评估时，保千里电子公司向银信评估公司提供了 9 份虚假协议。银信评估公司对保千里电子公司的估值为 28.83 亿元。评估机构根据原估值模型，在其他影响因素不变的条件下，剔除上述虚假协议的影响，对保千里电子公司重新进行估值，评估估值下降，虚假协议致使评估值虚增较大，导致中达股份公司多支出了股份对价，损害了被收购公司中达股份公司及其股东的合法权益。庄甲、陈某昌、庄乙、蒋某杰、日昇创沅公司在《江苏中达新材料集团股份有限公司重大资产出售及非公开发行股份购买资产暨关联交易报告书（修订稿）》中称，已出具承诺函，承诺其为本次重大资产重组所提供的有关信息真实、准确和完整，不存在虚假记载。庄甲时任保千里电子公司的董事长、总经理，主导整个收购事项，出具了上述承诺函并签字，是该收购事项的主要负责人员，陈某昌、庄乙、蒋某杰与庄甲构成一致行动关系，同属于收购人，出具了上述承诺函并签字。中达股份公司第六届董事会第二十三次会议审议并以表决方式一致通过《报告书（草案）》，参会的董事会成员有童某平等七名董事及刘某英、张某伟，9 位参会董事会成员均在会议决议书中签字确认。由于重组议案涉及关联交易事项，关联董事刘某英、张某伟回避表决。董事长童某平、董事王某云是中达股份公司重大资产重组事项的主要决策者、组织实施者，并在相关披露文件上签字，在重组过程中起主导作用，是中达股份公司信息披露违法行为的直接负责的主管人员。林某奇、王某琴、茅某华、费某海、沙某慧参加董事会会议，负责审议上述重大资产重组事项，并在相关披露文件上签字，是中达股份公司信息披露违法行为的其他直接责任人员。认定庄甲及陈某昌、庄乙、蒋某杰的上述行为构成了《证券法》（2014年修订）第二百一十四条所述违法行为，证监会对上述相关人员给予了责令改正、警告、罚款等行政处罚。2017年8月12日，保千里公司发布《关于公司及相关当事人收到中国证券监督管理委员会〈行政处罚决定书〉的公告》。

另查明，涉案保千里公司证券虚假陈述行为的实施日为2014年10月30日，揭露日为2016年12月29日，基准日为2017年4月11日。从揭露日2016年12月29日至基准日2017年4月11日，保千里公司股票基准价为13.323元。

一审法院判决：1. 保千里公司应于判决生效之日起十日内向中车公司赔偿投资差额损失20,570,599.35元、佣金5759.77元、印花税20,570.60元、利息53,065.70元；2. 庄甲、陈某昌、庄乙、蒋某杰对上述第一项保千里公司向中车公司所负债务承担连带赔偿责任；3. 驳回中车公司的其他诉讼请求。

二审法院对查明的事实予以确认。

另查明，2016年1月28日，保千里公司公告《非公开发行股票预案》，其中"项目可行性分析"载明"在汽车前装市场方面，截至2015年6月底，公司已与近40家汽车厂商签订了合作协议，具体包括比亚迪、长安、广汽、吉利、北汽福田等，其中与部分汽车厂商的合作项目已经进入小批量试装阶段"。上述预案中的近40家合作协议包括《行政处罚决定书》认定的9份虚假的意向性协议。

2017年7月25日，保千里公司股票停牌。2017年12月29日，保千里公司股票复牌，并实施"其他风险警示"，股票变更为"ST保千里"，复牌后连续无量跌停。在保千里公司股票停牌期间，保千里公司于2017年11月15日公告，公司发现原董事长庄甲涉嫌以对外投资收购资产为由侵占上市公司利益的行为，公司及下属公司部分资金被银行冻结、提前还款，加剧公司资金紧张。2017年12月27日，保千里公司公告，董事会核查出公司部分存在问题的对外投资、大额应收账款交易、大额预付款交易、违规担保等事项。

最终二审法院判决驳回上诉，维持原判。

💬 法律问题

1. 中车公司作为原告提起本案证券虚假陈述侵权之诉是否主体适格？
2. 保千里公司是否因其虚假陈述的侵权行为而应向中车公司赔偿投资损失？
3. 陈某昌和童某平等七名董事是否应对保千里公司的赔偿债务承担连带责任？

✏️ 法理分析

1. 中车公司有权提起侵权之诉

合同责任理论主张，证券募集的程序与签订契约的程序相似，证券的发售行为和投资者的认购行为对应要约邀请和要约，一旦投资者和发行人履行完两个程序，合同即成立。[1] 发行人虚假陈述的行为无疑违背了合同义务，所以应当承担违约责任。侵权责任理论主张，虚假陈述行为侵犯了投资者的知情权和财产权，所以应当承担侵权责任。有学者认为，证券的虚假陈述行为应当区别于德国民法典，有其独立的立法目的，所以它应是一种独立的责任，不能单纯适用合同责任或者违约责任，也有学者称之为信赖责任。[2] 侵权责任理论体现了"将民事救济范围扩张至全体证券市场"[3] 的救济取向，与我国所坚持的"投资者利益最大化"理念相契合，所以我国对于证券虚假陈述的赔偿责任采取的是侵权责任的观点。虚假陈述民事赔偿责任是一种侵权责任，需要遵循民事侵权责任的"四要件"，即侵权行为、损害后果、主观过错、因果关系。虚假陈述民事赔偿责任与一般的民事侵权责任并非完全相同。其一，必须具备"重大性"要件。具备重大性要件系认定因果关系的关键所在，该要件对于认定因果关系起着先决作用。其二，是因果关系要件，因果关系是将侵害与损害结果联系起来的核心所在，而这也是证券虚假陈述侵权区别于一般侵权的特殊之处。[4] 最高人民法院在 2022 年更新了《最高人民法院关于审理证券市场因虚假陈述引发的民事赔偿案件的若干规定》（以下简称《证券虚假陈述若干规定》），在该规定中，因果关系被划分为交易因果关系、损失因果关系。交易因果关系解决的是定性问题，也即证券交易行为是否由虚假陈述行为造成的。损失因果关系解决的是定量问题，也即对损害程度进行分析。因果关系的认定决定了投资者能否获得赔偿以及能获得多少赔偿，在整个过程中至关重要。

就本案而言，2016 年 6 月 21 日，保千里公司公告《关于非公开发行股票获得中国证监会批复的公告》。2016 年 7 月 19 日，中车公司与保千里公司签订《股份认购协议》，约定中车公司以每股 14.86 元的价格认购保千里公司非公开发行股份中的13,383,604股股票，新增股份锁定期为 12 个月。2017 年 8 月 9 日，证监会经调查作出《行政处罚决定书》，认定保千里公司在中达股份公司破产重整过程中进行重组资产评估时，保千里电子公司向银信评估公司提供了两类虚假的意向性协议，致使披露的《报告书（草案）》中存在虚假陈述。因此，在中车公司认为因保千里公司证券虚假陈述造成损失的情况下，其既可以依据《股份认购协议》提起违约之诉，也可依据证券法的相关规定提起侵权之诉。

关于中车公司认购保千里公司非公开发行股票是否属于《证券虚假陈述若干规定》的适用范围问题。《证券虚假陈述若干规定》（2003 年）第二条第二款规定，本规定所称证券市场，是指发行人向社会公开募集股份的发行市场，通过证券交易所报价系统进行证券交易的市场，证券公司代办股份转让市场以及国家批准设立的其他证券市场；第三条规定，因下列交易发生的民事诉讼，不适用本规定：（1）在国家批准设立的证券市场以外进行的交易；（2）在国家批准设立的证券市场上通过协议转让方式进行的交易。从上述

---

① 饶爱民：《证券虚假陈述民事责任性质之界定》，载《法治研究》2010 年第 4 期。
② 石一峰：《违反信息披露义务责任中的交易因果关系认定》，载《政治与法律》2015 年第 9 期。
③ 刘兴华：《证券虚假陈述民事责任性质的认定》，载《经济问题》2006 年第 4 期。
④ 李建伟、李欢：《证券虚假陈述比例连带责任的理论证成及其修正适用》，载《证券市场导报》2023 年第 8 期。

规定来看,《证券虚假陈述若干规定》调整的是证券市场因虚假陈述引发的民事赔偿法律关系,受侵害的对象是证券市场上的不特定投资者。正是基于证券市场上不特定投资者与侵权行为人并非"面对面"的交易,使得遭受损失的投资者难以证明其交易及损失与侵权行为之间的因果关系,为依法保护不特定投资者的合法权益,《证券虚假陈述若干规定》依据欺诈市场理论确立了因果关系推定原则。但对于特定投资者购买股票后因发行人虚假陈述行为受到侵害的,此种情形属于传统"面对面"的交易,与普通侵权纠纷并无本质差异,其可以单独对行为人提起违约损害赔偿诉讼或者侵权赔偿诉讼,《证券虚假陈述若干规定》亦排除了上述情形属于其适用的对象。因此,一审依据《证券虚假陈述若干规定》认定中车公司系本案适格原告属于适用法律不当,二审法院予以纠正。需要特别指出,虽然涉案交易并非《证券虚假陈述若干规定》的适用范围,但《证券虚假陈述若干规定》中有关虚假陈述实施日、揭露日、基准日以及损失的计算方式均属于技术性问题,其确定标准具有客观性,与证券虚假陈述侵害对象没有关联性,在其他证券虚假陈述侵权纠纷中亦可以参照适用。

2. 保千里公司应向中车公司赔偿投资损失

普通侵权损害赔偿责任构成要件包括:损害事实的客观存在;损害行为的违法性;违法行为与损害事实之间的因果关系;行为人的过错。本案中,保千里公司在 2014 年底至 2015 年初破产重整的过程中,旗下保千里电子公司向银信评估公司提供了 4 份虚假协议及 5 份含有虚假附件的协议,致使拟注入资产评估值虚增较大,构成证券虚假陈述。上述虚假陈述行为属于虚假记载的故意行为,受到了管理部门的从严处罚。可见,保千里公司的虚假陈述行为在主观上存在过错、在客观上具有违法性。现争议的主要问题是保千里公司的虚假陈述行为与中车公司是否存在交易因果关系和损失因果关系,对此,分析如下:

(1)交易因果关系的认定问题。针对公开募集股份的发行市场和通过证券交易所报价系统进行的"非面对面"证券交易,《证券虚假陈述若干规定》采用交易因果关系推定原则,以减轻不特定投资者的举证责任,实现实质公平。[1] 针对向特定投资者发行股票、协议转让等"面对面"证券交易,《证券虚假陈述若干规定》并未纳入其适用范围,上述证券交易中因证券虚假陈述所产生的侵权纠纷属于普通侵权,根据《侵权责任法》的相关规定,特定投资者作为被侵权人应举证证明其投资决定与信息披露义务人的虚假陈述行为之间存在因果关系,并根据虚假陈述行为的类型采取不同的举证责任方式。对于信息披露义务人故意隐瞒或者遗漏本应披露的信息而未披露的证券虚假陈述行为,基于投资者难以就该消极事实对交易的影响进行举证,故只要投资者证明违法行为客观存在,就可推定交易因果关系成立;[2] 对于信息披露义务人主动披露不实信息的证券虚假陈述行为,基于投资者就该积极事实对交易的影响有相应的举证能力,应由投资者举证证明其受虚假陈述影响而作出投资决定,才可认定交易因果关系成立。

---

① 汤欣、李卓卓:《新修虚假陈述民事赔偿司法解释评析》,载《法律适用》2022 年第 3 期。

② 陈洁:《证券虚假陈述侵权损害赔偿中因果关系的认定机制》,载《中国社会科学院大学学报》2023 年第 10 期。

关于注意义务问题，对于公开募集股份的发行市场和通过证券交易所报价系统进行的"非面对面"证券交易，投资者均是信赖上市公司披露的信息进行交易，机构投资者和普通投资者负有的注意义务一致，并不负有更高的注意义务；对于向特定投资者发行股票、协议转让等"面对面"证券交易，专业投资者应负有更高的注意义务。本案中车公司作为机构投资者，本应负有更高的注意义务。从本案虚假陈述行为的具体情形来看，虚假意向性协议是保千里电子公司向评估机构提供的文件，且对于涉案重大资产重组事项，上市公司已聘请独立财务顾问、律师事务所、会计师事务所和资产评估机构等证券服务机构出具无保留审核意见。在各证券服务机构已经审核确认其内容不存在虚假记载、误导性陈述或重大遗漏的情形下，中车公司作为机构投资者亦难以对虚假意向性协议的真实性进行核查，不属于中车公司专业能力可以发现的虚假陈述，因此，中车公司并未违反其注意义务。

保千里公司的虚假陈述属于主动披露不实信息，中车公司应承担交易因果关系成立的证明责任。为此，中车公司提供了其参与保千里公司非公开发行股票的《可行性研究报告》，证明中车公司参与保千里公司非公开发行股票的认购主要系基于保千里公司业绩增长较快的经营现状，以及对保千里公司未来成长空间和保千里公司股票上涨的预期，而《行政处罚决定书》认定的9份虚假的意向性协议对于保千里公司业绩以及未来市场预期具有明显影响。因此，一审和二审法院认定中车公司认购保千里公司非公开发行股票受到保千里公司的虚假陈述行为影响，具有事实依据。

（2）损失因果关系的认定问题。损失因果关系的认定是在推定交易因果关系的前提下，对投资者受害范围的确定。在这个阶段，法院需要查明的不是虚假陈述是否导致投资者损害，而是投资者的损害是否存在多因一果的情形，从而才能对被告的抗辩予以认定。法院需要厘清虚假陈述以及其他因素对证券价格分别造成的损失和影响。① 本案保千里公司的虚假陈述行为会推高保千里公司股票交易价格，从而影响保千里公司非公开股票发行价格，最终推高中车公司的申购报价及认购价格。一旦保千里公司虚假陈述行为被揭露，其股价将随之下跌，从而对中车公司造成损失。因此，保千里公司的虚假陈述行为与中车公司的损失之间亦具有因果关系。

此外，法院还通过选取沪深大盘指数变化情况，与保千里公司股票在虚假陈述揭露日和基准日的涨跌进行对比分析，认定保千里公司股票下跌未受沪深证券市场系统风险影响，从而得出中车公司在此期间的投资损失与保千里公司虚假陈述行为存在因果关系。

（3）中车公司损失数额的认定问题。如前所述，关于中车公司的损失如何认定问题，可以参照《证券虚假陈述若干规定》相关规定来处理。本案中，首先应确定保千里公司的虚假陈述实施日、揭露日和基准日。一审参照《证券虚假陈述若干规定》第二十条、第三十三条的规定，认定保千里公司虚假陈述实施日为2014年10月30日、揭露日为2016年12月29日以及基准日为2017年4月11日正确，从而计算出中车公司投资差额损失20,570,599.35元、投资差额损失部分的佣金5759.77元、印花税20,570.60元、利息

---

① 陈洁：《证券虚假陈述侵权损害赔偿中因果关系的认定机制》，载《中国社会科学院大学学报》2023年第10期。

53065.70 元。一审法院关于中车公司损失数额的认定正确，得到了二审法院的支持。

3. 关于陈某昌和童某平等七名董事是否应对保千里公司的赔偿债务承担连带责任的问题

（1）陈某昌的法律责任认定。《证券法》（2014 年修订）第六十九条规定，发行人、上市公司的董事、监事、高级管理人员和其他直接责任人员应当与发行人、上市公司就虚假陈述造成的损失承担连带赔偿责任，但是能够证明自己没有过错的除外。本案中，庄甲时任保千里电子公司的董事长、总经理，主导保千里公司整个收购事项。陈某昌、庄乙、蒋某杰与庄甲构成一致行动关系，同属于共同收购人。上述四个自然人在保千里公司重整过程中，违背《承诺函》，操纵上市公司进行虚假陈述行为，存在明显故意，构成共同侵权，一审认定上述四个自然人应承担连带赔偿责任正确。陈某昌主张其不应承担连带责任缺乏法律依据，法院不予支持理据充分。

（2）童某平等七名董事的法律责任认定。过错推定是证券市场虚假陈述侵权赔偿董事责任追究的归责原则，也是我国立法基于投资者利益保护和受害人损失补偿作出的必然和合理的选择。过错推定原则之下，董事享有反证抗辩的权利。[①] 本案童某平等七名董事作为被借壳方中达股份公司的前董事，因保千里公司虚假陈述行为而受到行政处罚，但《证券法》并没有明确要求在行政处罚时应对董事、监事、高级管理人员和其他直接责任人员的过错作出判断。可见，证券虚假陈述中行政处罚和民事侵权责任的法律依据不同，判定标准亦存在差异。因此，上市公司的董事、监事、高级管理人员和其他直接责任人员因证券虚假陈述受到行政处罚，并不必然推定其存在过错并承担相应的民事赔偿责任。其次，从本案虚假陈述所涉及的信息来看。根据证监会在涉案《行政处罚决定书》中的认定，本案虚假陈述行为系中达股份公司在重组过程中，借壳方保千里电子公司向银信评估公司提供虚假意向性协议，故本案中达股份公司违法披露的信息并非当时上市公司中达股份公司自身的经营及财务信息，而是重组交易对方保千里电子公司提供的存在虚假记载的信息。该披露的信息对于庄甲及一致行动人而言是公司内部经营信息，其应保证信息的真实、完整；对童某平等七名董事而言，并非公司内部经营信息，而是属于来源于公司之外他人提供的第三方信息，其注意义务应适度降低。最后，从童某平等七名董事的履职情况来看。对于涉案重大资产重组事项，中达股份公司已依据上述《上市公司重大资产重组管理办法》的规定，聘请独立财务顾问、律师事务所、会计师事务所和资产评估机构等证券服务机构就重大资产重组出具了专业意见。同时，在中达股份公司重组期间，作为公司董事长的童某平及公司财务负责人的王某云频繁往来江阴和深圳，经过多轮现场调研、反复磋商、洽谈，积极督促和安排上市公司聘请专业机构开展工作，依照规定落实了重组对方出具承诺保证资料的完整、准确、真实，应认定其履行了作为董事的勤勉义务。鉴于童某平等七名董事在涉案证券虚假陈述民事侵权行为中并无过错，故一审和二审法院均认定其无须承担民事赔偿责任正确。

---

① 赵旭东：《论虚假陈述董事责任的过错认定——兼〈虚假陈述侵权赔偿若干规定〉评析》，载《国家检察官学院学报》2022 年第 2 期。

应当指出，我国现行《证券法》（2019 年修正）第 85 条规定发行人控股股东、实际控制人、董事、监事、高级管理人员和其他直接责任人员应当与发行人承担连带责任，能证明自己没有过错的除外。这种董事无差异化的承担连带责任方式，违背了过罚相当的原则。有学者建议，应当以董事在证券虚假陈述案件中的过错形态为核心标准，建立差异化的、多层次的责任构造：对故意的董事，设定连带责任规则；对过失的董事，设定比例责任规则；并且以收益为基准，设定一般过失董事的最高责任限额。[①] 诚然，上述建议具有一定的合理性，值得立法部门考虑并予以采纳。

📝 思考题

案例一[②]　原告杨某波因不服被告中国证券监督管理委员会（以下简称证监会）作出的行政处罚决定，于 2014 年 2 月 8 日向北京市第一中级人民法院提起行政诉讼。

2013 年 11 月 1 日，被告证监会作出（2013）59 号《行政处罚决定书》（以下简称被诉处罚决定），查明：2013 年 8 月 16 日 11 时 05 分，光大证券股份有限公司（以下简称光大证券）在进行交易型开放式指数基金（以下简称 ETF）申赎套利交易时，因程序错误，其所使用的策略交易系统以 234 亿元的巨量资金申购 180ETF 成分股，实际成交 72.7 亿元。经测算，180ETF 与沪深 300 指数在 2013 年 1 月 4 日至 8 月 21 日期间的相关系数达 99.82%，即巨量申购和成交 180ETF 成分股对沪深 300 指数，180ETF、50ETF 和股指期货合约价格均产生重大影响。同时，巨量申购和成交可能对投资者判断产生重大影响，从而对沪深 300 指数，180ETF、50ETF 和股指期货合约价格产生重大影响。根据 2005 年《证券法》第七十五条第二款第（八）项和 2013 年《期货交易管理条例》第八十二条第（十一）项的规定，"光大证券在进行 ETF 套利交易时，因程序错误，其所使用的策略交易系统以 234 亿元的巨量资金申购 180ETF 成分股，实际成交 72.7 亿元"（以下简称错单交易信息）为内幕信息。光大证券是《证券法》第二百零二条和《期货交易管理条例》第七十条所规定的内幕信息知情人。上述内幕信息自 2013 年 8 月 16 日 11 时 05 分交易时产生，至当日 14 时 22 分光大证券发布公告时公开。同日不晚于 11 时 40 分，光大证券时任法定代表人、总裁徐某明召集时任助理总裁杨某忠、时任计划财务部总经理兼办公室主任沈某光和时任策略投资部总经理杨某波开会，达成通过做空股指期货、卖出 ETF 对冲风险的意见，并让杨某波负责实施。因此，光大证券知悉内幕信息的时间不晚于 2013 年 8 月 16 日 11 时 40 分。

被诉处罚决定认定：光大证券 2013 年 8 月 16 日下午将所持股票转换为 180ETF 和 50ETF 并卖出的行为和 2013 年 8 月 16 日下午卖出股指期货空头合约 IF1309、IF1312 共计 6240 张的行为构成内幕交易。2013 年 8 月 16 日 13 时，光大证券称因重大事项停牌。当日 14 时 22 分，光大证券发布公告，称"公司策略投资部自营业务在使用其独立套利系统时出现问题"。但在当日 13 时开市后，光大证券即通过卖空股指期货、卖出 ETF 对冲风

[①]　武长海、韦洁：《证券虚假陈述案件中董事民事责任的区分：以过错为核心标准》，载《上海金融》2023 年第 12 期。

[②]　案例来源于北京市第一中级人民法院（2014）一中行初字第 2438 号。

险，至 14 时 22 分，卖出股指期货空头合约 IF1309、IF1312 共计 6240 张，合约价值 43.8 亿元，获利 74,143,471.45 元；卖出 180ETF 共计 2.63 亿份，价值 1.35 亿元，卖出 50ETF 共计 6.89 亿份，价值 12.8 亿元，合计规避损失 13,070,806.63 元。光大证券在内幕信息公开前将所持股票转换为 ETF 卖出和卖出股指期货空头合约的交易，构成《证券法》第二百零二条和《期货交易管理条例》第七十条所述内幕交易行为。徐某明为直接负责的主管人员，杨某忠、沈某光、杨某波为其他直接责任人员。以上事实，有相关说明、询问笔录、公告、会议纪要、相关鉴定以及上海证券交易所、中国金融期货交易所计算的相关数据等证据证明，足以认定。

光大证券在陈述申辩中提出：其一，2013 年 8 月 16 日全天所做对冲交易，是按照光大证券《策略投资部业务管理制度》的规定和策略投资的原理，按照既定计划进行的必然性和常识性操作，具有合规性和正当性，符合业内操作惯例。其二，本案系我国资本市场上首次发生的新型案件，事件发生时，作为一个正常理性的市场交易主体，无法判断错单交易信息属于内幕信息，更无从判断下午的行为可能构成内幕交易行为。证监会认定相关交易构成内幕交易法律依据不足。其三，证监会对于违法所得的认定没有法律依据，而且存在计算错误。其四，即使证监会认定其构成内幕交易，也应该从轻减轻处罚，不应处以 5 倍罚款。除上述申辩理由外，徐某明、杨某忠、沈某光、杨某波还提出，没有内幕交易的主观故意。杨某波还提出，其并非高级管理人员，没有参与会议决策，不应对其处以重罚。

原告杨某波不服被诉处罚决定诉至法院，请求法院撤销被诉处罚决定中对其作出的行政处罚。其诉讼理由为：1. 错单交易信息不构成内幕信息。首先，内幕信息是指发行人自身的有关信息或者相关部门制定的政策等影响发行人股票或期货交易价格的信息，而这显然不包括申购者自身因申购行为而产生的信息。其次，光大证券的错单交易信息被媒体揭露，已处于公开状态，不满足内幕信息非公开性要求。依据《证券法》和《期货交易管理条例》的规定，"未公开"是构成内幕信息的要件之一。本案中，光大证券错单交易信息出现后，即有诸多媒体及记者获得了该信息，并通过多种方式或渠道予以公开，因此该信息不构成内幕信息。2. 光大证券并未利用错单交易信息从事证券或期货交易活动。本案中，光大证券针对错单交易信息采取的对冲措施属于基于市场中性策略型投资的交易原理进行的常规性、必然性操作，光大证券并未利用错单交易信息，也不存在牟利的主观目的。因此，光大证券的交易行为不构成内幕交易。3. 杨某波并非其他直接责任人员。被诉处罚决定将杨某波认定为光大证券对冲交易的其他直接责任人员违反了法律规定。依据证监会的规定，"具体实施"和"起较大作用"是构成"其他直接责任人员"的两个要件。本案中，杨某波依照当日中午会议决策的内容向交易员传达了实施对冲交易的指令，其既非会议的决策者，也非对冲交易的具体实施者，因而不属于"其他直接责任人员"。4. 被诉处罚决定对光大证券做空股指期货部分的违法所得数额认定错误。光大证券案发当日下午卖空的股指期货合约未交割，实际交割之后光大证券在股指期货部分实际亏损四百余万元，而被诉处罚决定以 2013 年 8 月 16 日当日收盘后的价格，即所谓盯市盈利计算违法所得，认定光大证券获利七千余万元，违反《会计准则》的相关规定。同时，从光大证券股指期货部分的实际亏损来看，光大证券下午做空股指期货的行为不具有盈利目的，亦可反证其行为并非内幕交易。5. 被告认定光大证券下午的对冲行为构成内幕交易，缺乏法律依据，超越了《立法法》关于法律、行政法规司法解释及解释权限的相关规定，以及《行政处罚法》第三条、第四条关于行政处罚法定和行政处罚公开的基本原则。

法院认为：根据《证券法》第一百七十九条第一款第（七）项之规定，国务院证券监督管理机构依法对违反证券市场监督管理法律、行政法规的行为进行查处；《期货交易管理条例》第四十七条第（七）项规定，国务院期货监督管理机构对违反期货市场监督管理法律、行政法规的行为进行查处。因此，被告具有作出被诉处罚决定的法定职权。根据《证券法》第二百零二条及《期货交易管理条例》第七十条之规定，被告对于内幕交易予以行政处罚亦有明确法律依据。原告对被诉处罚决定认定的基本事实及作出程序的合法性未持异议。经审查，被诉处罚决定认定事实清楚，被告作出被诉处罚决定的程序亦无违法之处。故判决驳回原告诉讼请求。

法律问题：

1. 本案错单交易信息能否构成《证券法》及《期货交易管理条例》所规定的内幕信息？

2. 光大证券案发当日下午的对冲交易是否构成内幕交易？

3. 杨某波是否构成其他直接责任人员？

案例二 明远股份有限公司是一家上市公司，其控股大股东是明远实业集团公司，该二公司的董事长均为张某。2018 年 6—12 月，明远公司因业绩较差，其股票价格仅在 2—3 元波动，明远集团及其关联企业 A 公司等趁机低价买进该公司股票共 1000 万股。此后该股票在明远集团及 A 公司的炒作下一路攀升。张某的亲戚李某听张某透露明远公司业绩将有大幅增长的消息后，也斥巨资参与炒作该公司股票。2019 年 3 月间，明远公司公布了上一年度报告。该报告显示明远公司业绩优良，利润实现了 300% 多的增长，其股票遂更加受到市场追捧，股价升至 20 多元。在此期间，明远集团及 A 公司大量抛售前述低价买进的股票，共获暴利 8000 多万元。同年 8 月间，中国证监会在掌握了足够的证据后，对明远公司实施了停牌措施。经查明：明远公司在其 2018 年年度报告中违反了财务制度，故意虚增、错列了利润 1 亿多元，有证据显示该公司实际上处于亏损状态，并有重大涉诉事项。该报告经该公司董事会全体董事讨论通过，经海口市某会计师事务所出具审计报告，由该公司法律顾问海口市某律师事务所出具法律意见书，后两者均无提出不同意见。

法律问题：

1. 本案中的单位和个人属于《证券法》规定的哪一种主体？

2. 本案中存在我国《证券法》所禁止的哪几种行为，其各自的行为人又是谁？

第九章 期货交易法

一、期货居间合同纠纷案

📖 案情简介 9-1①

原告：张某红

被告：陶某男

被告：北京首创期货有限责任公司（以下简称首创期货公司）

张某红向北京市第二中级人民法院提起诉讼，诉称：首创期货公司对居间人的违规行为放任不管，首创期货公司与居间人构成共同侵权，陶某男、首创期货公司应当连带赔偿张某红的全部损失。

陶某男辩称：张某红未提供证据证明陶某男对其损失的产生存在过错，其诉讼请求没有法律依据，请求法院依法驳回其诉讼请求。

首创期货公司辩称首创期货公司与陶某男为居间合同关系，首创期货公司已对陶某男履行了正常的培训和管理责任，首创期货公司与张某红诉称的"喊单""刷单"行为没有关系，未与居间人恶意串通。因此，张某红要求首创期货公司赔偿损失没有任何依据，请法院依法驳回张某红对首创期货公司的诉讼请求。

法院经审理查明：

（一）首创期货公司与陶某男之间的居间关系

首创期货公司具有从事商品期货经纪、金融期货经纪等期货交易活动的资质。陶某男于 2019 年 1 月 16 日进行居间培训考试，并于同日收到《首创期货居间人培训确认单》，以对培训内容及培训时长等事项进行书面确认。经查证，陶某男在首创期货公司的培训测试中给出错误答案，卷面成绩却显示满分。当天，陶某男对《期货居间人自律承诺书》进行签字确认。该承诺书上载居间人的承诺包括："……二、主动向期货客户明示期货居间人身份，不以所签约的期货公司或其正式员工的名义及容易产生误解的名片、宣传资料等对外开展业务；三、正确、主动地向客户进行期货投资风险提示与风险警示，不对客户隐瞒重要事实或进行误导性陈述，如实披露期货公司的资质等真实情况；四、不代理客户办理期货经纪合同签订和注销、交易指令下达、资金调拨、交易结算单确认、查询等事

---

① 案例来源于北京市第二中级人民法院（2020）京 02 民初 605 号。

宜……六、不组织客户集中交易，不设立非法期货交易网点，不从事其他违法的期货经营活动……"

同日，陶某男作为乙方在《居间合同》上签字，作为甲方的首创期货公司于 2019 年 1 月 25 日在该合同上加盖公章及法定代表人的人名章。《居间合同》的主要内容为："……二、居间事项。乙方在与甲方签订本合同后，乙方按照甲方确定的投资者条件，推广甲方经营的期货业务，以及甲方其他经营范围业务。三、酬金标准及支付方式。（一）酬金标准：期货经纪业务中，为确保投资者与乙方关系的真实性，甲方将依据投资者本人的认定确立投资者与乙方的关系（投资者本人签署居间确认书，且在甲方向投资者回访过程中予以确认），投资者的确认作为乙方获取期货经纪业务居间酬金的唯一合法依据……乙方实际为甲方促成业务并产生利润收入的次月开始，计算上月报酬。甲方每月按照乙方所介绍的业务收入的一定比例计提、支付报酬。计提比率为：期货经纪业务为净手续费收入的95%……净手续费收入＝留存手续费－增值税金及附加－投资者保障基金－风险准备金－监管部门要求扣缴的其他相关费用（留存手续费＝首创期货收取的手续费－交易所收取的手续费）……四、甲方的权利和义务。（一）甲方有权根据市场和国家相关法律、法规、政策变动的情况，修改和调整甲方有关居间业务的所有管理制度及本合同；（二）有权对乙方介绍的投资者选择是否签订《期货经纪合同》；（三）负责向投资者以口头和书面方式明示乙方居间人身份；（四）负责对乙方居间活动建立居间档案，进行严格管理；……（七）有权在乙方发生违约的情况下缓发、扣除部分或全部报酬……五、乙方的权利和义务。（一）接受并自觉遵守中国证监会及有关部门的相关管理规定，执行甲方制定的所有适用于乙方的规章制度以及客户收费标准，不得从事或存在本合同第六条规定的行为；……（三）乙方应在本合同约定的范围内向甲方提供居间服务，在进行期货居间业务开发活动时向投资者明示自己的居间人身份及职责；（四）乙方要如实向投资者说明期货的功能和风险，不得故意隐瞒投资期货的风险或故意扩大投资期货的利益，不得做不实、误导的广告与宣传，更不允许进行欺诈活动；（五）通过适当方法了解客户的风险偏好，并按照期货经营机构投资者教育工作要求，做好权限内的投资者服务工作……六、居间人禁止行为乙方不得从事或存在禁止行为。乙方有下列禁止行为之一的，甲方有权停发居间费用，直至单方面终止居间合同，并追究乙方的违约责任……（四）提供、传播虚假或者误导客户的信息，或者诱使客户进行不必要的期货买卖；……（六）采取贬低竞争对手等不正当手段招揽客户；……（十一）损害客户、期货公司合法权益或者扰乱市场秩序的其他行为。"

（二）张某红进行期货交易的过程

2019 年 5 月，张某红加入"A+B 布局交流群"，进入该群后，张某红在群内成员韩某的介绍下，与吴某取得了联系，并于 2019 年 6 月在北京首创期货公司开立期货账户。在开立期货账户期间，吴某称陶某男为其"总监"，并指示张某红将陶某男填写入"居间人"一栏。

2019 年 6 月 3 日，张某红对《普通投资者适当性匹配意见告知书》《期货交易手续费确认书》《期货委托理财特别风险提示及居间业务明示》等文件进行签字确认。《普通投资者适当性匹配意见告知书》中显示张某红为 C4 类风险承受能力投资者。在《期货委托理财特别风险提示及居间业务明示》中的"居间业务明示"部分载明："（一）居间人是指为期货经营机构或投资者提供订立期货合同的机会或者订立期货合同中介服务的自然人。期货合同是指期货经纪合同、期货投资咨询合同和期货资产管理合同等。（二）居间人非期货公司员工，其居间活动仅限于为期货公司介绍客户，独立承担基于居间法律关系所产生的民事责任，不得开展期货委托理财（又称代客理财）活动……（四）居间人不得存在下列行为：……4. 提供、传播虚假或者误导客户的信息，或者诱使客户进行不必要的期货买卖……11. 损害客户、期货公司合法权益或者扰乱市场秩序的其他行为。对居间人的上述行为，首创期货不承担任何法律责任并保留追究居间人法律责任的权利。若您发现居间人有上述行为的，有权向首创期货（电话：010-5837×××）举报……"

同日，张某红另签署《互联网开户风险揭示》《期货交易风险说明书》及《客户须知》《期货交易风险说明书》上载："……您应当充分了解到，期货合约交易采取保证金交易方式，具有杠杆性，带有高度的风险。相对较小的市场波动，可能使您产生巨大亏损，损失的总额可能超过您存放在期货公司的全部初始保证金以及追加保证金。"张某红作为乙方与首创期货公司（甲方）签订《期货经纪合同》，该合同约定："甲、乙双方经过平等协商，就甲方为乙方提供期货交易服务的有关事项订立本合同……在签署本合同前，甲方已向乙方出示了《期货交易风险说明书》及《客户须知》，并充分揭示了期货交易的风险。乙方已仔细阅读、了解并理解了上述文件的内容，并签字确认。"首创期货公司在张某红账户开户的过程中进行视频验证，并再次告知期货投资的风险以及居间人身份等事宜。

在开设前述期货账户后，张某红跟随"韩某"在"A+B 布局交流群"中的指令进行期货交易操作，进行螺纹钢期货交易。在期货交易期间，张某红共计入金 3,230,000 元，出金 1,298,207.22 元，差额 1,931,792.78 元。张某红称其中平仓盈亏为 -791,740 元，张某红与首创期货公司确认张某红为期货交易支付的手续费共计 1,140,052.78 元。

2019 年 9 月 5 日，张某红与首创期货公司签署《销户确认书》，该确认书上载："本人/单位决定自本销户确认书签字之日起终止与贵公司的期货代理关系，双方签署的《期货经纪合同》随即撤销……同时，本人/单位声明：本人/单位委托贵公司代理的一切期货交易、结算以及资金出入均准确无误，自《期货经纪合同》终止之日起，没有任何纠纷或纠纷已经解决完毕，没有任何债权债务关系。"

（三）张某红举报后监管部门采取的监管措施及其他与过错认定相关的情况

期货交易损失发生后，张某红向北京市证监局举报了首创期货公司。在投诉处理期间，首创期货公司联系陶某男处理相关事项，陶某男不予配合。2020 年 1 月 22 日，北京市证监局对首创期货公司出具《关于对北京首创期货有限责任公司采取责令改正监管措施的决定》，上载："经查，你公司在居间人管理方面存在未有效执行公司制度的问题。上述行为违反了《期货公司监督管理办法》第五十六条的规定，按照《期货公司监督管理办法》第一百零九条的规定，我局决定对你公司采取责令改正的行政监管措施。"

北京市证监局于 2020 年 2 月 28 日回复张某红，内容如下："经查，未发现北京首创及其工作人员存在举报所提参与喊单、刷单行为的证据；您已书面确认期货交易手续费收取标准，您的交易结算信息未见异常；经调取公司留存记录，未见北京首创在处理您投诉过程中存在违法违规行为；北京首创期货有限责任公司存在未有效执行公司制度等行为，我局已依规对公司进行了处理。"

在本案诉讼过程中，陶某男称其并不认识张某红、韩某，吴某为其前女友，通过吴某提供的信息促成张某红与首创期货公司签订《期货经纪合同》。首创期货公司称其对居间人的约束主要体现在《居间合同》的第五条、第六条，对居间人的行为是每个阶段进行核查，在陶某男成为居间人时让陶某男填写了测试试题，已经告知了居间人行为规范。

此外，张某红的风险评估结果显示，他的主要投资目标是"产生较多的收益，可以承担较大的投资风险"，可以承受"较大的投资损失"，最近三年个人平均年收入为 20 万元到 70 万元（不含）之间，预计进行期货投资的资金占家族现有总资产（不含自住、自用房产及汽车等固定资产）的比例是 30%—50%。该测评结果另显示，张某红确认其为"一位有经验的投资者，参与过股票、基金等产品的交易，并倾向于自己做出投资决策"，"现在或此前曾从事金融、经济或财会等与金融产品投资相关的工作超过两年"，职务为"高级管理人员"，"对证券期货产品及相关风险具有基本的知识和理解"，对于"股票、混合型基金、偏股型基金、股票型基金等权益类投资品种等"具有两年以上投资经验。张某红在庭审时表示，他拥有本科学士学位，曾在一家财产保险公司担任经理，购买过银行理财产品和股票。

再查，陶某男称其就张某红的期货交易已获得的居间报酬情况为：2019 年 6 月份为 236,535.2 元，2019 年 7 月份为 385,023.83 元，但是在 2019 年 8 月份首创期货公司从其他投资者的居间报酬中扣除了 212,485.06 元，首创期货公司当庭对陶某男前称的已获得的 2019 年 6、7 月份居间报酬金额予以确认。首创期货公司庭后另提交书面材料称张某红支付的手续费 1,140,052.78 元中，上交至期货交易所 227,778.46 元，首创期货公司留存 912,274.32 元，扣除增值税及附加 57,838.18 元、风险准备金 43,031.80 元和投资者保障基金 148.21 元后的净收入为 811 256.11 元，其中陶某男可获得的居间报酬为客户手续费净收入的 95%，即 770,693.31 元，陶某男可获得的总收入为前述居间报酬加上利息返还 97.53 元及期货交易所返还 32,227.33 元，共计 803,018.17 元。首创期货公司另称，因陶某男存在其他风险事件，首创期货公司于 2019 年 7、8 月分两次扣发陶某男当月合计收入金额的 20% 作为风险金，涉及张某红期货交易扣发的金额为：2019 年 7 月扣发 77,138.88 元，2019 年 8 月扣发 1,305.01 元，2019 年 9 月扣发陶某男全部收入 4839.81 元。

💬 **法律问题**

1. 居间人陶某男对张某红的损失发生是否存有过错？
2. 首创期货公司是否应就张某红的损失与陶某男承担连带责任？
3. 分析各方的过错程度及原因力大小。

✍ 法理分析

1. 陶某男未履行"适当性义务"，对张某红的损失发生存有过错

依据陶某男与首创期货公司签订的《居间合同》，陶某男是受首创期货公司委托，为首创期货公司提供订立期货经纪合同的中介服务，首创期货公司按照约定向其支付报酬的自然人，陶某男具有期货公司居间人身份。在现行的法律、行政法规及部门规章中，对期货公司居间人在提供居间服务的过程中具有何种法定义务未作直接规定。但是，期货公司居间人受期货公司委托扩大了期货公司选取缔约对象的范围，扩张了期货公司的业务活动领域。期货公司居间人基于其与期货公司之间的居间合同，与期货公司一同对外向投资者提供期货交易服务并共享利润。因此，作为期货公司业务范围的延展人及期货交易服务的提供者，期货公司居间人也须履行《期货交易管理条例》《证券期货投资者适当性管理办法》等行政法规、部门规章中规定的适用于期货公司但与合格投资者确认密切相关的"适当性义务"。该种义务亦体现在居间人与期货公司的约定、地方性行业自律规则中。在本案中，《居间合同》项下包括陶某男应适当披露其居间人身份及告知投资者期货交易风险等义务，前述义务本质上系为规范期货居间行为、维护期货交易秩序而设立，也为陶某男本应履行的适当性义务内容。

张某红诉称陶某男存在"提供、传播虚假或者误导客户的信息，或者诱使客户进行不必要的期货买卖"的行为，现有证据虽尚未显示陶某男与微信群中的喊单等行为及韩东具有直接关系，但张某红系经微信群相关人员指示以陶某男为居间人与首创期货公司签订《期货经纪合同》，参与风险较高的期货投资活动。在向投资者推介期货交易经纪服务的过程中，陶某男负有了解投资者、揭示期货交易风险、将合格的投资者介绍给期货公司等适当性义务，以避免投资者进行"不必要的期货买卖"。而陶某男自称其并不认识张某红，对于如何获取张某红的个人信息、如何确认张某红合格投资者身份等均没有提供合理解释，亦没有提供证据证明其向张某红明确披露其居间人身份并就期货交易的风险向张某红予以说明。因此，陶某男在促成张某红开立期货账户并进行交易的过程中未履行适当性义务，存有过错。

2. 首创期货公司在居间人管理方面存在问题，应就张某红的损失与陶某男承担连带责任

对于首创期货公司，其提供了张某红的风险评测结果、《普通投资者适当性匹配意见告知书》《期货委托理财特别风险提示及居间义务明示》《期货交易风险说明书》以及工作人员对张某红的开户验证视频等证据，前述证据显示在首创期货公司向张某红提供期货经纪服务时，已了解张某红的投资者资格，并向张某红说明了期货交易的风险，首创期货公司已履行了适当性义务。

但首创期货公司前述义务的履行并不能免除其对陶某男负有的管理义务。在张某红举报后，监管部门认定首创期货公司在居间人管理方面存在未有效执行公司制度的问题。首创期货公司虽在诉讼过程中强调其与陶某男不存在管理与被管理关系，双方之间仅存在居间合同关系。但《期货公司监督管理办法》第四十六条规定："期货公司应当建立并有效

执行风险管理、内部控制、期货保证金存管等业务制度和流程，有效隔离不同业务之间的风险，确保客户资产安全和交易安全。"在本案中，首创期货公司一方面通过居间人的居间事项扩展自身业务范围并从中获益，另一方面又因居间人身份而隔离自身风险。在对期货居间人行政监管缺失的现状下，如仅以平等合同主体关系评价期货公司与居间人之间的关系，显然不利于期货投资者利益保护与期货交易秩序维护。在行业自律规则中，也存在期货公司对居间人进行管理的规定。因此，首创期货公司对陶某男负有管理责任。法院认为，首创期货公司未能履行管理责任，主要体现在以下四点：1. 首创期货公司未审慎选择居间人。在订立居间合同时，首创期货公司实际对居间人进行了选任，其对居间人的资格与能力负有审核义务并具有筛选居间人的能力，但首创期货公司对陶某男的筛选流于形式。2. 首创期货公司未向居间人告知适当性管理标准和要求。《居间合同》中约定陶某男按照首创期货公司确定的投资者条件，推广首创期货公司的期货业务，首创期货公司未能提供证据证明其向居间人告知了投资者条件。3. 《居间合同》约定居间人可获得的居间报酬高达净手续费的95%，首创期货公司应建立并有效执行对居间人的风险管理制度，避免居间人以获取高额居间报酬为目的而采取违法违规手段诱使投资者不适当选择期货投资，进行不必要的期货交易，造成系统性投资风险。但首创期货公司未能提交证据证明其建立了相应制度以防范流程系统风险。4. 在投诉事件发生后，陶某男拒绝配合首创期货公司进行调查，亦显示出首创期货公司对居间人风险缺乏防范与处置机制。因此，首创期货公司未对居间人进行有效管理，且首创期货公司有能力且应当预见居间人未履行适当性义务会对投资者作出自主交易决策产生不利影响，仍放任居间人在开展居间业务过程中不履行适当性义务，首创期货公司具有过错。

原《中华人民共和国民法总则》第一百六十七条规定："代理人知道或者应当知道代理事项违法仍然实施代理行为，或者被代理人知道或者应当知道代理人的代理行为违法未作反对表示的，被代理人和代理人应当承担连带责任。"在本案中，首创期货公司与陶某男之间为居间合同关系，可参照前述规定。首创期货公司较普通投资者在居间人选任、管理及期货交易市场规则、期货交易风险认知等方面具有较强的影响力与优势，作为委托人的首创期货公司怠于对居间人进行管理，放任陶某男在为首创期货公司扩展业务过程中出现完全未履行适当性义务的行为，应视为应当知道居间人存在违法行为未作反对表示，故应与陶某男承担连带责任。在《居间合同》中约定的两方收益比例及责任承担方式，为首创期货公司与陶某男之间的内部约定，不能对抗外部投资者，不影响首创期货公司承担连带责任。

3. 各方的过错程度及原因力大小

张某红索赔的损失由两部分组成，一部分是期货交易损失791,740元，另一部分是期货交易过程中产生的手续费共计11,400,052.78元。期货投资属于较高风险等级的投资活动，张某红的风险评估报告显示，他曾参与过股票、基金等产品的交易，是一位经验丰富的投资者，可以承受较大的投资损失，其风险承受能力级别与其所交易的期货产品风险等级相适配。张某红亦对期货交易的手续费标准进行了确认。因此，张某红的损失发生直接源于期货交易市场的波动，并与张某红采取的操作方式相关。

但陶某男未履行适当性义务与张某红的损失发生亦具有法律上的因果关系。在将张某红介绍给首创期货公司之时，陶某男未向张某红告知期货投资的风险及其居间人身份，陶某男亦无法合理解释其获取张某红投资者信息的方式。如陶某男对张某红进行期货投资风险提示并及时披露其居间人身份，特别是向张某红解释居间人、期货公司、投资者三者之间的权利义务，则在一定程度上，可以使得张某红清楚认知期货投资风险，及其进行期货交易的方式与居间人等人员的收益相关，进而自主作出是否进行期货投资及如何进行期货交易操作的决定，而不会盲目跟随韩某指令进行交易。陶某男违反适当性义务，导致张某红在对期货投资的高风险认知不充分的情况下进行了投资，客观上增加了张某红经济损失的可能性，且高风险随后被现实化。同时，因为张某红在交易中听从了韩某的指示，陶某男从居间报酬中得到了高额的收益，增加了其主观过错。

首创期货公司怠于对居间人进行管理的行为，客观上扩大了居间人的不当行为对投资者自主决策产生的作用力。虽首创期货公司在与张某红签订《期货经纪合同》时履行了适当性义务，但居间人未履行适当性义务将影响投资者风险评测结果、风险认知回馈情况的客观性，前述结果与情况又为首创期货公司确认投资者是否适当的标准。因此，首创期货公司履行适当性义务并不能避免张某红因陶某男未履行适当性义务而作出的非自主性交易决策。如首创期货公司充分履行对居间人的管理责任，则陶某男不履行适当性义务的行为在一定程度上可以避免。因此，首创期货公司的过错行为与张某红的损失之间亦构成法律上的因果关系。

综合上述，综合考虑期货交易中投资者的风险责任、各方在期货交易中的过错程度及陶某男未履行适当性义务对于损害结果发生的原因力等因素，法院酌定陶某男、首创期货公司连带赔偿张某红损失1,931,792.78元的40%，即772,717元，理据充分。

二、期货强行平仓纠纷案

📖 **案情简介 9-2**[①]

原告：光大期货有限公司

被告：鲍某明

原告向上海金融法院诉请：1. 判令被告偿还原告损失人民币1,439,790.85元（以下币种同），并支付该等款项的利息（以1,439,790.85元为基数，自2019年9月4日起至实际清偿之日止，按同期全国银行间同业拆借中心公布的贷款市场报价利率计算）；2. 判令被告承担本案诉讼费用。

被告辩称，原告在未经被告同意的情况下，为被告申请了特殊保证金，导致杠杆加大、风险增加；被告账户于2019年8月29日日终结算时风险率即高于100%，被告于当晚补充30万元保证金，经测算于2019年8月30日日盘开盘时被告账户风险率仍高于100%，原告此时就应当通知被告进行仓位处理，并在被告没有自行处理的情况下履行强行平仓义务，而原告并未及时进行平仓。因此，请求法院按照双方当事人的过错比例划分

---

① 案例来源于上海金融法院（2020）沪74民初598号。

本案中的赔偿责任。

　　法院审理查明：2018 年 6 月 21 日，原告（甲方）与被告（乙方）签订《自然人期货经纪合同》（以下简称《期货经纪合同》），其中第八条约定："乙方委托甲方按照乙方交易指令为乙方进行期货交易；甲方接受乙方委托，并按照乙方交易指令为乙方进行期货交易。甲方根据期货交易所规则执行乙方交易指令，乙方应当对交易结果承担全部责任。"第十六条约定："甲方有权根据期货交易所、结算机构的规定、市场情况，或者甲方认为有必要时自行调整保证金比例，且无须经乙方同意。甲方调整保证金比例时，以甲方发出的调整保证金公告或者通知为准。"第十七条约定："甲方认为乙方持有的未平仓合约风险较大时，有权对乙方单独提高保证金比例或者拒绝乙方开仓，且无须经乙方同意。在此种情形下，提高保证金或者拒绝乙方开仓的通知单独对乙方发出。"第三十条约定："甲方对乙方的期货交易实行当日无负债结算。只要乙方在该交易日有交易、有持仓或者有出入金的，甲方均应在当日结算后按照本合同约定的方式向乙方发出显示其账户权益状况和成交结果的交易结算报告。乙方同意在没有交易、持仓及出入金时，甲方可以不对乙方发出交易结算报告，除非乙方特别要求。"第三十一条约定："为确保甲方能够履行通知义务，乙方及时了解自己账户的交易情况，双方同意利用中国期货市场监控中心查询系统作为甲方向乙方发送交易结算报告、追加保证金通知和强行平仓通知等文件的主要通知方式。甲方应在每日收市结算以后，及时将乙方账户的交易结算报告、追加保证金通知和强行平仓通知等文件发送到中国期货市场监控中心，只要甲方将乙方的相关文件发送到中国期货市场监控中心，即视为甲方履行了对乙方约定的通知义务；乙方应登录中国期货市场监控中心查询系统，接收甲方发出的交易结算报告、追加保证金通知和强行平仓通知等文件。除采用中国期货市场监控中心查询系统作为主要通知方式外，甲方采用向客户交易系统发送每日交易结算报告作为辅助通知方式。中国期货市场监控中心的网址为 www.cfmmc.com 或 www.cfmmc.cn，乙方可通过该网址登录中国期货市场监控中心查询系统。乙方应遵照中国期货市场监控中心的有关规定，及时修改密码。"第三十四条约定："甲方对乙方发出的通知包括但不限于：单独调整保证金通知、交易进行中发出的风险警示、追加保证金通知、强行平仓通知以及异常交易监控相关的通知或监管决定等。乙方同意甲方可以采用包括但不限于：电话通知、手机短信、交易系统信息提示、传真通知、邮寄通知、电子邮件通知等任一方式发出。如果乙方因某种原因无法收到或者没有收到，以甲方的发送记录为准，由此产生的损失由乙方承担。"第四十二条约定："乙方在其持仓过程中，应当随时关注自己的持仓、保证金和权益变化情况，并妥善处理自己的交易持仓。乙方参与连续交易的，应当关注并合理控制连续交易时段的交易风险。"第四十二条约定："甲方以风险率来计算乙方期货交易的风险。风险率的计算方法为：风险率＝客户持仓保证金÷客户权益×100％，甲方对乙方在不同期货交易所的未平仓合约统一计算风险。"第四十四条约定："在交易过程中（包括但不限于交易行情急剧变化或因交易所按规则调整保证金收取比率）当乙方的风险率大于100％，乙方应当即刻补足保证金或即刻平仓，否则乙方同意甲方有权在不通知乙方的情况下，对乙方的部分或全部未平仓合约强行平仓，直至乙方可用资金≥0，乙方应承担由此产生的结果。在交易收市后，经结算乙方的风险率大于100％时，甲方将按本合同约定的方式向乙方发出追加保证金通知和强行平仓通知，乙方应当在通知所要求的时间内追加足额保证金。否则，甲方有权在事先不再通知乙方的情况下，对乙方的部分或全部未平仓合约强行平仓，直至乙方可用资金≥0，乙方应承担由此产生的结果。"第四十七条约定："当甲方依法或者依约定强行平仓时，乙方应承担强行平仓的手续费及由此产生的结果。"第四十八条约定："只要甲方选择的平仓价位和平仓数量在当时的市场条件下属于合理的范围，乙方同意不以强行平仓的时机未能选择最佳价位和数量为由向甲方主张权益。"第五十条约定："市场原因导致甲方无法采取强行平仓措施产生的损失由乙方承担。"

签订合同时，被告签署《投资者风险揭示书》《期货交易风险说明书》，其中载明"您应当充分了解，期货合约、期权合约具有杠杆性，带有高度的风险。较小的市场波动亦可能使您产生巨大亏损，损失的总额可能超过您存放在期货公司的全部初始保证金以及追加保证金。""您应当充分了解到，假如市场走势对您不利导致您的账户保证金不足时，期货公司会按照期货经纪合同约定的时间和方式通知您在规定时间内追加保证金以使您能继续持有未平仓合约。如您未于规定时间内存入所需保证金，您持有的未平仓合约将可能在亏损的情况下被强行平仓，您必须承担由此导致的一切损失。""您应当充分了解，在因市场行情波动剧烈出现单边涨跌停价格、投资者缺乏投资兴趣、流动性的变化或其他因素给某些合约市场的流动性、有效性、持续性等带来不利影响时，您可能会难以或无法将持有的未平仓期货合约或期权合约平仓。如出现这类情况，您的所有保证金有可能无法弥补全部损失，您必须承担由此导致的全部损失。"原告对被告进行了风险评测，结果显示被告属于普通投资者，风险等级为C5。

2019年8月28日日终结算时，被告持有ni1910合约171手、CF909合约22手，账户公司风险率97.37%。2019年8月28日20:59:04被告账户公司风险率大于100%，原告向被告发出追加保证金通知。2019年8月29日13:47:28被告自行减仓CF909合约22手，13:47:29原告再次向被告发出追加保证金通知，该日日终结算时被告账户公司风险率104.69%，交易所风险率83.75%。2019年8月29日21:28:20被告入金30万元，此时及2019年8月30日日盘开盘时，被告账户公司风险率均大于100%，交易所风险率未达100%。2019年8月30日14:41被告账户交易所风险率100.21%，原告通过系统及短信通知被告追加保证金，14:56左右原告再次向被告发出短信通知并与被告就追加保证金进行电话沟通，被告要求观察夜盘行情再做操作，该日日终结算时被告账户公司风险率134.08%，交易所风险率111.73%，客户权益1,972,736.45元。该日日盘结束后原告又多次通过系统及短信向被告发出追加保证金否则原告有权强行平仓的通知。2019年8月30日21:00:20，原告对被告账户所持ni1910合约121手采取强行平仓措施，由于该合约于该日夜盘及2019年9月2日日盘一直处于涨停状态，未能成交。2019年9月2日日终结算时被告账户公司风险率753.78%，交易所风险率394.84%，客户权益650,906.45元。后原告与被告电话沟通，被告同意当日夜盘集合竞价时将ni1910合约171手全部挂单。2019年9月2日20:55:00，原告对被告账户持仓171手ni1910合约全部挂单强行平仓，最终以148,850元成交。被告2019年9月3日的交易结算单显示，被告账户内可用资金-1,439,790.85元，平仓盈亏-2,089,620元，客户权益-1,439,790.85元。

本院另查明，被告所持ni1910期货合约的价格于2019年8月30日14:41为130,310

元，14:55为130,500元，该日收盘130,690元。

审理中，双方均确认，双方签订的《期货经纪合同》中约定的风险率是指公司风险率。原告另提供落款日期为2018年6月22日、署名为被告的特殊保证金申请书及电话录音各一份，申请书载明被告申请将交易保证金收取比例调整为在交易所保证金水平上加收2%。被告对该申请书署名的真实性不予认可。原告工作人员与被告的通话中，原告工作人员对被告的身份进行核实后，原告工作人员询问"请问你是否向我们公司提交并签署了客户特殊保证金申请书呢"，被告回答"对"，又询问"你申请的保证金比例是交易所水平加收2%，对吗"，被告回答"对"，原告工作人员询问"你对申请书条款和申请人承诺是否都已经阅读和了解了呢"，被告回答"对对，我都看过"。

法律问题

1. 被告在原告处的期货交易保证金标准调整是否取得了被告同意？
2. 原告对被告持仓是否应强行平仓而未平仓以及涉案穿仓损失应由谁承担？

法理分析

1. 该调整系被告的真实意思

被告主张，原告在未经被告同意的情况下为被告申请了特殊保证金，特殊保证金申请书上的署名非被告本人所签，并申请笔迹鉴定。对此，法院认为，首先，根据原告提供的电话录音，在原告工作人员就特殊保证金申请事宜对被告的电话回访中，被告对向原告申请了特殊保证金及其内容明确予以确认；其次，被告自2018年6月在原告处的期货交易开户以来一直执行特殊保证金，通过交易结算单中的保证金占用金额也可得出保证金标准，被告从未对之提出异议，而且涉案诉争期间由于保证金低于该标准，被告还曾于2019年8月29日21:28:20入金30万元。综上，法院认定，被告在原告处的期货交易保证金标准调整系被告的真实意思，对被告要求对保证申请书上署名进行鉴定的申请，亦不予准许。

2. 该穿仓损失应当由被告承担

本案原、被告间签订的《期货经纪合同》第四十二条约定，当被告风险率大于100%，未按原告通知采取追加保证金等措施的，原告有权对被告账户进行强行平仓，且强行平仓的结果由被告承担。《最高人民法院关于审理期货纠纷案件若干问题的规定》（以下简称《若干规定》）第三十六条第二款亦规定："客户的交易保证金不足，又未能按期货经纪合同约定的时间追加保证金的，按期货经纪合同的约定处理；约定不明确的，期货公司有权就其未平仓的期货合约强行平仓，强行平仓造成的损失，由客户承担。"《期货交易管理条例》第三十五条第二款也有类似的规定。本案双方对于涉案情形已经达到强行平仓的条件并无争议，争议在于：一是双方签订的《期货经纪合同》只规定公司风险率，当被告账户公司风险率高于100%，而交易所风险率低于100%时，原告是否应该强制平仓，被告是否存在强制平仓不及时情况；二是本案强制平仓的损失不是客户的权益资金，而是穿仓损失，应该由谁承担这个损失。

原告主张，根据双方间《期货经纪合同》的约定，在被告账户公司风险率高于100%时，原告有强行平仓的权利，但该权利原告可以行使也可以不行使，根据原告公司内部风险控制的规定，在客户账户公司风险率大于100%时，原告通常会先通知被告追加保证金，只有客户账户风险上升至交易所风险率大于100%时才会执行强行平仓，同时给客户预留合理的时间。本案被告账户于2019年8月30日14:41由于行情剧烈波动才达到交易所风险率大于100%，原告履行了通知被告的义务并给予被告合适的时间采取处置措施后于当日夜盘挂单强行平仓，并无不当，之所以穿仓是由于挂单未能成交产生的，被告应当返还原告代垫穿仓损失。被告则认为，被告账户于2019年8月29日日终结算时公司风险率即高于100%，被告于当晚补充30万元保证金，经测算于2019年8月30日日盘开盘时被告账户公司风险率仍高于100%，此时在被告没有自行处理的情况下原告就应当履行强行平仓义务，而原告并未及时进行平仓，因此本案穿仓损失应根据双方过错比例进行分担。对于双方争议，需要结合强行平仓的性质、期货交易保证金制度的功能、双方在期货交易中的地位以及涉案穿仓损失产生的原因等综合分析。

其一，从强行平仓的性质看，期货公司与客户之间系期货行纪法律关系，期货公司的责任是严格根据客户的指令进行交易操作，一般情形下并无处分客户财产的权利。法律之所以赋予期货公司强行平仓的权利，是由期货交易的特点决定的。期货交易实行保证金制度，在客户保证金低于期货交易所规定的保证金而又未能追加或自行减仓的情况下，就会有期货公司用其自有资金为客户垫支交易的发生，也会加大整个期货市场的风险。可见，强行平仓从本质上看是期货公司为维护自身资金安全所依法享有的一项权利，根本目的在于避免期货透支交易。

其二，从保证金制度的功能看，作为期货公司内部风险控制的手段，各期货公司在期货交易所收取的交易保证金标准之外，往往会自行制定高于交易所规定的保证金比例的额外的保证金，由此也就存在两个风险度指标，即公司风险率和交易所风险率。本案双方间签订的《期货经纪合同》第四十二条约定的风险率，即是指根据原告与被告约定的保证金计算的公司风险率，对此双方亦无异议。双方间的合同约定当被告账户公司风险率大于100%时原告有权强行平仓，原告根据风险度的不同情况采取不同的风险处置措施，是原告动态风险控制的手段。由于公司保证金高于交易所保证金，在被告账户公司风险率大于100%时，一般尚不存在透支交易的风险，此时原告仅仅通知被告追加保证金而不采取强行平仓措施，并不违反法律的规定及双方间合同的约定。

其三，从期货公司和客户在期货交易中的地位来看，期货经纪公司不是期货交易的民事主体，是否进行期货交易以及如何进行期货交易是由客户决定的，客户对自己的账户和合同的风险有积极的管理和注意义务。期货公司强制平仓的权利并不排除客户为保护自身财产安全和利益而采取平仓措施的权利。本案双方签订的《期货经纪合同》中也规定了被告有义务随时关注并妥善处理自己的持仓，并没有规定当被告的账户公司风险率大于100%时，原告必须强制平仓。

其四，从本案损失的产生看，本案诉争损失虽然为穿仓损失，但原告强行平仓行为的实施并无不当，穿仓系由于市场流动性不足平仓无法实现所致。《若干规定》第三十三条第二款规定，客户保证金不足，期货公司履行了通知义务而客户未及时追加保证金，客户要求保留持仓并经书面协商一致的，对保留持仓期间造成的损失，由客户承担；穿仓造成的损失，由期货公司承担。本案中，2019年8月30日14:41被告交易所保证金不足时，原告以短信等方式通知被告追加保证金后，14:56与被告电话沟通时被告确曾要求保留夜盘持仓，但从原告与被告电话沟通的主要内容看，目的旨在通知被告追加保证金，而且对于被告要求保留夜盘持仓的要求原告亦未同意，而是于该日夜盘集中竞价时即挂单强行平仓，因此，本案首先并不符合该款所规定的"客户要求保留持仓并经书面协商一致"的情形。参照该条规定，客户透支交易或期货公司强行平仓权的行使应当以保证金为最低界限。如果客户账户交易所风险度大于100%即已经构成透支交易，期货公司不及时行使强行平仓权导致客户保证金为负，穿仓的损失则应当由期货公司承担。而本案亦不属于该种情形。根据查明的事实，2019年8月30日14:41之前被告账户交易所风险率始终低于100%，14:41由于所持合约行情剧烈波动被告账户交易所风险率大于100%，原告通过短信、电话等方式通知被告追加保证金或减仓，并给予被告时间自行采取处置措施，后于当日夜盘挂单强行平仓。从当日14:41至该日日盘结束前被告所持合约的行情看并无急剧变化，从原告给予被告的履行期限看亦尚属合理，而且由于期货交易实行日终结算，盘中交易价格并非该日日终结算价格，该日日终结算时被告账户客户权益为1,972,736.45元。因此，原告于当日夜盘挂单强行平仓，并无不当。原告已经采取强行平仓措施，但市场行情急剧变化导致被告所持合约流动性枯竭，2019年8月30日夜盘以及2019年9月2日出现涨停，致使平仓无法及时实现，直至2019年9月2日夜盘完成平仓时被告账户出现穿仓。可见，本案穿仓损失系由于客观原因而非原告平仓不及时所致。

综上，本案被告交易保证金不足时，原告履行通知义务并给予被告合理履行期限而被告未采取相关处置措施，原告方实施强行平仓措施并无不当，市场行情变化导致平仓无法实现产生的穿仓损失应当由被告承担。原告要求被告返还代垫穿仓损失1,439,790.85元，以及该垫款自2019年9月4日起至实际清偿之日止按同期全国银行间同业拆借中心公布的贷款市场报价利率计算的利息，具有事实及法律依据，应予支持。

三、期货合约实物交割纠纷案

📖 案情简介 9-3[1]

北京北广联经济开发有限公司（以下简称北广联公司）通过广州中期期货经纪公司的二级代理在广东联合期货交易所（以下简称广联所）进行期货交易。1996年3月20日，北广联公司在9603籼米标准合约进入交割月后未予平仓，从而进入实物交割阶段。交割籼米的品级为标准一等晚籼，交割的实际价格为每吨2564.92元。其中16,110吨籼米，广联所指定北广联公司在其注册交割仓库上海浦江仓储公司奉贤邬桥粮库（以下简称浦江仓库）提货。扣除50元/吨的运输贴水后，交割籼米的价格为2514.92元/吨，总

---

① 案例来源于唐金龙主编：《以案说法·金融法篇》，中国人民大学出版社2005年版，第333~336页。

价值人民币40,515,361.20元。北广联公司收到仓单后，因籼米的质量问题向其经纪公司及广联所提出异议，并于1996年4月22日向上海市高级人民法院提起诉讼：请求判令浦江仓库，广联所给付国标晚籼16,110吨，并承担违约责任。

上海市高级人民法院受理本案后，委托国内贸易部粮油制品质量监督检验测试中心（上海）对该16,110吨交割籼米进行了质量检验。经抽样检测，1996年6月12日该检验测试中心作出鉴定报告，结论为：按国家标准规定共检验10项质量指标，其中9项指标都在标准值范围，没有发现霉烂变质现象，但水分一项按广联所14.0%的籼米交割质量标准，其中5502.3吨籼米水分合格，10,607.7吨籼米水分超标，不符合质量标准。

一审期间，自1996年6月14日至7月30日，北广联公司经申请将此16,110吨籼米中16,077.88吨以2150元/吨的价格先予出售，共得货款34,567,442元。此行为征得了广联所同意。

上海市高级人民法院经审理认为：《广东联合期货交易所籼米交割质量和升贴水规定》中明确规定，质量标准中水分含量为14.0%。北广联公司提货时发现大部分货物不符合标准合约的质量标准，广联所已构成违约，应当承担违约责任。依据《广东联合期货交易所会员违规、违约处罚实施办法》（以下简称《处罚办法》）的规定，北广联公司对于不符合标准的货物应终止交割并返还广联所籼米标准仓单。广联所应退还相应货款并向北广联公司按违约金额的25%支付违约金。按《处罚办法》第八条规定，违约金是指以最后10个交易日结算价的加权平均价计算出的违约合约的价值。依此可计算出本案所涉及9603籼米合约最后10个交易日结算价的加权平均价为每吨2578元，水分不合格籼米为10,607.7吨，违约金额共计27,346,650.60元。但对于符合标准合约质量标准部分的货物，仍应履行交割义务。对于北广联公司请求退回全部交割货物货款不予支持。交割仓库交付的交割物存在质量问题，应当由交易所对买方承担违约责任后再向仓库追索。据此，作出判决：判令广联所向北广联公司偿付10,607.7吨违约合约籼米价款，计人民币26,677,516.88元，支付违约金人民币6,836,662.65元。

广联所不服上海市高级人民法院的上述民事判决，向最高人民法院提起上诉，称：首先，应由交割仓库承担违约责任，而不是广联所。其次，原审法院对事实认定错误。北广联公司没有在有效期内提出提货请求并提走其中合格的籼米，其拒绝提全部籼米本身属违约行为；原审法院适用14%的标准既非国家标准，又非交易所标准，以此得出5023.3吨籼米合格、10,607.7吨籼米不合格的结论是错误的；原审法院认定北广联公司的损失数额是广联所支付的期货市场价格与转售价格的差额是错误的。最后，法律适用错误。本案所涉及的质量问题不属于《处罚办法》规定的违约情形，不应适用25%的违约金罚则。

最高人民法院经审理认为，交割所形成的法律关系产生在交易所与客户之间。广联所不应成为本案被告的上诉主张，本院不予支持。《处罚办法》第七条规定，卖方在规定交割期限内未向交易所交付有效提货凭证或交付的有效凭证的数量不足，为卖方交割违约。本案所涉籼米交割质量问题不属此情况，且浦江仓库既不属卖方，也不是交易所的会员单位，因此，对其保管的籼米水分超标的问题的处理，不应适用广联所的上述处罚办法进行处理。

最高人民法院认为原判认定事实清楚，但适用期货交易有关会员违规、违约处罚办法不当，应予纠正。遂判决维持一审关于"广联所向北广联公司偿付10,607.7吨违约合约籼米价款 26,677,516.88元"的判决；撤销"广联所应向北广联公司支付违约金 6,836,662.65元"的判决。

法律问题

1. 广联所能否成为本案的被告？
2. 本案期货交割标的籼米水分不达标，是否应承担违约责任？应如何处理？

法理分析

1. 广联所应成为本案的被告

实物交割是商品期货交易的重要环节。实物交割中存在问题会严重影响到期货市场发现价格、套期保值功能的正常发挥。本案纠纷即发生在实物交割阶段，因质量问题而引起争议，法律关系涉及三方当事人，即期货交易所、交割仓库和客户。根据《期货交易所管理办法》及《期货交易管理条例》的规定，期货交易所有义务保证合约切实履行及完全履行。最高人民法院《关于审理期货纠纷案件座谈会纪要》进一步作了明确规定："在期货交易过程中，期货交易所应承担保证期货合约履行的责任。任何一方不能如期全面履行期货合约规定的义务时，交易所均应代为履行，未代为履行的，应承担赔偿责任。交易所在代为履行后，享有向不履行义务一方追偿的权利。"最高人民法院《关于审理期货纠纷案件若干问题的规定》第四十五条规定："在期货合约交割期内，买方或卖方客户违约的，期货交易所应当代期货公司、期货公司应当代客户向对方承担违约责任。"因此，交割所形成的法律关系产生在交易所与客户之间。广联所不应成为本案被告的上诉主张，法院不予支持理据充分。

2. 仓库应承担相应的违约责任

根据商务部（90）商储（粮）字第284号《关于贯彻执行粮油质量标准有关问题的规定》，原粮、油料标准中的水分标准是水分增扣价的依据，而不是安全问题。以标准中规定的水分指标为基础，每低 1.0%，增价 1.5%，每高 1.0%，扣价 1.5%，低于或高于不足 1.0%者不计增价或扣价。本案所交割的籼米，只是水分超标，没有发生霉烂变质，应认定为重量问题而不是质量问题，应由广联所作降价处理或补足重量。

交割仓库是由期货交易所指定的，与期货交易所签订协议，有明确的权利义务关系。交易所委托的仓库接受卖方货物时，应当履行验收的责任，未在规定的期限内提出质量异议或因其保管不善造成损失的，应当向交易所承担违约责任。所以广联所在对外承担赔偿后有权向交割仓库主张追偿的权利。

北广联公司未及时提货，对于因市场价格波动造成籼米被低价处理，也有一定过错，亦应承担相应的民事责任。

✏️ **思考题**

　　案例一① 　无锡市不锈钢电子交易中心有限公司（以下简称交易中心）成立于 2006 年，其经营范围为：不锈钢及有色金属的电子交易及相关配套服务；不锈钢、有色金属的销售；电子商务技术及信息服务等。2006 年 12 月 13 日，无锡泰德不锈钢有限公司（以下简称泰德公司）与交易中心签订交易商入市协议，约定：泰德公司自愿成为交易中心的交易商，并严格按照交易中心各项业务规则的规定从事交易活动。交易中心不参与泰德公司与其他入市交易商之间的不锈钢的实际交易行为；交易中心有义务为泰德公司提供代收代付等相关服务，泰德公司应按照交易中心业务规则的规定，及时向交易中心交付货款、仓单、保证金、价差等，否则交易中心有权按照业务规则进行相应处理，泰德公司自行承担因此可能发生的全部风险；泰德公司参与电子交易成交后，应向交易中心交纳交易手续费等相关费用。同日，泰德公司、交易中心、中国工商银行股份有限公司无锡南长支行签订账户监管协议书，约定：交易中心作为第三方交易平台的运营商，为保证用于交易结算的资金安全、完整、专款专用，泰德公司和交易中心同意对交易保证金和货物交易资金采用中介结算服务方式，由中国工商银行股份有限公司无锡南长支行对保证金专用账户进行监管。2011 年 11 月 11 日，国务院发布国发〔2011〕38 号《国务院关于清理整顿各类交易场所切实防范金融风险的决定》，主要内容为：除依法经国务院或国务院期货监管机构批准设立从事期货交易的交易场所外，任何单位一律不得以集中竞价、电子撮合、匿名交易、做市商等集中交易方式进行标准化合约交易。各省级人民政府要立即对本地区各类交易场所进行一次集中清理整顿，对从事违法证券期货交易活动的交易场所，限期取消或结束交易活动。② 2013 年 5 月 7 日，江苏省人民政府办公厅下发苏政办发〔2013〕74 号《关于我省清理整顿各类交易场所检查验收情况的通知》，载明：根据部际联席会议下发的《关于江苏省清理整顿各类交易场所检查验收相关事宜的复函》（清整联发〔2013〕1 号），我省各类交易场所清理整顿工作通过验收，交易中心等 17 家商品类交易场所予以保留。泰德公司实际于 2009 年 10 月开始入市交易，自其入市交易后，绝大部分时间其账面可用资金为负值，即其在交易中心保证金账户中无现金保证金。交易中心违反交易规则允许交易商在保证金不足或无保证金的情况下进行交易，其对该行为的发生和后果，应承担全部责任。交易中心向法院提交了落款日期为 2009 年 12 月至 2013 年 1 月、担保人署名均为徐某东的数份担保协议，内容均为"本人对交易中心给予泰德公司预先调整 1000 万元保证金进行担保，保证泰德公司能在担保期限内对 1000 万元保证金进行偿还"。这些担保协议即为泰德公司在现金保证金不足时向交易中心提交的信用担保。2012 年 5 月 23 日，泰德公司将 199,289 公斤电解镍存入交易中心指定交收仓库，交易中心将这些货物相对应的金额作为泰德公司的交易保证金（但并不计入账面可用资金，账面可用资金仅反映现金金额），因泰德公司尚有账面亏损未付，且该金额目前已大于上述货物价值，故交易中心未向泰德公司归还上述货物。至 2014 年 4 月，泰德公司共计产生合同转让亏损

---

　　① 　案例来源于江苏省高级人民法院（2016）苏民终 1190 号。

　　② 　《国务院关于清理整顿各类交易场所切实防范金融风险的决定》，载《陕西省人民政府公报》2012 年 1 月 15 日。

32,757,189.41元、交收亏损153,717.94元、交纳交易手续费823,035.8元、交收手续费11,700元，并尚有账面亏损18,672,272.49元未付。

泰德公司指控称：交易中心成立至今，通过高端公司等关联会员大发其财，其他会员大都血本无归、倾家荡产。交易中心辩称：在交易中心，高端公司的角色与其他交易商不同，其主要作用是促进交易中心交易的活跃性，帮助交易商实现提前交收的现货使用需求，故高端公司与其他交易商均会有大量交易，但其并不通过价格波动获取利润或承担风险。交易中心提供的交易平台的价格行情（经公证）与上海金属网、上海有色网、江苏东方不锈钢电子交易中心、伦敦金属交易所的交易价格行情走势一致，交易中心的价格并未发生行情偏离。

原告泰德公司向法院起诉称：（1）交易中心违反《期货交易管理条例》的规定，采用集中交易方式，交易标的为标准化合约，交易中心组织的交易行为无效；（2）被告交易中心违反交易规则，允许交易商在保证金不足或无保证金情况下交易，其对该行为的发生和后果，应承担全部责任；（3）被告交易中心利用关联交易操纵价格，严重损害其他交易商利益，交易中心应当承担全部责任；（4）将存货镍定义为保证金不当，交易中心应向泰德公司返还199,289公斤镍。

法律问题：

1. 交易中心组织的电子交易是否有效？为什么？
2. 交易中心是否违反交易规则，允许交易商在保证金不足或无保证金的情况下交易？
3. 交易中心在组织交易过程中有无利用关联交易操纵价格、牟取暴利？
4. 泰德公司是否应承担交易亏损？
5. 交易中心是否应向泰德公司返还199,289公斤镍？为什么？

案例二[①]　李某忠于1995年2月16日在上海国际信托投资公司浦东证券营业部（以下简称浦东营业部）开立了账号为299A000100720的国债期货账户，并签订了《期货交易风险揭示声明书》《期货交易协议书》。双方约定该账号中的保证金若低于每个合约最低维持保证金300元，浦东营业部有权要求李某忠追缴保证金至500元，否则将采取强行平仓措施。1995年2月23日，中国证券监督管理委员会与财政部共同颁布了《国债期货交易管理暂行办法》。同年3月6日，上海证券交易所发出通知：国债期货保证金由原来每口人民币500元提高至每口人民币2000元；对现在持仓合约，各会员单位最迟须在3月10日下午按新标准将保证金划至本所国债期货清算账户，否则本所按保证金追加失败，于13日作出强行平仓处理。1995年3月10日李某忠未向浦东营业部追交保证金，但出具了一份保证书，请求浦东营业部将强行平仓权宽限至3月13日该品种场内交易时价146.70元后。1995年3月15日浦东营业部以每口人民币149.57元涨停板对李某忠持仓合约"319"品种350口强行平仓。李某忠账户资金全部损失，尚亏欠浦东营业部人民币184,282元。浦东营业部遂以原告身份诉至法院，要求确认其强行平仓行为有效，并由被

---

①　案例来源于唐金龙主编：《以案说法·金融法篇》，中国人民大学出版社2005年版，第322～324页。

告李某忠承担其184,282元损失。

法院在审理中查明：原、被告在《国债期货交易管理暂行办法》公布后，未能就保证金有关事宜再重新订立《期货交易协议书》和《期货交易风险揭示声明书》。被告在1995年3月13日期货市场"319"品种成交均价为每口人民币147.50元；1995年3月14日全日涨停板；1995年3月15日最高价每口为人民币149.57元，最低价每口为人民币147.47元。被告李某忠于1995年3月10日上午出具保证书，要求将追加保证金期限推迟至13日。原告浦东营业部追收保证金失败后，即应于1995年3月13日对被告李某忠持仓合约进行强行平仓，造成损失由被告李某忠负担。但因原告未及时按规定行使强行平仓权，致使损失扩大，扩大的经济损失经计算为39,900元。

法律问题：

1. 本案保证书是否有效？
2. 本案原告强制平仓损失应当由谁承担？未平仓的扩大损失应由谁承担？

第十章　商事信托与投资基金法

一、信托公司财产损害赔偿纠纷案

📖 **案情简介 10-1**①

原告：吴某

被告：华澳国际信托有限公司（以下简称华澳信托公司）

原告吴某向上海市浦东新区人民法院提起诉讼，请求判决：1. 被告赔偿原告人民币100万元，并支付自 2013 年 8 月 3 日起至实际付清之日止按中国人民银行同期贷款利率计算的利息；2. 本案诉讼费由被告负担。

被告与上海寅浔投资管理中心（有限合伙）（以下简称上海寅浔）签订《华澳·浙江联众贷款项目单一资金信托计划》。被告作为受托人，根据信托文件，管理、使用和处置由信托基金构成的信托下的全部资产。被告在接受该信托业务前，知道该信托资金来源于公众募集而非客户自有资金，并参与了相关方案的策划；在办理信托审批时，被告以浙江联众杭州保障房投资基金项目（以下简称杭州保障房项目）为基础进行审批；被告还清楚地知道，杭州保障房项目以信托计划的名义向社会募集资金。原告基于对被告的信任，于 2013 年 8 月 3 日认购了该投资基金项目，认购金额为人民币 100 万元。现杭州保障房项目涉嫌集资诈骗，经公安机关刑事侦查，杭州保障房项目为虚假项目，原告认购资金不能得到赔偿。2017 年 6 月，原告向原中国银行业监督管理委员会上海监管局（以下简称上海银监局）举报，上海市银监局认为被告对信托计划资金来源审核存在问题，遂对被告采取强制措施，责令其停止相关业务。原告认为，被告的行为违反了《中华人民共和国信托法》（以下简称《信托法》）及相关规定，误导了包括原告在内的投资者，导致原告认购资金无法追回，应当承担赔偿责任。

被告华澳信托公司辩称：第一，被告未参与本案所涉信托的欺诈活动，且不知情，非侵权关系适格主体。第二，被告作为信托的受托人，已经按照信托合同履行了受托人的义务，不存在过错，不存在侵权。对于贷款资金的最终流向，被告没有义务核实，也无法核实。被告收到的委托资金由光大银行转账支付，被告有理由相信资金来源合法。第三，原告的损失目前无法确定，担保人辽阳红美置业有限公司（以下简称辽阳红美公司）仍有相关土地未处置，在原告不能证明其最终损失的情况下，即使被告有侵权行为，也不应予

---

① 案例来自于上海市浦东新区人民法院（2018）沪 0115 民初 80151 号。

以赔偿。第四，原告的损失是由陈某某等人的集资诈骗造成的，与被告在上海寅浔授权下的存款、转账、放款并无因果关系。第五，原告在购买涉案有限合伙基金过程中未对上海寅浔提供的信息进行审查核实，存在重大过错，由此造成的损失应由原告自行承担。第六，上海银监局内部规定是较低层级的规范性文件，仅是行业内部维护金融秩序的合规管理规定，不属于保护原告人身和财产权利的法律法规，因此原告无权援引其作为认定被告侵权的依据。第七，被告作为法定金融机构，对其正常经营范围内的行为不承担赔偿责任，法定金融机构只有在违反保护投资者人身和财产权利的法律时才承担侵权赔偿责任。要求穿透核查的金融监管规定是为了维护金融管理秩序，而不是保护投资者人身和财产权利的法律。即使违反这些金融监管规定也不构成侵权。

经审理查明：2013 年 6 月，上海寅浔（作为委托人）与被告签订了《华澳·浙江联众贷款项目单一资金信托合同》。信托合同规定："……由受托人按照信托文件对信托财产进行管理、使用和处分……委托人上海寅浔投资管理中心（有限合伙）基于对受托人的信任，将其合法所有的自有资金委托给受托人，受托人本着'受人之托，代人理财'的理念，将信托资金以向浙江联众建设有限公司发放流动资金贷款方式进行运用，以获取收益。本信托项下信托资金金额为人民币 2.8 亿元……"

工商登记信息显示，上海寅浔成立日期为 2013 年 5 月 30 日，合伙类型为有限合伙，执行事务合伙人为杭州中楚公司（委派代表：陈某某）。原告并未注册为上海寅浔的有限合伙人。

另查明：被告内部曾于 2013 年 12 月出具了《项目风险排查报告》，报告中称："……六、项目风险判断：浙江联众财务状况良好，多个项目建设保证收益稳定；担保人辽阳红美现金流充足，项目去化速度令人满意，担保意愿正常，担保实力佳。本项目为单一被动管理类信托项目，项目风险可控，本次检查未发现重大风险事项。"

2017 年 5 月，上海银监局收到举报后，经过调查，认为华澳信托公司在管理上述信托计划过程中未对机构客户进行充分调查，对其委托资金来源的调查流于形式，未履行对信托计划委托资金来源的合规审查义务，违反了审慎经营原则，据此，依法对华澳信托公司的违法行为进行处理。

2018 年 6 月，联众公司和红美公司的实际控制人陈某某等人因涉嫌伪造联众公司承建的杭州保障房项目、联众公司法定代表人林某某涉嫌伪造联众公司虚假财务报告、陈某某授权王某成立并控制上海寅浔等 7 家有限合伙企业（均由陈某某控制的杭州中楚公司担任执行事务合伙人），由王某负责控制银行账号和网银，以签订《华澳·浙江联众贷款项目单一资金信托合同》的名义，以年化利率 9.5%—12.5% 的高额利息为诱饵，向社会不特定公众销售'浙江联众杭州保障房投资基金项目'，非法集资 2.8 亿余元。上海市第一中级人民法院以集资诈骗罪对陈某某等人判处 15 年以下有期徒刑，并处没收财产和罚金，追缴违法所得 2.3 亿元。

💬 **法律问题**

1. 原告吴某与被告之间是否存在直接的投资或信托等合同关系？原告自身是否有过错？

2. 被告应否对原告承担侵权损害赔偿责任？

法理分析

1. 原告与被告之间不存在直接的投资或信托等合同关系

本案所涉信托为指定管理单一资金信托。管理信托也称"财产管理信托"，属于实物财产信托的一种，其目的是保护信托财产的完好或运用信托财产以增加收益，信托存续期间信托财产不改变原有形态，在管理信托的过程中，受托人只有信托财产管理权，而无处分权。[①] 被告作为受托人根据《信托合同》的约定接受委托人的指定发放贷款，此类被动事务管理型信托文件中约定的内容并不违反合同签订时的信托业务相关规定，由此产生的法律后果亦应根据《信托合同》的约定由委托人自行承担。信托法律关系是指由信托法调整的，在信托当事人之间形成的以信托财产为中心的权利义务关系，信托委托人是指将财产转移给受托人，并创设信托法律关系的人。[②] 而在本案中，原告只是作为有限合伙人在涉案合伙协议上签名，并且向收款人户名为上海寅浔的账户汇款 100 万元，并没有在工商机关登记成为有限合伙人，更遑论是本案信托合同关系的委托人，本案涉案委托人系上海寅浔，上海寅浔与被告存在直接的信托法律关系，因此，原告与被告之间不存在直接的投资或信托等合同法律关系，被告相关行为并不是造成原告损失的主要原因。

此外，原告作为投资者，应当充分了解自身所投资产品的交易对手和交易风险，并不能片面追求收益（无论是稳定或者激进）而漠视投资风险。在我国《信托法》《证券法》相关制度中，存在"卖者尽责，买者自负"原则，而这项原则在司法实践中的裁判思路，其深层逻辑是买卖双方处于明显信息不对称地位，卖方机构在交易中应充分尽到适当性义务。[③] 买者自负的前提是卖者有责，卖卖方应当做到充分对风险进行提示、符合法律规定及商业伦理，不诱导、不欺诈消费者。[④] 而本案中，根据原告等投资者陈述，原告等投资者是经案外人介绍，而非被告介绍购买涉案有限合伙基金产品，但是由于涉案信托产品属于单一资金信托合同关系，委托人是上海寅浔，原告并非本案所涉信托合同关系的直接委托人，也不是涉案信托产品的投资人，没有直接投资被告发行的涉案信托产品，原告在进行投资时并没有甄别清楚其投资标的，过于轻信他人的推荐，自身亦存在一定过错，故不能将由此产生的损失均要求由被告承担，原告应当对自己的投资行为承担不利的法律后果。

2. 被告应对原告涉案损失承担部分补充赔偿责任

首先，从损害后果来看，根据上海市第一中级人民法院（2017）沪 01 刑初 50 号《刑事判决书》的认定，因陈某某、林某某、王某的犯罪行为已经造成了原告等投资者 2.3 亿元的实际损失，其中原告投入的 100 万元尚未追回，因此，原告存在经济损失的事

---

① 李伟民主编：《金融大辞典》，黑龙江人民出版社 2002 年版，第 2526 页。
② 顾功耘、吴弘主编：《商法学概论》，上海人民出版社 2013 年版，第 215~218 页。
③ 靳文辉主编：《经济法学案例与原理教程》，武汉大学出版社 2022 年版，第 68 页。
④ 周乾：《中国信托业刚性兑付问题研究》，合肥工业大学出版社 2020 年版，第 140 页。

实应予认定。

其次，从被告的过错来看，应当综合考量以下三个方面：第一，陈某某等犯罪分子通过伪造浙江联众公司承建"杭州保障房项目"的合同，成立并控制了上海寅浔等七家有限合伙企业，与被告签订了《信托合同》及相关《贷款合同》《保证合同》。被告作为受托人，对其所接受的委托具有审慎义务，需要对信托存在的风险进行实质性的排查；被告作为涉案信托项目的卖方机构对投资人需要尽到适当性义务，即必须履行的了解客户、了解产品、将适当的产品（或者服务）销售（或者提供）给适合的金融消费者等义务，然而被告对涉案信托项目的审查仅流于表面，未进行实质性审查，未发现涉案信托项目存在的风险，反而认为"项目保障营收稳定……项目去化速度令人满意……项目风险可控，本次检查未发现重大风险事项"，由此可见，被告并未尽到适当性义务。① 适当性义务，在学界中被称为"投资者适当性义务"，也有学者称为"投资者适当性管理制度"，其含义简而言之为"买方自责、卖方负责"，买方自责即买方作为商主体，对自己的商事行为负责，该原则以契约自由作为逻辑基础，然而在结构复杂、风险日益隐蔽、买卖双方存在信息、资金和地位等多方面严重不对称的金融交易中，买方自责原则逐渐受到限制②；卖方尽责，即卖方机构确保适格投资者能够在充分了解相关金融产品、投资活动的性质及风险的基础上作出自主决定，卖方尽责是买方自责的前提和基础。③ "适当性"主要指金融中介机构所提供的金融产品或服务与客户的财务状况、投资目标、风险承受水平、财务需求、知识和经验之间的契合程度。④ 第二，根据原中国银监会出具的《行政复议决定书》，被告在管理涉案信托计划时存在"对机构委托人未做充分调查，对其委托资金来源的调查流于形式，对该信托计划的委托资金来源未尽到合规审查义务，违反审慎经营规则"等具体违规行为，这些违规行为是被告作为专业信托机构所不应当存在的行为，因此被告在进行涉案信托业务的过程中存在一定过错。第三，被告辩称，其作为事务管理型信托的受托人，不对信托资金的来源和性质进行穿透性核查。法院认为，被告作为专业信托机构，即使本案的信托履行属于被动事务管理型信托，根据我国《信托法》第二十五条的规定，被告也应当审慎尽职地履行受托业务的法定责任，把控业务准入标准，完善项目尽

---

① 《全国法院民商事审判工作会议纪要》第七十二条规定："适当性义务是指卖方机构在向金融消费者推介、销售银行理财产品、保险投资产品、信托理财产品、券商集合理财计划、杠杆基金份额、期权及其他场外衍生品等高风险等级金融产品，以及为金融消费者参与融资融券、新三板、创业板、科创板、期货等高风险等级投资活动提供服务的过程中，必须履行的了解客户、了解产品、将适当的产品（或者服务）销售（或者提供）给适合的金融消费者等义务。卖方机构承担适当性义务的目的是确保金融消费者能够在充分了解相关金融产品、投资活动的性质及风险的基础上作出自主决定，并承受由此产生的收益和风险。在推介、销售高风险等级金融产品和提供高风险等级金融服务领域，适当性义务的履行是'卖者尽责'的主要内容，也是'买者自负'的前提和基础。"

② 黄辉：《金融机构的投资者适当性义务：实证研究与完善建议》，载《法学评论》2021年第2期。

③ 刘一瑶：《认定管理人尽到适当性义务与信义义务的标准》，载《人民司法》2023年第2期。

④ 胡改蓉、钱程：《投资者适当性管理制度中金融机构的免责机制——以"信赖利益"判断为核心》，载《证券市场导报》2021年第10期。

职调查，同时认真做好事中事后管理，严格资金支付，严格贷（投）后管理，还应特别关注信托项目背景以及委托资金和项目用途合规性审查，不得向委托人转移信托计划合规风险管理责任，而被告在签订及履行涉案《信托合同》的过程中并没有尽到上述责任，故存在一定过错，因此，对被告该项辩称，法院不予采信。

再次，从被告行为的违法性来看，被告作为专业信托机构，应当遵守《信托法》等法律和行政法规的相关规定。《信托法》第二十五条明确规定："受托人应当遵守信托文件的规定，为受益人的最大利益处理信托事务。受托人管理信托财产，必须恪尽职守，履行诚实、信用、谨慎、有效管理的义务。"因此，被告作为"华澳·浙江联众贷款项目单一资金信托"的受托人应当忠实、勤勉地履行自己的信托义务。从前述被告的过错行为来看，被告违反了《信托法》所要求的受托人诚实、信用、谨慎、有效管理的法定义务，因此存在违法行为。

最后，从被告违法行为和原告损害后果的因果关系来看，其一，根据原告等投资者陈述，原告等投资者在投资涉案有限合伙基金产品时，因案外人宣某某与被告的信托产品有关，所以原告等投资者有理由充分信赖被告作为专业信托机构而作出的投资决策。原告等投资者还陈述其专门与被告的客户服务人员进行了电话求证，可见若没有被告的信托产品作为信赖支撑，原告等众多投资者可能不会轻易陷入犯罪分子的骗局。其二，本案所涉法律关系虽为单一资金信托关系，委托人是上海寅浔，被告是信托受托人，原告等投资者是作为有限合伙投资人进行出资，但是在信托项目的实际运营中，若被告能够按照相关信托法律和规定，谨慎严格地按照《信托合同》的约定，对信托资金来源进行认真审查，对信托项目进行尽职调查，对信托贷款严格按照合同约定的账户进行发放，陈某某、林某某、王某等犯罪分子就无法将信托委托人的资金通过委托贷款的方式进行转移和占有，原告等投资者的资金也不会因此受到损失。因此，虽然陈某某、林某某、王某等人的犯罪行为是本案中原告等投资者损失的根本和主要原因，但是被告的过错行为无疑也为前述犯罪活动创造了条件和可能，具有"源头性作用"，故被告的侵权行为和原告的财产损失之间存在着因果关系。

关于被告的侵权行为对原告造成损失的范围问题，法院认为需要综合考量涉案各方的行为对原告损害后果产生的原因力。从已经生效的刑事判决来看，陈某某、林某某、王某等人的犯罪行为是造成原告财产损失的直接原因，且陈某某、林某某、王某等犯罪分子并非被告工作人员，其行为亦非执行被告工作任务的职务行为，因此，被告并不是原告损失的直接侵权人。

综上，案外人陈某某、林某某、王某等人的犯罪行为是造成本案原告财产损失的直接原因，且原告自身对其损害发生亦具有过错，故应自行承担相应损失。但被告在管理涉案信托业务的过程中亦存在一定过错，故综合前述意见，法院认定被告应对原告涉案损失承担20%的补充赔偿责任，即原告应自行根据前述生效刑事判决，通过追赃程序向犯罪分子追索其全部损失，但对其损失中不超过20万元的部分，在原告追索不成的情况下，应由被告向原告承担补充赔偿责任。对于原告主张的利息损失，因缺乏相应法律依据，故法院不予支持。总之，我们认为，法院判决理据充分。

二、单一资金信托纠纷案

📖 **案情简介 10-2**

原告：丁某某

被告：山东省国际信托股份有限公司（以下简称山东信托公司）

丁某某经建行济南路支行职员吕某男介绍，于 2014 年 4 月 11 日作为委托人与受托人山东信托公司签订《资金信托合同》，约定丁某某将其合法拥有的自有资金 3000 万元委托给山东信托公司，由山东信托公司以自己的名义将信托资金用于向天富人防发放信托贷款，信托贷款合同项下贷款资金划入天富人防账户后，由建行济南路支行监管贷款资金的使用；山东信托公司将信托财产所形成的收入作为信托利益的来源，按照本合同的规定将信托利益分配给丁某某。合同明确规定本信托为单一资金信托，且发放贷款后，受托人将积极督促天富人防按期足额清偿该笔贷款本息，天富人防未根据信托贷款合同规定支付贷款本息的，受托人将依据保证合同的约定要求各保证人承担连带保证责任，依据抵押合同的约定处置抵押物并优先受偿。此外，该合同在第十九条向委托人明确了信托财产运用过程中可能的法律风险、市场风险、管理风险等，而所述风险几乎由信托财产承担，并在《资金信托合同》的附件一《信托财产管理、运用风险说明书》中载明，受托人违背信托文件的规定管理、运用和处分信托财产导致信托财产损失的，才由受托人负责赔偿，不足赔偿时，由信托财产承担；合同第二十条规定了受托人的信息披露义务，但仅限于信托存续期间导致信托目的不能实现以及信托终止后披露财产管理等。

同日，天富人防（甲方）与山东信托公司（乙方）签订《信托贷款借款合同》，约定乙方根据《资金信托合同》，按照委托人的指定，将委托人交付的信托资金以贷款方式发放给天富人防，房某恩作为保证人与山东信托公司签订保证合同，承诺愿意为天富人防在签署《信托贷款借款合同》项下义务提供连带责任保证，天富人防与山东信托公司签订抵押合同，约定以天富人防名下国有土地使用权及 160 套在建工程，为天富人防依前述《信托贷款借款合同》所形成的债务提供抵押担保。2014 年 4 月 14 日，丁某某向山东信托公司账户汇入信托资金；山东信托公司账户向天富人防账户发放贷款。

2014 年 7 月 14 日，天富人防向山东信托公司提交《申请函》，利息支付延展期 3 个月；2014 年 7 月 21 日，丁某某签署《确认函》和《同意函》，同意天富人防延期支付利息。

2015 年 4 月 28 日，丁某某向山东信托公司出具《指示函》，指示山东信托同意贷款延展期，延展期届满按贷款合同约定执行。2015 年 12 月 10 日，丁某某向山东信托公司出具《指令函》，对强制执行申请书进行确认并要求山东信托向法院递交强制执行申请书，执行天富人防和保证人房来恩的财产。2016 年 8 月 19 日，丁某某向山东信托公司出具《指令函》，指令山东信托用信托财产支付对天富人防名下土地勘验产生的评估费。2016 年 11 月 10 日，山东信托公司向丁某某提交《受益人确认函》，向丁某某确认，信托财产不足，是否继续支付剩余评估费用。次日，丁某某向山东信托公司出具《确认函》，同意支付剩余费用。

　　山东信托公司于 2015 年 5 月因天富人防未按约定归还利息及借款向法院提起诉讼，法院判决天富人防偿还本金及利息，同时房某恩承担连带责任。判决生效后，山东信托公司根据委托人丁某某的指示申请强制执行，但因山东信托三次拒绝接受流拍价且不能提供两被告其他可供执行的财产线索，于是法院于 2018 年 8 月终结执行程序。丁某某于 2018 年 8 月 27 日向监管机构举报山东信托公司与其订立和履行案涉资金信托合同过程存在诸多违法、违规行为。山东省银保监局针对山东信托公司的违法行为作出行政处罚决定，认定山东信托公司存在以下违法行为：借款人天富人防同时为山东信托公司另一资金信托的借款人，并且该借款人存在工程延期、拖欠建筑商款项、建筑商对天富人防工程具有优先受偿权等风险，而山东信托公司未向委托人丁某某披露该风险，同时对其进行罚款等行政处罚。

　　关于涉案信托是否存在违法行为，一审法院认定涉案信托为通道信托，并认为山东信托公司在《资金信托合同》中向原告进行了风险披露，且原告曾购买过被告公司的信托产品，为合格投资者；被告作为成熟的商事投资主体，对《资金信托合同》的签订是在其认真阅读信托文件并对该信托计划所固有的市场风险进行理性预判的结果，且借款人天富人防违约后，原告对被告公司做出了起诉、保全、申请执行等一系列指示，被告按照原告的指示使得信托债权得到相应的保护，故被告在信托计划实施期间的信息披露和管理行为并不存在明显违反法律法规及合同约定的行为。[①] 然而二审法院的判决与一审相反，二审法院认为，合同未明确是否为通道信托，则不能对该信托下定义；我国《信托法》对受托人规定了信息披露义务，而被告没有披露和披露不实的内容足以影响原告的投资意向，构成违约，应当承担损失。[②] 关于原、被告之间的信托合同是否应解除，两审法院均驳回原告相关诉讼请求，一审法院认为合同约定至信托财产全部变现之日，不满足合同约定的解除条件；二审法院则以被告行为不必然导致信托合同目的无法实现为由。

💬 法律问题

　　1. 什么是通道信托？本案所涉信托是否为通道信托？

　　2. 什么是单一资金信托？其与集合资金信托有什么区别？

　　3. 如果涉案信托为通道信托，被告公司是否违法违约？

✍ 法理分析

　　1. 本案所涉信托为通道信托

　　"受人之托，忠人之事"是对信托最直观、间接的理解。美国学者波吉特（G. G. Bogert）从受托人的角度将信托定义为当事人间之一种信任关系，一方持有财产权，为他方之利益，负有衡平法上之管理或处分之义务；日本《信托法》则从委托人的

---

① 山东省济南市中级人民法院（2019）鲁 01 民初 4129 号民事判决书。
② 山东省高级人民法院（2020）鲁民终 2633 号民事判决书。

角度将信托定义为办理财产权之移转或其他处分，使他人依一定目的，为财产之管理或处分。① 我国《信托法》② 明确信托是基于"受托人的信任"而产生，受托人对信托财产具有管理和处分的权利，并且强调该权利的行使是以自己的名义。

通道信托，即信托通道业务，并不是一个精准的法律概念，而是业界对实践中特定信托业务模式约定俗成的表达。③ 早期，信托通道是以"银信合作"的形式出现，即银行作为委托方，与信托公司签订信托合同设立信托，通过信托贷款的方式将其资金放贷给企业；在这个过程中，信托公司仅为银行的资金通道，其只根据委托人的指示行动，不承担主动管理的职责。④ 后监管部门对该类业务发布的一系列文件进行监管，最终在 2019 年我国最高法出台的《全国法院民商事审判工作会议纪要》（即《九民纪要》）中，明确了信托之"通道"定义，"当事人在信托文件中约定，委托人自主决定信托设立、信托财产运用对象、信托财产管理运用处分方式等事宜，自行承担信托资产的风险管理责任和相应风险损失，受托人仅提供必要的事务协助或者服务，不承担主动管理职责的，应当认定为通道业务。"受托人在信托关系中通常处于核心地位，而通道信托更强调受托人义务的消极性、辅助性和最低限度性，在信托关系中，通道信托的受托人更似"工具"或"通道"的角色。

《九民纪要》第七部分明确了信托的通道业务为事务管理型信托。⑤ 同时，因通道信托具备消极性，有学者认为通道业务大多数为被动信托（消极信托），而被动信托不仅仅是通道业务⑥。有学者从信托关系内部和外部两个角度，对通道信托进行了描述：在信托交易架构中，委托人事实上控制着信托产品的运作，受托人仅以信托产品作为资金通道提供给委托人而不承担任何主动管理职责；在外部架构上，信托产品通常会连接其他金融产

① 汪鑫主编：《金融法学》（第 5 版），中国政法大学出版社 2021 年版，第 135 页。

② 《中华人民共和国信托法》第二条规定："本法所称信托，是指委托人基于对受托人的信任，将其财产权委托给受托人，由受托人按委托人的意愿以自己的名义，为受益人的利益或者特定目的，进行管理或者处分的行为。"

③ 黄维平、李安安：《风险防范视角下信托通道业务的法律规制》，载《学习与实践》2017 年第 12 期。

④ 申黎等：《国浩视点丨通道类资管业务受托人的法律责任 2021 年度观察——通道业务的效力与性质》，载微信公众号"法天使"：https：//mp．weixin．qq．com/s/spLuSUbUuvkablQmesgjsA，最后访问日期：2024 年 10 月 31 日。

⑤ 《全国法院民商事审判工作会议纪要》第七部分"关于营业信托纠纷案件的审理"规定："会议认为，从审判实践看，营业信托纠纷主要表现为事务管理信托纠纷和主动管理信托纠纷两种类型。在事务管理信托纠纷案件中，对信托公司开展和参与的多层嵌套、通道业务、回购承诺等融资活动，要以其实际构成的法律关系确定其效力，并在此基础上依法确定各方的权利义务。在主动管理信托纠纷案件中，应当重点审查受托人在'受人之托，忠人之事'的财产管理过程中，是否恪尽职守，履行了谨慎、有效管理等法定或者约定义务。"

⑥ 中国人民大学信托与基金研究所：《中国信托业发展报告》，中国经济出版社 2018 年版，第 245 页。

品以作为其他金融机构的资金出口。①

在本案中，一审法院认为涉案信托属于通道信托，而二审法院以信托文件未明确信托类型而绕开了对该问题的回答。从本案可看出，首先，受托人山东信托公司在实施信托计划的过程中，对信托的处分均经过委托人丁某某的指示，可见在信托关系内部，委托人实质控制着信托财产；其次，在信托文件中，信托责任几乎由信托财产和委托人承担，受托人仅在重大过错等情况下承担有限责任，且还需委托人承担补充责任；最后，受托人对信托的义务也仅为风险披露等最基本的义务。综上可见，在涉案信托中，受托人在信托关系中仅起到辅助性作用，充当"工具""通道"的角色，属于通道信托。

2. 单一资金信托与集合资金信托的区别

资金信托是委托人将其合法拥有的资金委托给受托人，受托人按照委托人的意愿为了受益人的利益管理运用和处分信托财产的信托，简言之，资金信托就是以资金作为初始信托财产的信托。② 根据委托人人数的不同，可将信托分为单一信托与集合信托；设立信托时，委托人为一人的信托，为单一信托；委托人为两人以上的信托，为集合信托。③ 而根据信托财产来源的不同，可以将资金信托划分为单一资金信托和集合资金信托。④ 从类别划分上来看，单一资金信托一方面需要以资金作为委托财产；另一方面其委托人仅为一人。由此可见，单一资金信托，是指信托机构接受单个委托人委托，依据委托人确定的管理方式单独管理和运用信托资金的行为。⑤

集合资金信托是与单一资金信托相对的概念，是指由两个以上委托人交付的资金进行集中管理、运用或处分的资金信托业务活动，是一种特定类型的营业信托业务。⑥ 从外观上看，单一资金信托与集合资金信托似乎只有委托人人数上的区别，但是二者在交易结构、当事人地位等方面有着较大的区别。首先，从信托关系中当事人的地位来看，集合资金信托实施过程中受托人起着主导地位，信托资金的运用和交易主体受到受托人的影响，而委托人处于消极被动的地位；而单一资金信托更加注重委托人的意愿，受托人在该类信托中的作用有的是积极的，有的是消极的。⑦ 其次，在交易结构上，集合资金信托结构较为复杂，其经常借助于受益权分层分级，将受益权分为劣后、优先等层级，以增强信用等级，保障社会投资者的权益；而单一资金信托比集合资金信托产品更加单纯、简洁，其几

---

① 杨秋宇：《信托通道业务的私法构造及其规制逻辑》，载《北京理工大学学报（社会科学版）》2021 年第 3 期。

② 吴弘等：《信托法论：中国信托市场发育发展的法律调整》，立信会计出版社 2003 年版，第 179 页。

③ 顾功耘、吴弘主编：《商法学概论》，上海人民出版社 2013 年版，第 206 页。

④ 李俊霞、钟伟：《影子银行体系》，中国金融出版社 2015 年版，第 195 页。

⑤ 薛誉华、郑晓玲主编：《现代商业银行经营管理》，复旦大学出版社 2012 年版，第 152 页。

⑥ 范健主编：《商法学》（第二版），高等教育出版社 2022 年版，第 335 页。

⑦ 李晔斌：《浅析单一资金信托发展现状》，载《中国证券期货》2012 年第 12 期。

乎都是运用于一个对象、一个项目。① 此外，从金融市场表现优势来看，有学者指出，单一资金信托可以根据委托人的风险偏好、收益要求、期限要求等，为委托人进行"量身打造"②；而集合资金信托业务能够将委托人的小额资金筹集起来，借助信托公司的优质项目载体和专业理财服务，使广大投资者能够享有大规模投资所带来的收益③。

3. 被告未向原告如实披露的行为违法

在本案中，被告山东信托公司没有向原告丁某某披露被告另一信托计划中天富人防存在借款逾期、工程延期、客户退房、拖欠建筑商款项等一系列风险，对于该行为，一审法院结合原告与被告之间的信托文件，认为以上风险双方没有在信托文件中约定被告需要向原告进行披露，故被告不存在违法违约；而二审法院认为以上风险足以影响原告的投资意向，被告仅在信托文件中对风险进行笼统表述，没有尽到我国《信托法》规定有关受托人的信义义务。④

通道信托中受托人的义务是否仅限于信托文件，是否需要承担《信托法》的法定义务？关于通道业务中委托人与受托人之间的权利义务关系，《九民纪要》提到"应根据依据信托文件加以确定"，这造成实践中一些法院，如本案一审法院，将通道信托作为一种特殊的信托予以对待，在审理受托人义务的过程中严格按照信托文件来确定受托人是否违约。实践中也有法院从公平原则出发，认为信托文件的约定不影响受托人对法定义务的承担，受托人对委托人需要承担适当性义务⑤以及勤勉尽责、诚实信用义务⑥。我们认为，通道类信托并不是一种特别的信托分类，其本质上仍然是信托，其受托人义务，尤其是忠诚义务，不能通过信托文件予以免除。因此，被告山东信托公司未向原告丁某某如实披露的行为违法。

三、证券投资基金交易纠纷案

📖 **案情简介 10-3**⑦

原告：洪某

被告：上海滚石投资管理有限公司（以下简称滚石公司）

被告：王某存

---

① 尚上财经动态：《干货 | 集合信托和单一信托的区别》，载微信公众号"尚上财经动态"，https://mp.weixin.qq.com/s/9_UKSLqxg-E6Qg804ZDMQw，最后访问日期：2024年11月1日。

② 罗显良编著：《理财产品全攻略》，中国宇航出版社2013年版，第192页。

③ 吴弘等：《信托法论：中国信托市场发育发展的法律调整》，立信会计出版社2003年版，第180页。

④ 《中华人民共和国信托法》第二十五条规定："受托人应当遵守信托文件的规定，为受益人的最大利益处理信托事务。受托人管理财产，必须恪尽职守，履行诚实、信用、谨慎、有效管理的义务。"

⑤ 北京市西城区人民法院（2020）京0102民初8098号。

⑥ 北京金融法院（2022）京74民终928号。

⑦ 案例来源于上海市崇明区人民法院（2022）沪0151民初8267号。

　　原告向上海市崇明区人民法院提出诉讼请求：1. 依法判令解除原告与两被告签订的《保和堂股权基金份额转让协议》。2. 依法判令两被告共同向原告返还300,000元，并支付资金占用费（自2017年4月13日起至2019年8月19日止，以30万元为基数，按年利率4.75%计算的33,497元，自2019年8月20日起至实际清偿之日止，以30万元为基数，按全国银行间同业拆借中心公布的贷款市场报价利率计算）。3. 依法判令两被告支付原告财产保全担保费800元、律师费10,000元。四、依法判令本案诉讼费由两被告负担。

　　两被告共同辩称：1. 滚石公司已对投资者王某存履行了相关程序性义务。投资者适当性审查义务、签署风险揭示书等程序是对基金管理人的要求，与被告王某存无关。且滚石公司已对投资者王某存作了审查，王某存将份额进行转让，与滚石公司无关。2. 原告不具备解除合同的条件，基金损失并不代表原告的合同目的无法实现。3. 基金份额转让发生于原告与王某存之间，被告滚石公司未作任何担保，因此，原告在本案中向被告滚石公司的主张与向王某存的主张非同一法律关系，滚石公司不应当在本案中承担责任。4. 原告主张解除合同的诉讼时效已过。5. 假设法院判决解除，资金占用损失应自合同解除之日起计算。

　　经审理查明：中国证券投资基金业协会信息公示显示：滚石7号保和堂股权投资基金（私募基金）成立时间为2017年4月18日，备案时间为2017年6月6日，基金类型为股权投资基金，基金管理人名称为滚石公司。

　　2017年4月12日，王某存与滚石公司签订《滚石7号基金合同》，合同记载基金计划募集总额3000万元；基金的存续期限为5年，可以提前结束或延长，且基金管理人须提前15个工作日通知全体基金份额持有人；基金份额的初始募集面值为1元，认购价格为1元/份；基金的募集方式为非公开方式向投资者募集；基金的募集机构为基金管理人，基金的认购采用金额申请的方式，认购申请确认完成后，基金投资者不得撤销，募集机构受理申请并不表示对该申请成功的确认，而仅代表募集机构确实收到了申请，认购申请的确认以份额登记机构的确认结果为准；本基金的人数规模上限为200人，认购费率为0。投资者认购时，本基金管理人为投资者设置二十四小时的冷静期，投资者在投资冷静期内，有权主动联系基金管理人解除基金合同。本基金募集期结束后，管理人应确认认购结果，投资者人数不超过200人且股权投资基金初始资金规模不超过20,000万元时，视为募集成功，基金即告成立；基金管理人在基金成立后20个工作日内，向基金业协会办理基金备案手续；基金份额持有人可通过现时或将来法律、法规或监管机构允许的方式办理基金份额转让业务，其转让地点、时间、规则、费用等按照办理机构的规则执行，转让期间及转让后，持有基金份额的合格投资者数量合计不得超过法定及本合同约定的人数，且基金份额持有人仅可向符合《私募办法》规定的合格投资者转让基金份额；基金管理人为滚石公司，其义务包括履行基金管理人登记和基金备案手续；基金管理人应根据法律法规规定及本合同约定履行主动管理基金的职责，并在基金运作过程中按照本合同的约定进行投资决策；制作风险揭示书，向投资者充分揭示相关风险；配备足够的具有专业能力的人员进行投资分析、决策，以专业化的经营方式管理和运作基金财产；自行担任或者委托其他份额登记机构办理份额登记业务，委托其他份额登记机构办理份额登记业务时，对份额登记机构的代理行为进行必要的监督和检查；按照本合同约定计算并向基金投资者报告基金份额净值；遵守《私募投资基金信息披露管理办法》等规定及本合同约定，及时向基金份额持有人披露定期更新的招募说明书（如有）和基金定期报告；面临解散、依法被撤销或者被依法宣告破产时，及时报告中国基金业协会并通知基金投资者；因违反本合同导致基金财产的损失或损害基金份额持有人的合法权益时，应承担赔偿责任，其赔偿责任不因其退出而免除；基金的投资目标为募集资金不超过20,000万元（以实际缴款金额为准），用于受让保和堂股权，如保和堂通过整体被注入上市公司等方式实现在沪深两市交易所上市，则本计划持有的保和堂股权转化为上市后对应的公司股票，资金闲置期仅可投资于货币基金、银行理财产品。该份合同附件一为《投资人信息表》，记载基金投资者为王某存，认购/申购金额为3000万元。

后王某存作为出让人（甲方）、洪某作为受让人（乙方）、滚石公司作为投资顾问（丙方）签订《转让协议》，约定：受让人自愿受让出让人所持有的股权基金份额之中的30万元的资金，折合30万份基金份额及相关一切衍生权利；受让人于协议生效后二个工作日内将上述转让价款足额划付至王某存账户；受让方所享有的本次转让的股权基金份额对应的基金利益自股权基金成立起开始计算。自受让人依据本协议向出让人支付转让价款之日起，受让人享有依据本协议受让的转让标的，承继基于转让标的产生的受益人权利和义务；受让人同意委托滚石公司担任投资顾问，认可投资顾问费的计算方式和支付方式，并同意投资顾问费由出让人代扣代缴；本协议自双方法定代表人或其授权代理人签字或盖章并加盖公章之日起生效；协议下双方对于合同以及有关的事项承担保密义务，未经对方书面同意，任何一方不得将合同的任何有关事项向除合同以外的第三方披露，但是因以下情况所进行的披露除外：履行法律法规或股权基金合同规定的信息披露义务等。上述协议落款处甲方处加盖了王某存的印章，乙方处有洪某的签名，丙方处加盖有滚石公司公章及法定代表人王某青印章。2017年4月12日，洪某向转让协议约定的王某存名下的银行账户转账30万元。

另查明，河南省温县人民法院于2022年4月29日出具（2021）豫0825破1-1号民事裁定书，确认177户债权人的债权，其中第145号显示，滚石公司债权本金为1.15亿元。再查明，原告与上海长庭律师事务所签订《委托代理协议》，约定双方协商一致实行风险代理收费方式计收律师费，按照洪某最终实现的债权的10%计费，其中在协议签署后5日内支付基础律师费1万元。原告于2022年8月12日支付1万元律师费。

💬 **法律问题**

1. 投资基金有哪些特点？

2. 涉案投资基金属于公司型投资基金还是契约型投资基金？属于封闭型基金还是开放型基金？

3. 原告洪某否解除合同？

✍ **法理分析**

1. 投资基金有四个特点

（1）集合投资。投资基金由不特定多数人的零散资金汇集而成，一方面被变更还能降低投资者的交易成本，另一方面能提高社会零散资金的利用率。

（2）专业理财。投资基金一般通过委托具有专门知识和经验的投资专家，对资金进行经营操作，该特征是由投资基金的目的和资金组成方式所决定的。

（3）组合投资、分散风险。投资者进行组合投资、增加所持财产的多样性，能够显著地分散、降低投资风险，中小投资者借助投资基金集合投资的方式，可以摆脱财力有限的困境。

（4）利益共享、风险共担。投资基金的投资者在按照所持基金份额的多少分享投资收益时，也要按照相同的比例承担风险、损失。[①]

2. 涉案基金属于契约型投资基金和封闭型基金

契约型投资基金也称信托投资基金，是根据一定的信托契约原理，由基金发起人和基金管理人、基金托管人订立基金契约而组建的投资金。[②] 涉案基金是王某某与基金管理人滚石公司签订《滚石7号基金合同》契约组建的投资基金，故涉案基金属于契约型投资基金。

封闭型基金和开放型基金是根据基金份额变现的方式不同对投资基金进行划分，封闭型基金是资本形成固定，且在一定期限内不能要求偿还的一种基金，其特点是在基金股份发行结束后即不再向投资者出售投资者可以在证券市场上出售其基金股份，但不能直接要求投资基金赎回。[③]《滚石7号基金合同》约定基金用于受让保和堂股权，且闲置基金仅可以用于投资货币、理财产品，无赎回等约定，故涉案基金属于封闭型基金。

3. 原告洪某不能解除基金份额转让合同

涉案《基金份额转让协议》由洪某、王某存、滚石公司三方共同签署，系各方当事人的真实意思表示，应为合法有效，且《基金份额转让协议》明确约定了受让人应承继相应的权利和义务，王某存根据约定已经完成了转让。滚石7号基金系私募股权投资基金，目前法律法规及相应的监管规则并未规定私募股权投资基金份额转让应当以登记为生效要件或者对抗要件。因此，原告未被登记为投资者并不影响份额转让的效力，进而也达不到原告所述的合同目的无法实现之说。其次，证监会《管理办法》对于份额转让的限制仅有第十一条第二款之规定：投资者转让基金份额的，受让人应当为合格投资者且基金份额受让后投资者人数应当符合前款规定。禁止非法拆分转让，是为了防止份额转让违反

---

① 范健主编：《商法学》（第二版），高等教育出版社2022年版，第362页。
② 董新兴主编：《实用证券投资词典》，山东友谊出版社2003年版，第228页。
③ 王淑敏、齐佩金主编：《金融信托与租赁》，中国金融出版社2012年版，第113页。

合格投资者标准，及突破投资者人数上限，而并非出现份额转让就构成非法拆分转让。本案中，原告并未提供证据证明其在受让时不符合合格投资者标准，或者证明案涉转让发生后实际投资者人数超出法定上限。且合格投资者标准属于投资者适当性问题，涉及的是投资者与金融产品、服务提供方之间的责任分配问题。退一步讲，即便两被告对投资者未作适当性审查，也不必然构成转让协议解除的法定情形。

📝 **思考题**

案例一①

原告：冯某

被告：杨某（常某之女，唯一继承人）

第三人：中信资本（深圳）资产管理有限公司

2015年7月9日，冯某为规避涉案资产管理计划面向员工发行的限制，委托常某以代持的方式参与资产管理计划投资。2015年8月21日，冯某作为委托方、常某作为代持方签订《资产管理计划及股权投资代持协议》约定：1.冯某将自有的合法资金708,400元，含投资本金及合计本金金额1.2%的5年管理费交付常某，常某代冯某认购中信资本-铂睿壹号资产管理计划（以下简称资产管理计划，该资产管理计划系通过股权投资于深圳市柔宇科技有限公司），并持有相应的股权份额；……4.常某应在资产管理计划投资分红、投资分配、投资清算分配后向冯某划付，冯某应享有的投资分红或分配金额；……8.投资事项终结后，冯某按此投资净收益金额的5%支付常某，作为酬谢佣金。协议签订后，冯某支付了全部投资款到常某账户。随后，常某与中信资本（深圳）资产管理有限公司签署了中信资本-铂睿壹号资产管理计划《客户风险识别能力和承担能力调查问卷》《专项资产管理计划客户资产委托人投资状况整体评分表》《财产合法性声明书》《资产管理计划份额认购通知书》《认购风险说明书》等文件，之后，常某作为资产委托人、中信资管公司作为资产管理人签订《中信资本-铂睿壹号资产管理计划资产管理合同》（以下简称《资产管理合同》）。常某于2019年3月10日去世，常某之女杨某为唯一第一顺位继承人。原告冯某向法院起诉，要求中信资管公司将涉案基金份额更名、过户到冯某名下。被告杨某表示愿意继续履行涉案代持协议，中信资管公司应向常某指定认购账户实施分配或根据合法有效的继承权凭证向继承人账户实施分配。

法律问题：

1. 本案《资产管理计划及股权投资代持协议》是否有效？为什么？

2. 常某所持有的资产管理计划份额应归实际所有人冯某所有，还是应归常某的法定继承人所有？请说明理由。

案例二

原告：韩某某

---

① 案例来源于广东省深圳市中级人民法院（2021）粤03民终1460号。

被告：徐某某

2015 年 8 月 5 日，韩某某作为委托方与汇绍合伙的合伙人徐某某签订《信托合同》，约定由韩某某将 200 万元作为信托资金委托受托人徐某某按照信托合同的规定，以受托人的名义进行管理、运用和处分，信托资金将由受托人以自己的名义通过汇绍合伙，按照 2011 年宁波杭州湾新区软银天明创业投资合伙企业完成对万丰股份公司投资之时的价格，间接购买截止于 2015 年 6 月 30 日的万丰股份公司的 0.4444% 股权价值，由汇绍合伙将通过股权信托的方式间接持有万丰股份公司股权。信托期限自本合同签订之日起，至万丰股份公司上市后受托人根据委托人的要求处置完毕受托人持有的与信托资金对应的汇绍合伙中的财产份额之日止。在万丰股份公司实施上市计划的时候，汇绍合伙及其合伙人出于配合万丰股份公司上市的目的，在不减损委托人利益的条件下，可对受托人名下的合伙份额进行合理安排。委托人和受托人在此不可撤销地承诺并保证，委托人和受托人均应服从并配合项目企业及其普通合伙人的安排，否则，委托人或受托人可单方面解除本合同。合同因此而被解除的，受托人应将信托资金外加合同解除时的银行同期贷款利息退还给委托人。

2015 年 8 月 7 日，韩某某向徐某某转账 200 万元。后韩某某获知徐某某在签订《信托合同》之前就已用 260 万元买入万丰股份公司 1% 股份，却不告知韩某某实情，韩某某认为徐某某的行为令韩某某用 200 万元买入 0.4444% 股份，使得徐某某只需花费 60 万元就可以买入万丰股份公司 0.5556% 股份，系利用韩某某的财产降低徐某某自身的投资风险，故韩某某向法院起诉，主张《信托合同》无效，并提出《信托合同》违反社会公共利益以及法律强制性规定。本案经一、二审审理，最终驳回原告诉讼请求。

法律问题：

1. 本案信托是否为营业信托？

2. 营业信托委托人、受托人需要具备哪些资格？本案信托委托人、受托人的资格是否合格？

3. 本案受托人是否尽到法定信托义务？本案信托合同是否有效？

第十一章 破 产 法

一、破产撤销权纠纷案

📖 **案情简介 11-1**①

上诉人（原审第三人）：北京昊华能源股份有限公司（以下简称昊华公司）

被上诉人（原审原告）：中铁物总能源有限公司（以下简称中铁能源公司）

被上诉人（原审被告）：北京昊华诚和国际贸易有限公司（以下简称诚和公司）

中铁能源公司向一审法院起诉请求：1. 判令撤销诚和公司于 2016 年向昊华公司支付担保费 3480 万元的行为；2. 判令昊华公司向诚和公司返还 3480 万元；3. 判令诚和公司及昊华公司共同承担本案全部诉讼费用。其认为，北京市高级人民法院（2016）京民终 44 号终审判决已确认，中铁能源公司对诚和公司享有债权本金 175,434,689.5 元。诚和公司进入破产清算程序后，其仅有 3,445,496.10 元应收账款，远不足以偿付中铁能源公司债权。中铁能源公司后得知昊华公司是诚和公司 100% 控股的母公司。双方为逃避债务，2016 年在转移涉案 3480 万元后，以签订虚构的《担保协议书》方式为已转移的 3480 万元建立支付依据，其行为实质是无偿转让财产，应予撤销并返还。

2015 年 8 月 20 日，北京市第一中级人民法院（以下简称一中院）作出（2014）一中民初字第 2760 号民事判决书，判决诚和公司于判决生效之日起 10 日内返还中铁能源公司预付货款 175,434,689.5 元，并支付逾期退还预付货款违约金。中铁能源公司、诚和公司均不服，提起上诉。2017 年 4 月 10 日，北京市高级人民法院作出（2016）京民终 44 号民事判决书，判决驳回上诉，维持原判。

2017 年 5 月 2 日，中铁能源公司依据上述生效判决，向一中院申请强制执行，经执行到位 123 万元，未到位金额为 174,204,689.5 元。一中院执行时发现诚和公司已无具备处置条件及可供执行的财产，故作出（2017）京 01 执 380 号之二执行裁定书，终结执行程序。且在该执行案件中，一中院发现诚和公司无法清偿到期债务且资产不足以清偿全部债务，经中铁能源公司申请，将该案移送一中院清算与破产审判庭审查。

2018 年 6 月 28 日，一中院作出（2017）京 01 破申 35 号民事裁定书，裁定受理中铁能源公司对诚和公司的破产清算申请。诚和公司管理人在第一次债权人会议的财产状况报告中表明其仅接管现金 126 元。中铁能源公司在会后查找诚和公司财产线索，并在诚和公

---

① 案例来源于北京市高级人民法院（2019）京民终 1647 号。

司 2015 年度及 2016 年度《审计报告》中发现诚和公司于 2016 年向昊华公司支付担保费 3480 万元，年初所有者权益为 202,327,257.32 元，年末数为 −8,933,198.75 元。

在一审审理过程中，昊华公司与诚和公司提交了《担保协议书》。该协议载明，鉴于诚和公司是昊华公司的全资子公司，昊华公司为了支持诚和公司的经营和发展，愿意为诚和公司向有关银行借款提供担保。同时，该协议在担保内容、担保形式、担保期限、担保金额及范围等方面进行了约定。而昊华公司章程明确规定了需经过股东大会和董事会审议通过的各事项。

2012 年 10 月 26 日，昊华公司董事会决议，全票通过为诚和公司 3 亿元授信业务提供担保的议案；2013 年 4 月 8 日，昊华公司董事会决议，全票通过为诚和公司 2 亿元贷款提供担保的议案；2014 年 4 月 8 日，昊华公司董事会决议，全票通过对诚和公司 4 亿元授信业务提供担保的议案；2015 年 4 月 8 日，昊华公司董事会作出决议，全票通过对诚和公司 5 亿元授信业务提供担保的议案。三方当事人均认可 2013 年至 2015 年诚和公司与多个银行签订共计 16 份借款合同，昊华公司为上述借款提供了担保，并收取了该期间内的贷款担保费。昊华公司表明，涉案担保费的收取可由管理层决定，不属于董事会决议事项。此外，昊华公司认可其对诚和公司 2016 年 950 万元的借款提供了担保及对其他全资子公司提供了贷款担保，但均未收取担保费。

在昊华公司《2013 年度独立董事述职报告》中，独立董事认为，昊华公司严格按照章程的相关规定，目前担保事项均为对公司全资子公司提供的担保，未向其他关联方提供任何担保，不存在违规担保的情形，不会损害公司及股东利益，且无关于为诚和公司提供担保存在风险的陈述。昊华公司 2013 年至 2015 年股东大会资料中亦无关于为诚和公司提供担保可能存在风险的相关信息披露。而其《2014 年度独立董事述职报告》显示，昊华公司在报告期内为全资子公司诚和公司提供了连带责任担保，截至 2014 年 12 月 31 日，公司担保余额为 74,952 万元。以上事项公司均履行了决策程序并披露。除上述担保事项外，公司及控股子公司均不存在其他对外担保事项，不存在违背有关法律法规规定的情形。

在诚和公司 2015 年度《审计报告》中记载，诚和公司作为被担保方，昊华公司作为担保方的担保均未履行完毕。该年度财务报表中没有关于支付担保费的记载。

一审过程中，诚和公司提交《关联交易同期数据》，载明诚和公司及其法定代表人确认该报告所包含的财务和背景事实以及各类分析及其结论真实反映了诚和公司与其各关联公司在 2013 年度发生的多次关联交易情况。昊华公司为支持诚和公司融入资金无偿提供担保，未收取任何担保费用，也未要求诚和公司就以往担保提供任何对价。

2016 年，诚和公司向昊华公司支付涉案争议的 3480 万元款项。昊华公司及诚和公司均称 3480 万元并非一次性支付。昊华公司称，3480 万元包含在 2016 年 1 月至 6 月期间诚和公司偿还所欠债务 165,173,439.04 元中。诚和公司无法说明 3480 万元的具体支出过程和组成，仅在 2016 年公司财务费用明细账中显示：2016 年 1 月 28 日转昊华公司"担保费 3480 万元"。诚和公司建设银行流水中显示，2016 年诚和公司与昊华公司有多笔大额转账，其备注包括：往来款、补充养老保险、经营者工资、医保筹款、贷款、拨款等，未显示有"担保费",没有一笔转账金额为 3480 万元。

经一审法院查明,昊华公司持有诚和公司 100%的股权。2017 年 3 月,昊华公司转让出诚和公司的全部股权。

一审法院判决:1. 撤销诚和公司于 2016 年向昊华公司支付 3480 万元的行为;2. 昊华公司于判决生效之日起十日内返还诚和公司 3480 万元。

昊华公司上诉请求:1. 撤销一审判决第一、二项,改判驳回中铁能源公司全部诉讼请求。2. 判令中铁能源公司承担本案一、二审全部诉讼费用。

中铁能源公司答辩称,一审判决以诸多客观书证为基础,运用逻辑推理和日常生活经验法则,认定事实清楚,证据确实充分,涉案担保为无偿担保。

诚和公司答辩称:1. 结合本案的全部证据,应当认定《担保协议书》并非昊华公司和诚和公司的真实意思表示。2. 从会计准则来看,诚和公司《财务报表》的会计核算以权责发生制为基础,"权责发生制"意为当期责任发生,当期进行会计处理。如果本案担保为有偿担保,则应当在 2013 年至 2015 年度财务报表中进行披露,但并没有,因此可以推论所谓的担保应当是无偿担保。3.《关联交易同期数据》系由第三方出具,且第三方亦向一审法院作出说明,证明复印件与原件一致,因此该《关联交易同期数据》是真实的。且该报告出具的时间较早,早于中铁能源公司与昊华公司之间发生纠纷,故该报告较为客观真实地反映了诚和公司的相关经营情况。4. 诚和公司与昊华公司在 2016 年存在大额往来,但没有一笔或者几笔注明系支付担保费,金额亦与 3480 万元无法对应。因此所谓的 3480 万元担保费用可能根本不存在。5. 中铁能源公司提起的撤销权诉讼并未超过法定期间。2018 年 9 月的诚和公司第一次债权人会召开后,中铁能源公司方了解诚和公司的财务数据情况。因此,从这一时间点开始计算除斥期间是较为合理的。综上,昊华公司的上诉请求应予驳回。

二审中,当事人没有提交新证据。二审法院经审理查明的事实与一审法院一致。本案二审法院最终驳回上诉,维持原判。

💬 法律问题

1. 中铁能源公司是否具有债权人身份?本案中其撤销范围是否以其债权为限?
2. 中铁能源公司提起本案诉讼是否已经超过债权人行使撤销权的除斥期间?
3. 诚和公司和昊华公司是否在 2012 年形成收取担保费的合意?
4. 诚和公司支付的 3480 万元是否属于应予撤销的无偿转让财产类型?

✍ 法理分析

1. 中铁能源公司具有债权人身份

撤销权制度起源于罗马法的"废罢诉权",已在民法领域与破产法领域演变成了复杂的债权人撤销权制度和破产撤销权制度。破产撤销权是指破产管理人对债务人在以债务人破产申请受理为起算点向前追溯的法定期间内实施的导致债务人财产价值不当贬损与损害全体债权人公平债务清偿的行为，有权申请法院撤销该行为并追回相应财产的权利。破产撤销权制度具有回复债务人于财务危机期间的逸脱财产、充实其责任财产的重要功能，是破产程序的核心制度之一。[1] 破产撤销权的性质与破产撤销权行使的法律效果息息相关。在理论界，对于破产撤销权的性质有请求权说、形成权说、折中说、责任说以及形成诉权说。

其一是请求权说。请求权说认为破产撤销权系具有债权性质的权利，实质是请求因债务人受益的相对人返还利益，破产管理人行使破产撤销权时不否定债务人和相对人之间法律关系的效力，只能对相对人主张返还请求权。但该观点存在较大局限性，该观点不能解释权利来源和诈害行为，故大多国家并未采纳这一学说。

其二是形成权说。形成权说认为以破产撤销权人的意思表示即可使得债务人和相对人行为无效。在该学说中，就行使破产撤销权后的财产返还问题存在不同观点。一个观点认为撤销权具有物权效力，行为被撤销后实质废除转让行为的效力。[2] 这使得破产撤销权诉讼同时有请求之诉和形成之诉的特点。另一个观点认为，破产撤销权系基于物权变动的无因性，认为破产撤销权仅具债权效力。也即行为被撤销后，只能向相对人主张债权上的请求权。目前，《中华人民共和国企业破产法》第三十一条、第三十二条规定破产管理人以"请求人民法院予以撤销"的方式行使破产撤销权，可以确定我国破产法中破产撤销权的性质采用了形成权说。

其三是折中说。折中说认为破产撤销权兼具形成权与请求权的双重性质。一是因为行使破产撤销权可以撤销债务人和相对人之间的行为，具有形成权的特征；二是因为破产管理人在行为被撤销后可以以此为依据追回对应的财产，体现了请求权的性质。

其四是责任说。责任说由德国学者保卢斯于 1956 年提出，[3] 以"债法理论"为理论基础，认为撤销权的行使不导致相应行为的失效，而该法律行为所涉标的物已经在责任法上被归入到了债务人财产，出于对债务人财产负责的状态，为实现强制执行，管理人可直接请求强制执行该责任财产，而不是请求相对人返还财产。[4]

其五是形成诉权说。形成诉权说认为，撤销权只能通过诉讼的方式来行使，法律行为能否撤销是一个非常复杂的价值判断过程，由当事人自行行使容易产生争议，因此必须交由法院抉择。[5]

本案中，北京市高级人民法院于 2017 年 4 月 10 日作出（2016）京民终 44 号民事判决书，判决中铁能源公司对于诚和公司享有到期债权，债权本金为175,434,689.5元，并

---

① 王志诚：《企业集团破产法制比较—解构与建构》，载《政大法学评论》（台湾）2014 年第 139 期。

② ［美］大卫·G. 爱泼斯坦等：《美国破产法》，韩长印等译，中国政法大学出版社 2003 年版，第 427 页。

③ ［德］莱因哈德·波克：《德国破产法导论》，北京大学出版社 2014 年版，第 123 页。

④ ［德］乌尔里希·福尔斯特：《德国破产法》，张宇晖译，中国法制出版社 2020 年版，第 191～194 页。

⑤ 龙俊：《民法典中的债之保全体系》，载《比较法研究》2020 年第 4 期。

应支付相应的违约金。中铁能源公司经申请强制执行，其债权并未获得清偿，一审法院据此确认中铁能源公司具有债权人资格。同时，又因中铁能源公司债权本金 1.7 亿余元及违约金未获清偿，其在本案中主张撤销诚和公司支付 3480 万元的行为未超过其债权范围，因此，中铁能源公司有权提起本案诉讼。

2. 中铁能源公司行使债权人撤销权未超过除斥期间

原《中华人民共和国合同法》第七十五条规定，撤销权自债权人知道或者应当知道撤销事由之日起一年内行使。自债务人的行为发生之日起五年内没有行使撤销权的，该撤销权消灭。我国《民法典》第一百五十二条第（一）款①也继续援用了原《合同法》关于撤销权除斥期间一年的规定。

针对中铁能源公司知道或应当知道撤销事由时间点的确认问题。昊华公司认为，因诚和公司《审计报告》处于网上公开状态，故中铁能源公司在法院 2017 年 12 月 21 日作出终结本次执行的裁定后，就应意识到其债权可能无法完全受偿，即应多方查找债务人财产，而只要中铁能源公司通过网络查询，即能够查到涉案 3480 万元相关信息，故法院作出终结本次执行的裁定时间应作为中铁能源公司应当知道撤销事由的起算点。据此，中铁能源公司于 2019 年 5 月提起本案诉讼无疑已超出除斥期间。而中铁能源公司认为，其系在法院受理诚和公司破产清算案件后方得知涉案 3480 万元相关信息，即应当于 2018 年 9 月起算除斥期间。

在本案中，一方面，诚和公司在网络上公开其《审计报告》，该行为在法律层面上并不具备向不特定主体送达的法律效力。另一方面，在诚和公司经执行转入破产程序且在执行阶段无可以明确的财产线索的前提下，要求作为债权人的中铁能源公司承担查找债务人有不当转移财产线索的义务，系不恰当加重了中铁能源公司的责任。据此，昊华公司的观点不应被采纳。而中铁能源公司在法院受理诚和公司破产清算案件后方知案涉撤销事由，并于 2019 年 5 月提起本案诉讼，并未超过一年的除斥期间，亦未超过请求撤销的行为发生之日起五年期间的要求。

3. 诚和公司和昊华公司没有在 2012 年形成收取担保费的合意

破产可撤销行为的一般要件为法律行为、有害性、临界期间、主观要件。目前，各国立法中对于破产撤销权的主观要件主要有两种立法模式。第一种模式是不将债务人和相对人的主观心理状态考虑在内。这无疑减轻了管理人的证明责任。美国在破产立法中确认了该模式，认为"破产撤销权的行使不考虑债务人和相对人的主观恶意，债务人的动机并

---

① 《中华人民共和国民法典》第一百五十二条规定："有下列情形之一的，撤销权消灭：

（一）当事人自知道或者应当知道撤销事由之日起一年内、重大误解的当事人自知道或者应当知道撤销事由之日起九十日内没有行使撤销权；

（二）当事人受胁迫，自胁迫行为终止之日起一年内没有行使撤销权；

（三）当事人知道撤销事由后明确表示或者以自己的行为表明放弃撤销权。

当事人自民事法律行为发生之日起五年内没有行使撤销权的，撤销权消灭。"

不重要，相对人主观上的无辜也不能作为撤销权的抗辩理由"。① 第二种模式是将当事人的主观心理状态考虑在内。《德国破产法》中，对故意损害行为的撤销的主观要件是债务人故意给债权人造成不利，且相对人对此知情。由于该要件的证明比较困难，立法中便采用推定的立法技术简化证明责任，当相对人知道债务人即将支付不能且知道债务人的行为损害债权人利益时，便推定相对人知道债务人有造成不利的故意，且根据德国司法判例，也应推定债务人具有造成不利的故意。② 两种立法模式各有利弊。

我国采用客观主义立法模式，撤销债务人行为时不要求债务人和相对人具有主观的恶意。在司法实践中，这降低了破产管理人的证明责任，便于破产管理人行使破产撤销权。值得注意的是，我国破产立法仍简要规定了可撤销行为的例外情形，但这不足以平衡对善意相对人的利益和维护交易的安全稳定，总体而言过分保护债权人的利益。

本案争议焦点之一是昊华公司与诚和公司是否在 2012 年 12 月 31 日形成了收取担保费用的合意。在本案中，昊华公司作为诚和公司的母公司，实际控制着该公司的经营决策。根据《中华人民共和国公司法》（2018 年）第二百一十六条第一款第四项③、《企业会计准则第 36 号——关联方披露（2006）》第三条第一款④与第四条第一款第一项⑤之规定，昊华公司所述收取的涉案担保费 3480 万元属于母子公司之间的关联交易。昊华公司在 2016 年 1—6 月实际收取了诚和公司 3480 万元，根据《中华人民共和国公司法》（2018 年）第二十条第一款⑥之规定，昊华公司和诚和公司应当就收取担保费合意的真实性和正当性进行说明举证。

而如何认定"昊华公司和诚和公司双方于 2012 年 12 月 31 日达成收取担保费的合意"一事，还需要考虑民事诉讼中的证明标准问题。在大陆法系国家中，民事诉讼的证明标准一般为"高度盖然性"证明标准，即依据日常经验可能达到的那样的高度，疑问即告排除，产生近似确然性的可能。⑦ 而在英美法系中，普遍采用的是英美法系的"盖然性权衡或占优"的证明标准，"如果证据能够让审理者认为我们宁信其有，而不信其无，那么当

① ［美］大卫·G. 爱泼斯坦等：《美国破产法》，韩长印等译，中国政法大学出版社 2003 年版，第 281 页。

② ［德］乌尔里希·福尔斯特：《德国破产法》，张宇晖译，中国法制出版社 2020 年版，第 184 页。

③ 《中华人民共和国公司法》（2018 年）第二百一十六条第一款第四项规定："关联关系，是指公司控股股东、实际控制人、董事、监事、高级管理人员与其直接或者间接控制的企业之间的关系，以及可能导致公司利益转移的其他关系。"

④ 《企业会计准则第 36 号——关联方披露（2006）》第三条第一款规定："一方控制、共同控制另一方或对另一方施加重大影响，以及两方或两方以上同受一方控制、共同控制或重大影响的，构成关联方。"

⑤ 《企业会计准则第 36 号——关联方披露（2006）》第四条第一款第一项规定："下列各方构成企业的关联方：（一）该企业的母公司。"第七条规定："关联交易是指关联方之间转移资源、劳务或义务的行为，而不论是否收取价款。"

⑥ 《中华人民共和国公司法》（2018 年）第二十条第一款规定："公司股东应当遵守法律、行政法规和公司章程，依法行使股东权利，不得滥用股东权利损害公司或其他股东的利益。"

⑦ 李浩：《民事诉讼证明标准的再思考》，载《法商研究》1999 年第 5 期。

事人的证明责任就可以免除；但如果两种盖然性势均力敌，则没有达到要求。"① 据此，"高度盖然性"证明标准与"盖然性权衡或占优"证明标准并无实质上不同，且均采用了"盖然性"的规则。这种规则将人类生活经验及统计上的概率，适用于司法上待证事实处于不明的情形，要求法官就某一案件事实的认定依据庭审活动在对证据的调查、审查、判断之后形成相当程度上的内心确信的一种证明规则。② 而在我国，由于苏联民事诉讼制度和理论的影响，我国理论界长期认为诉讼中证明的任务是确定案件事实的客观真实。苏联著名民事诉讼法学家克列曼教授认为，证据制度与真实问题有着极其密切的联系，在苏维埃民事诉讼中，法院的任务就是要发现实质真实，即实际的真实，苏维埃刑事诉讼和民事诉讼中的证据学说都服从这个目的。③ 同时，"高度盖然性"的证明标准系原《民事诉讼证据若干规定》（2002 年）的第七十三条正式确立。④

《最高人民法院关于适用〈中华人民共和国民事诉讼法〉的解释》第一百零五条规定，人民法院应当按照法定程序，全面、客观地审核证据，依照法律规定，运用逻辑推理和日常生活经验法则，对证据有无证明力和证明力大小进行判断，并公开判断的理由和结果。结合本案全案证据，其一，诚和公司《审计报告》《财务报表》以及昊华公司董事会决议均无法判断昊华公司和诚和公司存在支付担保费的事项。其二，《关联交易同期数据》证实昊华公司和诚和公司 2012 年未形成付费合意。其三，昊华公司仅收取 2013—2015 年的担保费不符合交易习惯。其四，昊华公司与诚和公司均无法说明3480 万元款项性质及明细。昊华公司和诚和公司没有提交双方于 2013—2015 年约定担保费或者支付过担保费的证据，无法认定双方曾在 2012 年 12 月 31 日形成过收取担保费的合意，《担保协议书》中关于担保费的相关约定不应予以采信。昊华公司和诚和公司所提供的证据就证明"双方于 2012 年 12 月 31 日达成收取担保费的合意"一事无法达到民事诉讼中"高度盖然性"证明标准，亦无法确定"昊华公司和诚和公司双方于2012 年 12 月 31 日达成收取担保费的合意"的客观真实性，举证不能的不利后果应由昊华公司和诚和公司承担。故在本案中不能认定诚和公司和昊华公司在 2012 年形成收取担保费的合意。

4. 诚和公司支付的 3480 万元属于应予撤销的无偿转让财产类型

本案发生于 2015 年至 2018 年，法院适用原《合同法》（已废止）的规定进行裁判。原《中华人民共和国合同法》第七十四条第一款规定，因债务人放弃其到期债权或者无偿转让财产，对债权人造成损害的，债权人可以请求人民法院撤销债务人的行为。债务人

---

① SirRupert Cross and Colin Tapper: Cross on Evidence, Butter-worths, 1990, 147.

② 王利明、罗玉珍：《民事证明制度与理论》，法律出版社 2003 年版，第 620 页。

③ ［苏］克列曼、维辛斯基：《苏维埃法律上的诉讼证据理论》，王之相译，法律出版社 1957 年版，第 89 页。

④ 《最高人民法院关于民事诉讼证据的若干规定》（2002 年）第七十三条规定："双方当事人对同一事实分别举出相反的证据，但都没有足够的依据否定对方证据的，人民法院应当结合案件情况，判断一方提供证据的证明力是否明显大于另一方提供证据的证明力，并对证明力较大的证据予以确认。因证据的证明力无法判断导致争议事实难以认定的，人民法院应当依据举证责任分配的规则作出裁判。"

以明显不合理的低价转让财产，对债权人造成损害，并且受让人知道该情形的，债权人也可以请求人民法院撤销债务人的行为。我国《民法典》第五百三十八条①继续援用上述规定。该条债权人撤销制度属于债的保全制度，该制度的立法原意在于使债务人的责任财产维持在适当状态，以达到保障债权人实现债权的目的。民商事行为纷繁复杂，实践中债务人实施诈害债权的形式多样化，法律无法周延规定应予撤销的情形。因此，司法实践中，法院应查明债务人具体损害债权行为，灵活运用诚实信用原则，进而落实《民法典》第五百三十八条保护债权人权益的立法目的和价值取向。

2015 年 8 月 20 日，一中院判决诚和公司返还中铁能源公司预付货款与违约金。而在 2016 年度诚和公司《审计报告》附有的《资产负债表》中，公司年初所有者权益为 202,327,257.32元，年末数为-8,933,198.75元。并且，2016 年期间，昊华公司明知诚和公司资产和负债的情况，实际收取涉案 3480 万元担保费，这无疑损害了中铁能源公司的债权利益。

综上，诚和公司支付 3480 万元的行为实质是"无偿转让财产"，且给债权人造成了损害，根据原《中华人民共和国合同法》第七十四条第一款之规定，应当予以撤销。

二、别除权纠纷案

📖 **案情简介 11-2**②

再审申请人（一审原告、二审被上诉人）：长春市吉盛通达小额贷款有限责任公司（以下简称吉盛公司）

被申请人（一审被告、二审上诉人）：长白山保护开发区天地人房地产开发有限公司（以下简称天地人公司）

再审申请人吉盛公司因与被申请人天地人公司别除权纠纷一案，不服吉林省高级人民法院（以下简称吉林高院）（2020）吉民终 264 号民事判决，向最高人民法院申请再审。

吉盛公司依据《中华人民共和国民事诉讼法》第二百条第六项之规定向本院申请再审，请求：1. 撤销二审判决，维持一审判决；2. 案件受理费由天地人公司承担。主要事实和理由：吉盛公司就主债权提起诉讼并获得生效判决后，在法定期间内申请强制执行；在人民法院受理针对天地人公司的破产申请后，吉盛公司又及时向破产管理人申报担保物权；在天地人公司破产管理人对于吉盛公司担保物权不予确认时，又提起本案诉讼。吉盛公司在法定期间内向人民法院申请强制执行、向破产管理人申报破产债权等行为，属于与提起诉讼具有同等效力的行为，具有中断诉讼时效的法律效力，主债权仍在法律规定的保护期间内，其担保物权自然应受法律保护。二审判决以主债权已经生效判决所确认，进而以主债权不再受诉讼时效制度保护为由，认定抵押权也不再受法律保护，适用法律错误。

---

① 《中华人民共和国民法典》第五百三十八条规定："债务人以放弃其债权、放弃债权担保、无偿转让财产等方式无偿处分财产权益，或者恶意延长其到期债权的履行期限，影响债权人的债权实现的，债权人可以请求人民法院撤销债务人的行为。"

② 案例来源于最高人民法院（2021）最高法民再 154 号。

天地人公司辩称，抵押权属于主债权的从权利，抵押权应在主债权诉讼时效期间内行使，吉盛公司针对主债权的诉讼经生效判决确认后，诉讼时效制度已完成其使命，不再继续存在，行使抵押权的期限也随之届满。吉盛公司在判决生效后申请执行并申报破产债权的行为，不属于在主债权诉讼时效期间内行使抵押权的行为，二审判决认定其抵押权已经消灭适用法律正确，吉盛公司的再审请求缺乏事实和法律依据，依法应予驳回。

一审中，吉盛公司向吉林省延边林区中级人民法院起诉，请求：依法确认吉盛公司破产债权29,954,640元在天地人公司提供的抵押物"安图房建字第××号、第××号、安他项（20××）第20××号他项权利证"财产范围内享有优先受偿权；本案诉讼费用由天地人公司负担。

一审法院经审理查明：2013年8月30日，吉盛公司与天地人公司等单位签订借款合同约定，吉盛公司出借给天地人公司2400万元，借款期限自2013年8月30日起至2013年10月29日止；借款利率为月利率1.8%，逾期本金罚息利率按本合同约定利率上浮500%；逾期利息罚息按本合同约定利率上浮500%；挪用本金的罚息利率按本合同约定利率上浮600%。同日，吉盛公司与天地人公司签订抵押合同约定，天地人公司将其所使用的土地及在建房屋抵押给吉盛公司。同日，吉盛公司与长白山保护开发区金池假日宾馆有限公司、长白山保护开发区唯美装饰设计有限公司签订保证合同约定，长白山保护开发区金池假日宾馆有限公司、长白山保护开发区唯美装饰设计有限公司为天地人公司的债务承担保证责任，所担保的主债权为借款合同下贷款本金及利息，承担保证责任的方式为连带责任保证。上述合同签订后，吉盛公司分七次向天地人公司银行账户发放贷款本金2400万元。

2014年2月27日，吉盛公司与天地人公司、长白山保护开发区金池假日宾馆有限公司、长白山保护开发区唯美装饰设计有限公司借款合同纠纷一案，吉林省长春市中级人民法院于2014年8月20日作出2014年长民四初字第12号民事判决（以下简称12号民事判决），判决：1. 天地人公司于判决生效后立即返还吉盛公司借款本金23,040,000元；2. 天地人公司向吉盛公司支付23,040,000元本金的利息；3. 长白山保护开发区金池假日宾馆有限公司、长白山保护开发区唯美装饰设计有限公司对天地人公司的借款本金及利息承担连带清偿责任；4. 驳回吉盛公司的其他诉讼请求。该判决生效后，2014年10月13日，吉盛公司向吉林省长春市中级人民法院申请执行。在该案执行过程中，天地人公司申请破产清算，一审法院于2015年1月6日裁定受理天地人公司破产清算一案，指定吉林延大律师事务所担任破产管理人。

2015年4月20日，吉盛公司向天地人公司破产管理人申报债权31,735,264元（本金23,040,000元、利息828,672元、诉讼费408,544元），并载明"有财产担保的债权"。2017年6月7日，吉盛公司向天地人公司破产管理人送达请求确认优先受偿权申请书。2019年11月7日，天地人公司破产管理人向吉盛公司送达无异议债权确认表，将其中29,954,640元确认为普通债权。

💬 **法律问题**

1. 分析吉盛公司与天地人公司等单位签订借款合同的效力问题。

2. 分析本案的抵押权诉讼时效问题。

📝 法理分析

1. 借款合同的效力问题

2013 年 8 月 30 日，吉盛公司与天地人公司等单位签订了借款合同，约定吉盛公司向天地人公司发放贷款本金 2400 万元，贷款期限自 2013 年 8 月 30 日起至 2013 年 10 月 29 日止，实际贷款期限起始日以实际放款日为准，贷款的月利率为 1.8%。因天地人公司未按期还款，2014 年 2 月 27 日，吉盛公司向吉林省长春市中级人民法院起诉，该院于 2014 年 8 月 20 日作出的 12 号民事判决已发生法律效力。天地人公司提出借款合同无效的诉讼请求，因已被 12 号民事判决予以确认，故对天地人公司破产管理人借款未用于在建工程以及借款合同无效的主张，不予支持。

2. 抵押权诉讼时效问题

依照《中华人民共和国物权法》（以下简称《物权法》）第二百零二条"抵押权人应当在主债权诉讼时效期间行使抵押权；未行使的，人民法院不予保护"以及《中华人民共和国民法总则》第一百九十五条"有下列情形之一的，诉讼时效中断，从中断、有关程序终结时起，诉讼时效期间重新计算：（一）权利人向义务人提出履行请求；（二）义务人同意履行义务；（三）权利人提起诉讼或者申请仲裁；（四）与提起诉讼或者申请仲裁具有同等效力的其他情形"的规定，吉盛公司主债权在吉林省长春市中级人民法院起诉时间为 2014 年 2 月 27 日，自该日起主债权诉讼时效中断。12 号民事判决生效时间为 2014 年 8 月 20 日，申请执行时间为 2014 年 10 月 13 日，故本案诉讼时效再次中断，诉讼时效重新计算时间为申请执行时间。鉴于吉盛公司与天地人公司等单位借款合同的审理时间在《中华人民共和国民法总则》实施之前，故本案适用两年诉讼时效，主债权诉讼时效应至 2016 年 10 月 12 日，吉盛公司于 2015 年 4 月 20 日向天地人公司破产管理人申报债权的同时并主张有财产担保，故吉盛公司主张抵押权尚在主债权诉讼时效期间内。天地人公司主张本案已过诉讼时效，于法无据。

本案二审法院仅以吉盛公司就主债权形成生效判决，主债权的诉讼时效不再继续存在为由，认定吉盛公司的抵押权因未及时行使而消灭，适用法律错误，被再审法院予以纠正。本案中，吉盛公司与天地人公司之间的主债权债务合同纠纷尽管已经生效判决确认，但因天地人公司等债务人未主动履行生效判决，吉盛公司在民事诉讼法规定的申请执行期间内向人民法院申请强制执行天地人公司的财产。在执行过程中，因人民法院受理有关天地人公司的破产申请，吉盛公司又在法律规定的申报债权期间向破产管理人申报了有财产担保的债权；在天地人公司破产管理人仅将其债权确认为普通债权的情况下，吉盛公司又及时提起本案诉讼，请求对抵押财产享有优先受偿权。综合前述分析，吉盛公司在申请执行期间、法律规定的申报债权期间行使了主债权，主债权仍在受到法律保护的期间内，相应地，其抵押权也应当受人民法院的保护。

关于对天地人公司破产管理人确认的 29,954,640 元普通债权，吉盛公司是否在抵押物范围内享有优先受偿权的问题。破产案件中有担保债权又称为破产别除权，是指债权人在破产程序中对债务人设有担保物权或是享有特别优先权的特定财产享有优先受偿的权利。① 有学者将别除权定义为是债权人因债设有担保，就债务人特定财产而在破产程序中享有的单独、优先受偿权利。② 而有学者指出，别除权是债权人于破产宣告前就特定财产上设置了财产担保的，所享有的可不依据破产清算程序而先于一般破产债权而就担保标的物获得清偿的权利。③ 通过各位学者对于别除权各有不同的定义，可以看出别除权主要特点是优先受偿权，其是担保物权和特别优先权在破产领域的延续。据此，别除权是指在破产程序开始前，债权人就破产人的特定财产上设置了担保权或者存有其他特别优先权，于债务人宣告破产后就该特定财产不依破产程序而优于一般债权人受偿的而享有的权利。

别除权的基础权利本质是民法上的权利，在破产人被宣告破产后依据法律规定变更为别除权。④ 别除权是大陆法系独有的概念，别除权制度最早确立于德国与日本的立法中，后不断发展。我国在法系划分上属大陆法系国家。《中华人民共和国企业破产法》立法草案时曾引入别除权的概念，但出于对法律通俗性的考虑，我国最终颁布的《中华人民共和国企业破产法》未出现别除权这一概念。⑤ 虽然我国未在立法中使用较为晦涩的别除权这一概念，但是通常将《中华人民共和国企业破产法》第一百零九条⑥与一百一十条⑦规定的破产程序中实现担保物权的规则与顺位等表述可视为别除权。目前，即使我国法律中未明确使用别除权这一概念，对于《中华人民共和国企业破产法》相关规定表述拆解可得到"破产人的特定财产""担保权""优先受偿"等关键词。这些关键词的定义影响着别除权基础权利的范围。

2013 年 8 月 30 日，吉盛公司与天地人公司等单位签订借款合同后，同日又与天地人公司签订了抵押合同，约定天地人公司自愿将其开发的都市公元小区二期在建的 11 号楼、12 号楼及所占用的国有土地使用权作为上述贷款抵押物抵押给吉盛公司。依照《中华人民共和国担保法》第四十一条"当事人以不动产和特殊动产抵押的，应当办理抵押物登记，抵押合同自登记之日起生效"的规定，双方办理了抵押登记手续，吉盛公司取得了安图县房地产管理中心颁发的安图房建字第××号、第××号在建工程抵押登记证明和长白山保护开发区管理委员会池北区国土资源局颁发的安他项（20××）第 20×××号土地他项权利证明书。2015 年 1 月 6 日，一审法院受理天地人公司破产清算案后，依照《中华人民共和国企业破产法》第四十九条"债权人申报债权时，应当书面说明债权的数额

① 刘子平：《破产别除权的认定标准及其行使》，载《法律适用》2007 年第 11 期。

② 王欣新：《别除权论》，载《法学家》1996 年第 2 期。

③ 韩长印：《我国别除权制度改革初论》，载《南京大学法律评论》2004 年第 1 期。

④ 王卫国、朱晓娟等编著：《破产法——原理 规则 案例》，清华大学出版社 2006 年版，第 98 页。

⑤ 王欣新：《论破产程序中担保债权行使与保障》，载《中国政法大学学报》2017 年第 3 期。

⑥ 《中华人民共和国企业破产法》第一百零九条规定："对破产人的特定财产享有担保权的权利人，对该特定财产享有优先受偿的权利。"

⑦ 《中华人民共和国企业破产法》第一百一十条规定："享有本法第一百零九条规定权利的债权人行使优先受偿权利未能完全受偿的，其未受偿的债权作为普通债权；放弃优先受偿权利的，其债权作为普通债权。"

和有无财产担保，并提交有关证据"的规定，2015 年 4 月 20 日，吉盛公司向天地人公司破产管理人申报债权 31,735,264 元，并载明"有财产担保的债权"等内容材料。依照《中华人民共和国企业破产法》第一百零九条"对破产人的特定财产享有担保权的权利人，对该特定财产享有优先受偿的权利"的规定，吉盛公司在破产程序开始之前，就天地人公司的特定财产已设定担保物权，抵押程序合法且已生效。在天地人公司宣告破产后，吉盛公司在主债权诉讼时效内又向天地人公司破产管理人主张优先受偿权，吉盛公司应享有就该特定财产不依照破产清算程序个别优先受偿的权利。故法院对天地人公司主张吉盛公司所持有的债权仅享有普通债权，不予支持，理据充分。

三、天津物产集团有限公司等 44 家公司破产重整案

📖 **案情简介 11-3**[①]

天津物产集团有限公司等 44 家公司（以下统称物产集团）是全国经营规模最大的国有生产资料流通集团之一，主要经营大宗商品贸易及物流、汽车销售及机电制造、房地产开发及销售等业务。受自身经营模式及全球大宗商品市场周期性波动的影响，物产集团陷入债务风险，虽尝试庭外重组但未成功。为统筹化解风险，经报请最高人民法院同意，以物产集团为被告、第三人或者被执行人、被申请人的民商事案件（劳动争议除外）及相应的执行案件、破产案件移送天津一中院管辖。

2020 年 7 月 23 日，陕西煤业化工国际物流有限责任公司等以物产集团不能清偿到期债务且明显缺乏清偿能力为由，申请物产集团破产重整。经审查，物产集团不能清偿到期债务且明显缺乏清偿能力，符合破产法规定的重整受理条件。7 月 31 日，天津高院、天津二中院分别受理物产集团破产重整案。受理法院指定物产集团清算组担任管理人，发布通知和公告，允许债权人通过互联网提交债权材料；发函要求各地法院中止执行程序并解除财产保全措施；准许物产集团继续营业并在管理人监督下自行管理财产和营业事务，维持重整期间公司日常经营和职工稳定。

重整期间，物产集团共召开三次管理人会议，合议庭成员列席参加，并对管理人职责、内部事务管理制度、企业公章保管和使用、债权审查、继续营业、债权人会议程序、重整方案编制等提出司法意见；指导管理人确定继续履行的合同近千件；充分了解并督促战略投资人遴选，监督管理人加强营业管理，制作重整计划草案。

根据企业关联程度和经营情况，适用协调审理方式，天津高院于 10 月 12 日统一召开第一次债权人会议，指定工商银行为债权人会议主席。债权人审议了管理人第一期重整工作报告，核查了债权表。对债权人提出的 170 余条问题，安排管理人及相关人员回答。经管理人审查及债权人会议核查，确认债权人 1233 户，各项债权共计 2568.50 亿元。根据审计评估报告，物产集团账面资产 749.85 亿元，资产评估价值 830.65 亿元。

在遴选确定战略投资人、制作重整计划草案基础上，天津高院于 12 月 22 日召开第二次债权人会议，在线参会债权人 1061 户。债权人审议了管理人第二期重整工作报告，听

[①] 案例来源于最高人民法院民二庭发布 2020 年全国法院十大商事案例。

取管理人对重整计划草案的说明，并对重整计划草案进行表决。有财产担保债权组、职工债权组、税款债权组、普通债权组及出资人组分别以82.14%、100%、93.75%、87.27%、100%的赞成人数，以81.72%、100%、99.52%、74.85%、100%的代表债权、股权数额，表决通过了重整计划草案。12月23日，天津高院、天津二中院裁定批准重整计划，终止重整程序。

重整计划执行期限为自法院裁定批准重整计划之日起6个月。通过传统贸易模式和新型产业平台的整合，新物产集团将于5年内塑造"产业链+平台+生态圈"，努力打造具有行业竞争力的贸易企业集团。

2020年12月22日，第二次债权人会议表决通过了重整计划草案。12月23日，管理人向法院提出批准《天津物产集团有限公司及所属公司重整计划》的申请。法院审查后认为，第二次债权人会议各表决组均通过了重整计划草案，重整计划即为通过。重整计划内容符合法律规定，予以批准。12月23日，天津高院、天津二中院裁定批准天津物产集团有限公司及所属公司重整计划，终止重整程序。

💬 法律问题

1. 谈谈破产重整制度的概念和特征。
2. 重整程序的启动主体有哪些？
3. 重整计划如何表决？
4. 分析重整计划的效力。

✍ 法理分析

1. 破产重整制度的概念和特征

破产重整制度，是指经由利害关系人申请，在法院的主持和利害关系人的参与下，对具有重整原因和重整能力的债务人进行生产经营上的整顿和债权债务关系上的清理，以使其摆脱财务困境，重获经营能力的破产预防制度。该制度体现出以下几个特征。一是重整原因比较宽泛。本案中，集团申请破产重整的理由为不能清偿到期债务且明显缺乏清偿能力，并未真正到达破产边缘，而只是在发生了破产原因或者说是可能发生破产原因就提出了破产重整申请，由此可见该制度启动的宽泛性。二是体现出了私法自治的色彩。破产重整程序不能由法院依职权提出，而只能经利害关系人的申请才能启动，本案中的利害关系人为该集团以及广大债权人，提出者为该集团。三是担保物权受到限制。四是该制度目标的多元化与重整措施的多样化。重整制度不仅要清理债务人的对外债务，更重要的是从根本上恢复企业的生产经营能力，同时还注重对企业劳动者利益的维护，这种目标的多元化就要求重整措施的多样化。[1]

---

[1] 范健主编：《商法学》（第二版），高等教育出版社2024年版，第386~387页。

2. 重整程序的启动主体

我国《企业破产法》第七十条规定，有权提出重整申请的人包括债务人、债权人以及债务人的出资人。(1) 债务人申请重整的情形有两种：一是当债务人不能清偿到期债务并且资产不足以清偿全部债务或者明显缺乏清偿能力，或者有明显丧失清偿能力可能时，可以向人民法院申请进行重整。二是债权人申请对债务人进行破产清算的，在人民法院受理破产案件后、宣告债务人破产前，债务人为了避免破产倒闭，可以向人民法院申请重整。

(2) 债权人申请重整。当债务人不能清偿对债权人的到期债务时，债权人即可直接向人民法院提出对债务人进行重整的申请。

(3) 债务人的出资人申请重整。债务人的出资人申请对债务人进行重整，须符合两个条件：第一，申请的时期必须是在债权人申请对债务人进行破产清算时，在人民法院受理破产案件后、宣告债务人破产前；第二，只有占债务人注册资本 1/10 以上的出资人才有资格向人民法院申请对债务人进行重整。

值得注意的是，法院不会主动依职权开启破产重整程序。虽然破产重整程序并不是由法院自主启动的，但相比于清算程序与和解程序，两者均为债务人和债权人基于双方意愿公平协商推进的程序而言，破产重整程序的全过程都是由法院主导、法院推动的，例如重整计划需要法院批准，甚至某些情形下即使重整计划没有得到法定多数债权人投票通过，法院也可以强制裁定批准重整计划。①

3. 重整计划的表决

根据我国《企业破产法》第八十二条、第八十四条和第八十六条的规定，下列各类债权的债权人参加讨论重整计划草案的债权人会议，依照下列债权分类，分组对重整计划草案进行表决：(1) 对债务人的特定财产享有担保权的债权；(2) 债务人所欠职工的工资和医疗、伤残补助、抚恤费用，所欠的应当划入职工个人账户的基本养老保险、基本医疗保险费用，以及法律、行政法规规定应当支付给职工的补偿金；(3) 债务人所欠税款；(4) 普通债权。人民法院在必要时可以决定在普通债权组中设小额债权组对重整计划草案进行表决。

人民法院应当自收到重整计划草案之日起三十日内召开债权人会议，对重整计划草案进行表决。出席会议的同一表决组的债权人过半数同意重整计划草案，并且其所代表的债权额占该组债权总额的三分之二以上的，即为该组通过重整计划草案。债务人或者管理人应当向债权人会议就重整计划草案作出说明，并回答询问。

各表决组均通过重整计划草案时，重整计划即为通过。自重整计划通过之日起十日内，债务人或者管理人应当向人民法院提出批准重整计划的申请。人民法院经审查认为符合本法规定的，应当自收到申请之日起三十日内裁定批准，终止重整程序，并予以公告。

① 付翠英：《破产法比较研究》，中国人民公安大学出版社 2004 年版，第 252 页。

4. 重整计划的效力

根据我国《企业破产法》第九十二条、第九十三条和第九十四条的规定，经人民法院裁定批准的重整计划，对债务人和全体债权人均有约束力。债权人未依照本法规定申报债权的，在重整计划执行期间不得行使权利；在重整计划执行完毕后，可以按照重整计划规定的同类债权的清偿条件行使权利。债权人对债务人的保证人和其他连带债务人所享有的权利，不受重整计划的影响。

债务人不能执行或者不执行重整计划的，人民法院经管理人或者利害关系人请求，应当裁定终止重整计划的执行，并宣告债务人破产。人民法院裁定终止重整计划执行的，债权人在重整计划中作出的债权调整的承诺失去效力。债权人因执行重整计划所受的清偿仍然有效，债权未受清偿的部分作为破产债权。前款规定的债权人，只有在其他同顺位债权人同自己所受的清偿达到同一比例时，才能继续接受分配。债务人不执行重整计划的，为重整计划的执行提供的担保继续有效。

按照重整计划减免的债务，自重整计划执行完毕时起，债务人不再承担清偿责任。

☑ 思考题

案例一 2013 年 9 月 17 日，深圳市中级人民法院依法受理翡翠国际货运航空有限责任公司（以下简称翡翠航空）的清算组申请该公司破产清算一案。翡翠航空的主要破产财产是货运飞机。虽然飞机早已经在破产申请受理的一年前停航，停放在机场的安全区域。但是飞机的特殊性在于需要巨额的日常维护保养费用。如果停止日常养护，则可能导致飞机的价值大幅下降，甚至在将来恢复飞机性能时，还须额外支付巨额开支。

但是翡翠航空根本无力支付高昂的维护保养费用。后翡翠航空的债权人中国银行深圳分行，同时也是飞机的抵押权人，为妥善维护破产财产的价值，垫付了上述相关费用，包括与飞机维修公司签署《关于执行发动机封存及飞机长停维护工作的工作协议书》《关于执行防台风维护工作的工作协议书》。

在债权申报期内，中国银行深圳分行向管理人申报债权，认为其为翡翠航空垫付的上述费用属于共益债权，主张优先清偿。

管理人经审核认为，中国银行深圳分行在翡翠航空破产申请受理后代为垫付的上述费用，属于管理债务人财产的费用，应属于破产费用范畴。但是由于该破产财产为抵押财产，根据债权的公平清偿原则，为维护该抵押财产产生的费用，应该从处置该抵押财产所得款项中，按照破产费用的清偿原则，对上述垫付的费用进行优先清偿。我国相关法律、法规并没有禁止第三人垫付破产费用的规定，中国银行深圳分行在垫付该破产费用后，不应影响该破产费用的性质，可以按照破产费用的清偿顺序进行优先支付。

法律问题：

1. 中国银行深圳分行代为支付的飞机维护保养费是否属于破产费用？清偿顺位如何确定？

2. 中国银行深圳分行代货运航空公司支付的维护保养费是否属于无因管理之债？能否向翡翠航空追偿？

案例二①

再审申请人（一审原告、二审上诉人）：德宏隆川物资有限责任公司（以下简称隆川公司）

再审申请人（一审原告、二审上诉人）：祥云县跃峰物资有限公司（以下简称跃峰公司）

再审申请人（一审原告、二审上诉人）：王某伟

再审申请人（一审原告、二审上诉人）：赵某兰

被申请人（一审被告、二审被上诉人）：云南展腾律师事务所，系大理鸿元经贸有限公司破产管理人（以下简称鸿元公司管理人）

被申请人（一审被告、二审被上诉人）：大理银帆房地产开发有限公司（以下简称银帆公司）

隆川公司、跃峰公司、王某伟、赵某兰四债权人认为鸿元公司管理人与银帆公司签订低价资产竞买合同，未经债权人会议同意，损害债权人利益，请求确认该竞买合同无效，四再审申请人认为其一审诉请的请求权基础主要为：《中华人民共和国企业破产法》第二十七条、第一百三十条，《最高人民法院关于适用〈中华人民共和国企业破产法〉若干问题的规定（二）》第九条第二款、第二十三条第三款、第三十三条。一审被判定不属于民事受案范围后，提起上诉，后又不服云南省高级人民法院（2019）云民终293号民事裁定，向最高院申请再审称：本案符合《中华人民共和国民事诉讼法》第二百条第六项的规定，应予再审。具体理由为：1. 二审法院认为四再审申请人主张享有本案诉权，所依据的法律规定主要为《中华人民共和国企业破产法》第二十七条、第一百三十条，《最高人民法院关于适用〈中华人民共和国企业破产法〉若干问题的规定（二）》第九条第二款、第二十三条第三款、第三十三条，以上法律规定均没有明确规定债权人个人有权对管理人履行职务中的财产处置合同提起确认无效诉讼的内容。但纵观以上法律规定，也没有对此明确禁止。《中华人民共和国企业破产法》第四条规定："破产案件审理程序，本法没有规定的，适用民事诉讼法的有关规定。"因此，申请人有权依据《中华人民共和国民事诉讼法》第八条、第四十九条，《中华人民共和国合同法》第七十四条提起本案诉讼。2.《中华人民共和国企业破产法》第一百三十条规定赔偿的直接受益主体是债权人、债务人或第三人，而不是债权人会议或债权人委员会，且债权人会议或委员会无固定组织机构，不是民法上的权利主体，不具有民事诉讼主体资格。原审法院根据《最高人民法院关于适用〈中华人民共和国企业破产法〉若干问题的规定（三）》第十五条认为只能由债权人委员会向管理人主张权利是错误的。3. 再审申请人提起本次诉讼，并非只是为自己谋利，作个别清偿。破产程序终结前，债务人的任何受益属于全体债权人。四名再审申请人本身就分别是债权人会议主席和债权人委员会成员，且根据《大理鸿元经贸有限公司暨十八家关联公司第八次债权人委员会会议决议》，债权人委员会已经委托四名再审申请人提起本次诉讼。

---

① 案例来源于参见最高人民法院（2019）最高法民申4565号。

鸿元公司管理人陈述意见称：个别债权人无权对管理人的执行职务行为直接起诉，因此，隆川公司、跃峰公司、王某伟、赵某兰不具有相应诉权。鸿元公司管理人已经按照法律规定严格履行了管理人职责，不存在损害任何一方债权人的情况，管理人在作出相应的履职行为之前，均向受理破产案件的一审法院和债权人会议、债权人委员会报告，得到授权才进行履职，不存在管理人履职不当给债权人造成损失的情形。

经审查，最高人民法院驳回四再审申请人的诉请，维持原判。

法律问题：

1. 四名再审申请人的诉请是否有法律依据？
2. 本案四名再审申请人质疑管理人处分债务人财产的效力提起诉讼，是否主体适格？

参 考 文 献

一、著作类

1. 郑永年：《中国的当下与未来：读懂我们的现实处境与 30 年大趋势》，中信出版社 2019 年版。

2. 刘成杰：《日本最新商法典译注详解》（第二版），中译出版社 2021 年版。

3. 施天涛：《商法学》（第六版），法律出版社 2023 年版。

4. 范健主编：《商法学》（第二版），高等教育出版社 2023 年版。

5. 林嘉主编：《商法练习题集》（第五版），中国人民大学出版社 2022 年版。

6. 莲井良宪、森淳二郎：《商法总则·商行为法》（第 4 版），法律文化社 2006 年版。

7. ［日］田边光政：《商法总则·商行为法》（第 3 版），新世社 2006 年版。

8. ［日］大隅健一郎：《商法总则》，有斐阁 1978 年版。

9. 刘成杰：《日本商法典译注详解》，中译出版社 2021 年版。

10. ［日］弥永真生：《商法总则·商行为法》（第 2 版），有斐阁 2006 年版。

11. 唐国华主编：《律师经典案例》，浙江大学出版社 2007 年版。

12. 刘玉民、于海侠主编：《合同类案裁判规则与法律适用》，人民法院出版社 2011 年版。

13. 唐宗焜：《合作社真谛》，知识产权出版社 2012 年版。

14. 刘志新主编：《中国典型商事案例评析》，法律出版社 1997 年版。

15. 吴志攀：《金融法》，中国人民大学出版社 2001 年版。

16. 覃有土、樊启荣：《保险法学》，高等教育出版社 2003 年版。

17. 苏号朋：《格式合同条款研究》，中国人民大学出版社 2004 年版。

18. 樊启荣：《保险契约告知义务制度论》，中国政法大学出版社 2004 年版。

19. 覃有土：《保险法概论》，北京大学出版社 2001 年版。

20. 白牧蓉、李煜：《证券市场操纵行为认定与界限的制度逻辑》，《证券法律评论》，中国法制出版社 2020 年版。

21. 何宝玉：《信托法案例评析》，中国法制出版社 2016 年版。

22. 唐金龙主编：《以案说法·金融法篇》，中国人民大学出版社 2005 年版。

23. 李伟民主编：《金融大辞典》，黑龙江人民出版社 2002 年版。

24. 汪鑫主编：《金融法学》（第 5 版），中国政法大学出版社 2021 年版。

25. 中国人民大学信托与基金研究所：《中国信托业发展报告》，中国经济出版社

2018 年版。

26. 吴弘等：《信托法论：中国信托市场发育发展的法律调整》，立信会计出版社 2003 年版。

27. 顾功耘、吴弘主编：《商法学概论》，上海人民出版社 2013 年版。

28. 李俊霞、钟伟：《影子银行体系》，中国金融出版社 2015 年版。

29. 薛誉华、郑晓玲主编：《现代商业银行经营管理》，复旦大学出版社 2012 年版。

30. 罗显良编著：《理财产品全攻略》，中国宇航出版社 2013 年版。

31. 董新兴主编：《实用证券投资词典》，山东友谊出版社 2003 年版。

32. 王淑敏、齐佩金主编：《金融信托与租赁》，中国金融出版社 2012 年版。

33. 卞耀武主编：《中华人民共和国信托法释义》，法律出版社 2002 年版。

34. 赵廉慧：《信托法解释论》，中国法制出版社 2015 年版。

35. ［美］大卫·G·爱泼斯坦等：《美国破产法》，韩长印等译，中国政法大学出版社 2003 年版。

36. ［德］莱因哈德·波克：《德国破产法导论》，北京大学出版社 2014 年版。

37. ［德］乌尔里希·福尔斯特：《德国破产法》，张宇晖译，中国法制出版社 2020 年版。

38. 王卫国、朱晓娟等编著：《破产法——原理·规则·案例》，清华大学出版社 2006 年版。

39. 付翠英：《破产法比较研究》，中国人民公安大学出版社 2004 年版。

二、期刊类

1. 韩叙、朱琳：《中国企业连续 3 年领跑世界 500 强榜单》，载《现代企业》2022 年第 11 期。

2. 王保树：《商事通则：超越民商合一与民商分立》，载《法学研究》2005 年第 1 期。

3. 胡锦华、夏锦文：《我国教育法典立法模式的理论研判》，载《南京师大学报（社会科学版）》2023 年第 4 期。

4. 陈甦：《商法机制中政府与市场的功能定位》，载《中国法学》2014 年第 5 期。

5. 于莹：《民法基本原则与商法漏洞填补》，载《中国法学》2019 年第 4 期。

6. 施天涛：《商事立法体例与民法典的制定》，载《法制与社会发展》1998 年第 3 期。

7. 范健：《中国商法四十年（1978—2018）回顾与思考——中国特色市场经济主体与行为制度的形成与发展历程》，载《学术论坛》2018 年第 3 期。

8. 张辉：《流动商贩的管理：保障经营权利与提升城市治理》，载《中国纤检》2021 年第 2 期。

9. 施天涛：《商人概念的继受与商主体的二元结构》，载《政法论坛》2018 年第 3 期。

10. 朱慈蕴：《公司法人人格否认：从法条跃入实践》，载《清华法学》2007 年第 2 期。

11. 黄晓林：《我国商事登记制度改革中私法与公法秩序的博弈》，载《理论月刊》2022 年第 6 期。

12. 庄龙平、李超、刘江：《修改股东出资期限不适用资本多数决规则》，载《人民司法》第 17 期。

13. 林一英：《利益平衡视角下的股东查阅权落实路径》，载《财经法学》2024 年第 1 期。

14. 钱玉林：《公司章程对股权转让限制的效力》，载《法学》2012 年第 10 期。

15. 吴飞飞：《论"人走股留"纠纷裁判规则的适用困境与改进》，载《现代法学》2023 年第 1 期。

16. 上海市高级人民法院商事庭课题组：《公司解散清算的功能反思与制度重构——从清算僵局的成因及制度性克服切入》，载《法律适用》2023 年第 1 期。

17. 孙惠敏：《我国公司司法解散制度发展路径探析》，载《经济研究导刊》2024 年第 6 期。

18. 侯怀霞：《论个人独资企业的商事主体性质》，载《理论探索》2007 年第 1 期。

19. 徐强胜：《企业形态法定主义研究》，载《法制与社会发展》2010 年第 1 期。

20. 杨壹栋：《试论个人独资企业转让后原债务的承担——基于法律人格理论视角》，载《开封大学学报》2019 年第 1 期。

21. 瑞瑶：《合作社的异化与异化的合作社——兼论中国农业合作社的定位》，载《江海学刊》2002 年第 6 期。

22. 谭启平：《论合作社的法律地位》，载《现代法学》2005 年第 4 期。

23. 张永兵，温世扬：《农民专业合作社财产权法律属性研究》，载《当代法学》2014 年第 3 期。

24. 王欣新：《论破产程序中担保债权行使与保障》，载《中国政法大学学报》2017 年第 3 期。

25. 姬新江：《储蓄合同性质的法律分析》，载《广州广播电视大学学报》2012 年第 3 期。

26. 黄飞、周余：《票据追索权的行使要件》，载《人民司法》2021 年第 14 期。

27. 陈雪平：《试论票据追索权的限制与保护》，载《求是学刊》2004 年第 3 期。

28. 黄飞、周余：《票据追索权的行使要件》，载《人民司法》2021 年第 14 期。

29. 阳东辉：《论银行卡欺诈民事责任分配规则》，载《法学评论》2015 年第 6 期。

30. 曾维亮：《路径依赖视野下网上银行安全保障义务的理性之维》，载《广西政法管理干部学院学报》2012 年第 4 期。

31. 麻锦亮、张丹：《论安全保障义务的性质》，载《云南大学学报（法学版）》2005 年第 5 期。

32. 孙学亮、尤瑞芹：《论银行的安全保障义务——以利用克隆银行卡盗窃为例》，载《天津商业大学学报》2013 年第 2 期。

33. 肖波：《论银行经营者对客户的安全保障义务》，载《江西财经大学学报》2005 年第 4 期。

34. 孟德忠、孙瑞强：《浅谈银行安全保障义务理论与实施》，载《现代经济信息》2011 年第 16 期。

35. 潘红艳：《民法典与我国保险法中投保人如实告知义务的解释和适用》，载《中国保险》2021 年第 10 期。

36. 黄穗、张薇：《保险法上投保人如实告知之重要事实认定规则完善——艾珂羽诉长城人寿保险股份有限公司等人身保险合同纠纷案》，载《法律适用》2020 年第 24 期。

37. 曹兴权：《反差与调适：保险人说明义务的履行——兼论〈保险法〉第 17、18 条的修改》，载《求索》2005 年第 1 期。

38. 梁鹏：《新〈保险法〉下说明义务之履行》，载《保险研究》2009 年第 7 期。

39. 陈群峰：《保险人说明义务之形式化危机与重构》，载《现代法学》2013 年第 6 期。

40. 马宁：《保险人明确说明义务批判》，载《法学研究》2015 年第 3 期。

41. 于海纯：《保险人说明义务程度标准研究》，载《保险研究》2008 年第 1 期。

42. 田宏杰：《操纵证券市场行为的本质及其构成要素》，载《国家行政学院学报》2013 年第 3 期。

43. 周伟、肖强：《大数据背景下操纵证券市场行为的认定研究》，载《证券法律评论》，中国法制出版社 2019 年版。

44. 唐延明：《操纵证券市场行为民事责任研究》，载《东北财经大学学报》2004 年第 5 期。

45. 贾纬：《操纵市场行为的认定及其民事责任》，载《人民司法》2007 年第 17 期。

46. 吕宇、何琼：《金融类委托理财合同的形式和效力》，载《中国审判》2008 年第 8 期。

47. 饶爱民：《证券虚假陈述民事责任性质之界定》，载《法治研究》2010 年第 4 期。

48. 石一峰：《违反信息披露义务责任中的交易因果关系认定》，载《政治与法律》2015 年第 9 期。

49. 刘兴华：《证券虚假陈述民事责任性质的认定》，载《经济问题》2006 年第 4 期。

50. 黄辉：《金融机构的投资者适当性义务：实证研究与完善建议》，载《法学评论》2021 年第 2 期。

51. 刘一瑶：《认定管理人尽到适当性义务与信义义务的标准》，载《人民司法》2023 年第 2 期。

52. 胡改蓉、钱程：《投资者适当性管理制度中金融机构的免责机制——以"信赖利益"判断为核心》，载《证券市场导报》2021 年第 10 期。

53. 黄维平、李安安：《风险防范视角下信托通道业务的法律规制》，载《学习与实践》2017 年第 12 期。

54. 杨秋宇：《信托通道业务的私法构造及其规制逻辑》，载《北京理工大学学报（社会科学版）》2021 年第 3 期。

55. 李晔斌：《浅析单一资金信托发展现状》，载《中国证券期货》2012 年第 12 期。

56. 王志诚：《企业集团破产法制比较——解构与建构》，载《政大法学评论》（台湾）2014 年第 139 期。

57. 龙俊：《民法典中的债之保全体系》，载《比较法研究》2020 年第 4 期。

58. 刘子平：《破产别除权的认定标准及其行使》，载《法律适用》2007 年第 11 期。

59. 王欣新：《别除权论》，载《法学家》1996 年第 2 期。

60. 韩长印：《我国别除权制度改革初论》，载《南京大学法律评论》2004 年第 1 期。

三、判决类

1. 四川省高级人民法院（2018）川行终 324 号。

2. 最高人民法院（2019）最高法行申 1990 号。

3. 最高人民法院（2020）最高法民申 3966 号。

4. 山东省高级人民法院（2011）鲁民三终字第 233 号。

5. 江苏省高级人民法院（2011）苏商终字第 0107 号。

6. 广东省高级人民法院（2020）粤民申 3743 号。

7. 上海市第二中级人民法院（2019）沪 02 民终 8024 号。

8. 最高人民法院民二庭发布 2020 年全国法院十大商事案例。

9. 陕西省西安市中级人民法院（2016）陕 01 民终 9362 号。

10. 最高人民法院（2019）最高法民申 4565 号。

11. 海南省高级人民法院（2023）琼民终 549 号。

12. 山西省阳泉市中级人民法院（2018）晋 03 民终 1410 号。

13. 最高人民法院（2022）最高法民再 234 号。

14. 广东省茂名市中级人民法院（2021）粤 09 民终 1711 号。

15. 甘肃省民勤县人民法院（2017）甘 0621 民初 1116 号。

16. 最高人民法院公报：周培栋诉江东农行储蓄合同纠纷案。

17. 最高人民法院（2023）最高法民终 202 号。

18. 江西省南昌高新技术产业开发区人民法院（2017）赣 0191 民初 633 号。

19. 上海市第一中级人民法院（2017）沪 01 民终 9300 号。

20. 江苏省南京市中级人民法院（2016）苏 01 民终 116 号。

21. 江西省吉安市中级人民法院（2018）赣 08 民终 507 号。

22. 重庆市高级人民法院（2016）渝民再 168 号。

23. 上海金融法院（2021）沪 74 民终 933 号。

24. 北京市第一中级人民法院（2018）京 01 行初 1449 号。

25. 北京金融法院（2023）京 74 民终 1650 号。

26. 广东省高级人民法院（2019）粤民终 2080 号。

27. 北京市第一中级人民法院（2014）一中行初字第 2438 号。

28. 北京市第二中级人民法院（2020）京 02 民初 605 号。

29. 上海金融法院（2020）沪 74 民初 598 号。

30. 江苏省高级人民法院（2016）苏民终 1190 号。

31. 上海市浦东新区人民法院（2018）沪 0115 民初 80151 号。

32. 山东省济南市中级人民法院（2019）鲁 01 民初 4129 号。

33. 山东省高级人民法院（2020）鲁民终 2633 号。

34. 北京市西城区人民法院（2020）京 0102 民初 8098 号。

35. 北京金融法院（2022）京 74 民终 928 号。

36. 上海市崇明区人民法院（2022）沪 0151 民初 8267 号。

37. 广东省深圳市中级人民法院（2021）粤 03 民终 1460 号。

38. 上海市徐汇区人民法院（2022）沪 0104 民初 23129 号。

39. 北京市高级人民法院（2019）京民终 1647 号。

40. 最高人民法院（2021）最高法民再 154 号。

41. 贵州省毕节市中级人民法院（2020）黔 05 民终 6036 号。

四、报纸类

1. 木木：《商人的精神追求要肯定》，载《证券时报》2017 年 8 月 28 日。

2. 《国务院关于清理整顿各类交易场所切实防范金融风险的决定》，载《陕西省人民政府公报》2012 年 1 月 15 日。

3. "姚锦城与鸿大（上海）投资管理有限公司、章歌等公司决议纠纷案"，载《中华人民共和国最高人民法院公报》2021 年 3 月 10 日。

4. 最高人民法院发布第 18 批指导性案例，第《人民法院报》2018 年 6 月 28 日。

五、网络文献

1. 《中国特色社会主义法律体系》白皮书，载中华人民共和国中央人民政府官网：https：//www. gov. cn/jrzg/2011-10/27/content_1979498. htm，最后访问日期：2024 年 10 月 27 日。

2. 任明艳、盛利：《民间委托理财合同纠纷案件的审理思路和裁判要点》，载微信公众号：https：//mp. weixin. qq. com/s/sd2IPMg72FcWX5tgTOympQ，最后访问时间：2024 年 8 月 4 日。

3. 申黎等：《国浩视点丨通道类资管业务受托人的法律责任 2021 年度观察——通道业务的效力与性质》，载微信公众号"法天使"：https：//mp. weixin. qq. com/s/spLuSUbUuvkablQmesgjsA，最后访问日期：2024 年 10 月 31 日。

4. 尚上财经动态：《干货丨集合信托和单一信托的区别》，载微信公众号"尚上财经动态"：https：//mp. weixin. qq. com/s/9_UKSLqxg-E6Qg804ZDMQw，最后访问日期：2024 年 11 月 1 日。

后　记

马工程教材《商法学》（第二版）已成为全国普通高校法学本科专业的权威和通用教材，但配套的案例分析教材却迟迟未面世。本人作为从事商法学教学和科研工作近三十年的老教师，深感出版一本配套和实用教材的必要性。幸运的是，本人申报的《商法学案例分析教程》获批"广西大学 2023 年优质本科教材倍增计划项目"立项，这犹如一场及时雨，敦促本人加快了写作和出版计划进程。书稿最终付梓和如期出版，让我如释重负，同时，也惴惴不安，担心疏漏和谬误流传，希望读者批评指正，以便后续完善。

这里要特别感谢武汉大学出版社的胡荣编辑，为本书的出版付出了大量的心血和汗水。

我带的研究生张露、陈婕、彭佳程、杨妍池、张灵羽、彭越、黄茜毓同学也参与了本书的部分撰写，具体分工为：

张露　第四章 公司法（约 3 万字）。

彭佳程 第六章 商业银行与支付法（约 3 万字）。

陈婕　第七章 保险法（约 3 万字）。

黄茜毓 第八章 证券法（约 3 万字）。

彭越　第九章 期货交易法（约 2 万字）。

杨妍池 第十章 商事信托与投资基金法（约 2 万字）。

张灵羽 第十一章 破产法（约 2 万字）。

同时，上述七位研究生也为本书的校对兢兢业业，付出了辛勤的劳动，在此一并表示感谢。